ちくま学芸文庫

移民の歴史

クリスティアーネ・ハルツィヒ
ディルク・ヘルダー
ダナ・ガバッチア
大井由紀 訳

筑摩書房

What is Migration History?
by
Christiane Harzig and Dirk Hoerder

This edition is published by arrangement with Polity Press Ltd.,
Cambridge, through Japan UNI Agency, Inc., Tokyo

【目次】移民の歴史

移民の歴史

本書をクリスティアーネ・ハルツィヒに捧げる。

移民や女性史を教えることを愛してやまなかったかのじょは、本書を書き上げる前に、癌により生涯を閉じることとなった。

未完部分は夫であるディルク・ヘルダーと、一九七九年来の友人であるダナ・ガバッチアに引き継がれ、完成に至った。

序文

　この本は移民、つまり越境移動の歴史についての入門書である。本書では越境移動研究の特徴、つまり学際的・世界的な広がりをもつ点を強調しており、これを読めば、過去から現在に至るまで、越境移動がどのように研究で取り組まれてきたのか、総合的に理解できる。手始めに、一九七〇年代から現在に至るまで、人の流出入が研究で一般的にどう描かれてきたのか述べ（第1章）、そこで見過ごされていた問題を指摘する。次に、人類の歴史を通して、越境移動を概観する（第2章）。第3章では、移民と文化の相互作用に関する古典的な理論の展開について概説している。こうした理論は、一八八〇年代を過ぎてから、主にラテンアメリカやカリブ海諸国で発展したものである。また、これらの国々や日本で一九三〇年代に登場した解釈上の重要な新機軸についても言及する。越境移動は複雑で、一足飛びというわけにはいかず、立ち止まる必要が何度かあるだろう。それをわかったうえで、越境移動を体系的に考えていきたい。このアプローチでは、越境移動のプロセスがもつ三つの位相について包括的に取り組む。三つとは、出身国と受入国の文化、実際の移動、そして受入社会への入り方や文化変容である（第4章）。次に、研究で近年取り組まれているテーマに移る。例えば、人種とジェンダー、市民権獲得の方法、単一の国や文化を超えた生活、人の主体的な力と不当な差別、家族の経済状況、移民による起業が挙げられる（第5章）。最後にまとめとして、越境移動が今後どう展開するのか議論する（第6章）。全体的に注釈は少なめにしたが、最近の研究成果から参考になりそうな文献は挙げることにした。この研究領域の発展にみられる特徴をよく表している研究については、第3章でより詳しく説明する。本書に一貫しているのは、越境移動をグローバルな現象として取り組む姿勢である。移民個々人の生活を描くことに留まらず、特定の問題や地域についても詳しく説明するため、歴史的事例や史料を適宜紹介する。執筆しながら、越境移動の歴史は学際的な移民研究に、つまり社会科学・人文科学両方の知見を必要とし、単一の文化を越境する社会的研究へと姿を変えているように感じた。

クリスティアーネ・ハルツィヒ
ディルク・ヘルダー
ダナ・ガバッチア

第1章　はじめに　一般的な見方——学術的視点からの再概念化

一八三〇年代から一九六〇年代にかけての一世紀半、歴史がナショナルな視点から記述されていくなか、国を離れていく移民は、ほとんど研究対象とされなかった。また、国へ入ってくる移民が耳目を集めるのは、受入社会の制度や文化への「同化」という視点からのみだった。移民は世界中に存在しているが、次のように研究されてきた。しかし、その多くは限定的で、現実に即していないことに、一九七〇年代を迎える前に研究者たちは気づいていた。

―近代化という枠組みの中で、大量移動は工業化と都市化に伴って始まったとされていた。

―歴史学者たちは、人の越境移動を、出ていく移民と入ってくる移民に分類した。しかし、両者は同じ人物である。

―研究者たちは、ヨーロッパから大西洋を横断する移動を、あらゆる越境移動のモデルとみなし、大西洋横断は東から西へ向かう移動のみだと考えてきた。アメリカ国内における移動に関する一般的な見方も同様で、「若者よ、西へ行け！」と薦めている。

―女性の存在が言及されることはほぼ皆無で、まるで移民全員が男性であるかのようだった。ジェンダーという分類は存在しなかった。

―人種の分類も用いられておらず、白人以外の移民は存在していないかのようだった。

―「南北アメリカへの移住」のケースのように、研究者は奴隷、すなわちアフリカ大陸の人々の強制的・非自発的移動と「自由な」人間の移動を、はっきり区別していた。

―中国からプランテーションへ移住したのは、「苦力」のみだとされてきた。文献が正しいとすれば、中国から北米に向かった人々はすべて、最終的にチャイナタウンに行き着いたことになる。

―多くの社会は定住を前提としている、と越境移動の研究者たちは考えていたため、関心をそそられなかった。


このような見方では、「アメリカ」だけが世界で唯一移民を受け入れている地域とされている。それも、南北アメリカ大陸やこの大陸の特定の社会を指しているわけではなく、漠然とどこかに存在する「アメリカ」である。同様に、移民の出身社会についても、生まれ育った特定の社会というより、はっきりしない大陸のどこか――ヨーロッパ、中国そしてアフリカ――とされていた。こうした限定的な見方により、アメリカは模範的な移民の国としてもちあげられた。さまざまな大陸から送り出された人々は、異なる状況に置かれていた。自由意思に基づいて決断ができる人もいれば、奴隷にされてもおかしくなかった人もおり、また、単純な苦力もいた。

しかし、こうした見解はさらなる疑問を生む。例えば、移民は例外なくアメリカが気に入ったのだろうか？　なかには、帰国した移民もいたのではないか？「アメリカ」とは「アメリカ合衆国」だけなのか、それとも、カナダやブラジル、アルゼンチンやメキシコへの移民もいたのだろうか？　他国へ移り住んだのがもし男性だけだとするなら、ヨーロッパの都市はどうやって成長したのだろうか？　ヨーロッパの多様な文化圏からやってきた女性は、どうやって生活していたのだろうか？　ロシアでは、農奴制によって農民が土地に縛り付けられていたとすると、モスクワやサンクトペテルブルクの工場はどうやって労働力を確保したのか？　また、シベリアではどのように定住化が進んだのか？　インドのさまざまな文化圏にいる人々が、よその土地へ動くことは絶対になかったのか？　アフリカ社会の多くは、人の越境移動を通して繋がっていたのではないだろうか？　もし定住することが人間の性質というのであれば、さまざまな宗教が混在する一〇世紀の地中海世界――北アフリカ・地中海東部（西アジア）・ヨーロッパ南部の沿岸部まで含まれる――は誰が創ったというのか？

こうした問いの陰に隠れてしまっているのが、越境移動の複雑さである。これに関して、わかりやすい例がある。それは、人々が一九世紀に創り上げた「ジョン・チャイナマン」という総称的な呼び名である。清という巨大な帝国において、実際に移民を送り出していたのは南部の二つの省だけだった。さらに、かれらが話す言葉は違う方言だったし、自由意思に基づく越境もあれば、年季奉公人として移動する場合もあった。こうした人々の祖先は一五世紀半ばから、東南アジアでディアスポラをすでに形作っていた。二〇世紀後半になると、移民の出身地は「三つの中国」、すなわち中華人民共和国・台湾・香港に分かれ、また、世界に広がる定住地から、移動するようになっていた。一九八〇〜二〇〇〇年にカナダに来た中国の文化をもつ人々の出身国は、定住化が進んでいた一三二の国々にのぼり、話す言語や方言はおよそ一〇〇を数えた。この例が示唆するように、越境移動は複雑である。しかも、地球規模の現象であることが多い。こうしたなか、移民は特定の場所を離れ、数多くある文化圏の中から目的地を選ぶ。

このような複雑さは、昔からある出／入という移民の二分法に反映されていない。それどころか二分法が示しているのは、「故郷」である国から「新世界」である別の国へ向かう単一かつ一方通行の流れだ。その「新世界」では、すべてが旧世界よりも素晴らしいはず、という作り話までできあがっている。こうしたなか移民は、受入社会のなかでも同じエスニック集団が集住する地区へ別の国から移ってきたり、しがらみだらけの旧世界から自由な新世界へ移り住む存在として、描写されている。しかしそれに対して、「越境移動」という言葉にはいくつもの可能性が含まれている。例えば、行先や回数が複数だったり、一時的なものもあれば長期的なものもある。また、自主的な場合もあれば強制的な場合もある。選択できる範囲の内で、移住する人々は決断する。越境移動の歴史を研究するということは、人々の「流れ」や移動の「波」を論じるというより、人々が人生設計を実現させようとするなかで、自分の能力に応じて社会から与えられる選択肢や制約と折り合いをつけること、つまり主体性を明らかにすることである。越境移動の歴史では、移動の起点・終点の両方に着目する。住人を失うということは、家族や都市周辺・農村、そして社会全体にとってどのような意味があるのだろうか？　ぎゃくに「人的資本」を受け入れることは、目的地の社会にとり、どのような意味があるのだろうか？

送出社会と受入社会は、「故郷」と「異郷」という言葉で対比されてきた。「故郷」には帰属意識や保護が感じられる一方、「異郷」からは、疎外感や不安が伝わってくる。いずれにせよ、自分や家族を養えなくなったり、生きる意味を見出せなくなった時、時代・場所を問わず、人は生まれ育った土地を去る。一九世紀のヨーロッパや二〇世紀のアフリカでは、「故郷」がある社会では生活を維持できなかった。ある人が書いたように、故郷というのはつまらないだけでなく、危険・不公平・不条理が揃っていることもある。例えばある女性は、出身の共同体は伝統に縛られていて、生まれ育った社会には守ってくれるものもわかりやすい逃げ道もなかったと思い出し、言葉少なに語ってくれた。かれらを受け入れる目的地の社会、いわゆる「ホスト」社会は、実際のところ過酷である可能性もある。肌の色が白くない移民を侮辱するために、「ニグロ」「先住民」「切れ長の目」といった人種の基準が使われることもあるだろう。「白さ」とはもはや、単なる色の種類ではなく、権力を持つ側の人間——青白い、色素が抜けている、などといっしょくたに安易にくくられていたであろう人々——が強要する規範なのだ。

肌の色、という表面的なレッテルを移民に貼るだけでなく、商売道具になる商品として、体の一部であるかのように扱う社会もある。心臓・頭というより、例えば「手」や「ブラセロ」（腕を貸す人）と呼ばれる。一八八〇年代のハワイのプランテーションでは、アルファベット順で「肥料（fertilizer）」と「フィリピン人（Filipinos）」を農場主が併記して注文することすらあった。一九五〇年代以降のヨーロッパで、人を欲しがっていた社会が求めていたのは労働力、つまりゲストワーカー以外の何ものでもなかった。ところが、やって来たゲストワーカーたちには、感情や将来設計、主体性もあった。家族で移住してきている現実、そして、子どもには遊び場や学校が必要だという現実は、「越境移動により頭脳流出が起きている」という言葉によって、二一世紀初頭には覆い隠されてしまった。手足になる労働者を探す側の人間にとり、非人間的な扱いに抗議するような「外国人」はまったくの想定外だ。にもかかわらず多くの移民は、新しい社会で自分たちの居場所を作ろうと懸命に努力する。たとえ、一時的なものであったとしても。

越境移動は「プッシュ」要因と「プル」要因の結果生じたという見方は、これまで繰り返されてきた。しかし、これでは移民を理解するうえで不十分だ。かれらは文化・ジェンダー・階級・帰属、そして意思が錯綜する状況に置かれており、また、複雑な社会の間を行き来しているからだ。なぜ、人は生まれ育った土地を去るのか。今日の研究では、越境を誘発、ないし選ばざるをえない状況を生み出す構造と過程を理解するために、あらゆる側面から送出社会が分析されている。こうした研究では、移民の順応過程や文化的帰属の固有の形を明らかにすべく、国民国家という単位は使われず、特定の地域・場へと分解して考察されている。満州に定住した中国人、東南アジアでディアスポラを構成した中国人、南北アメリカ大陸へ来た中国人……かれらは、誰でもよかったわけではない。そうではなく、固有の背景をもった人々だった。その固有性は、特定の出身地・異なる職業・さまざまな宗教・都市／農村の生活拠点から生じるものだ。また、アフリカから熱帯・亜熱帯地域へ移送された奴隷たちも、誰でもよかったわけではない。かれらはウォロフ族・イボ族・アシャンティ族・ヨルバ族・コンゴ族の人々で、話す言語も実践する文化もそれぞれ固有のものだった。さらに、カナダに移民したドイツ語話者の人々の出身地は、ドイツやオーストリア、スイス、宗教はカトリック・プロテスタントあるいはメノナイトだった。使われていた方言はさまざまで、互いに理解できないことも多かった。出身地の文化それぞれの違いについて知らないままだと、移住の決心・移住後の人生計画・文化変容のパタンについて、誤解しやすくなってしまう。

移民する、といったん決めてから、実際にはどのように旅立っていくのだろうか？ 個人として？ あるいは、家族という単位を構成する一人として？ 越境移動が予期されるような社会では、「当たり前のように」旅立つのだろうか？ 移動は少数で行われ、新しい方向が計画されることもあるのか（先駆け的な移民）？ あるいは、多くの人が一緒に移動し、既存のパタンが踏襲されるのか（集団移民）？ 移動は海を横断し、数週間かかるようなものなのか、それとも飛行機に少し乗るだけなのか？ 移動中、異なる言語・文化的環境を移民が体験することもあるのだろうか？ 人々は集団で移住するのだろうか？ 例えば、一七世紀ヨーロッパのユグノーや、二一世紀初頭のスーダンにいた難民の子どものように。リオ・グランデ川のような、軍隊が重点的に配置された地域を通過することもあるのだろうか？ 情報は簡単に手に入るのか？ 今日の旅行者であれば、持ち運べるサイズのガイドブックを買うだろうが、昔の人々も、知っていることを他人と共有していた。イブン・フルダーズベ（Ibn Khordadbeh）という、アラブ人たちが住むペルシアのとある州で駅逓長官を務めた人物は、九〇〇年頃『諸道と諸国の書』八巻本を著し、遠く朝鮮半島に至る陸海ルートを説明した。

移民は、受入社会へ移動する途上で、意思疎通する術を学ばなければならなかった。対照的に、昔の研究者たちは移民の言葉すら学ばなかった。その結果、例えばアメリカの場合、移民が「文化を携えたまま」エリス島に到着しても、ある時点でどこかに置いてくるだろうと研究者たちは想定した。もう一つの例としては、植民地化されたインドから来た契約労働者についての研究が挙げられる。イギリスの研究者たちは、プランテーションを中心に成り立っている社会の状況や、イギリス英語ゆえの言語的制約については考察したものの、出身地であるインド亜大陸の実際の生活環境や文化的習慣については理解していなかった。つまり、研究で扱われたのは、人間の経験を途中で切り取った、移民の生涯のほんの一部に過ぎなかった。

研究者たちは移民の言葉すらわからなかったため、自然主義的・ナショナリスト的な発想を頼りに、移民の「根っこ」は生まれた国にあると示した。その結果生み出されたのが、「根無し草」というパラダイムだ。このパラダイムでは、移民は受入社会の人々に比べて知的能力で劣り、制御不能な力によって無理やり根っこから引き離されたとされており、彷徨っている、あるいは宙ぶらりんな状態にいる人々とみなされている。しかし、異なる社会の間を往来するということは、移民には鋭い観察眼があり、学習能力があるということではないのか？　例えば、二〇世紀後半にグアテマラの高地から首都へ移り住んだ先住民であるキチェ族のとある女性は、自分の言葉がまったく話されておらず、自身もスペイン語を解さなかったため、途方に暮れた。同様に、一六世紀に中国の宮廷に移り住んだヨーロッパのイエズス会士たち。かれらは首都の文化を理解するのに苦労した。このような、読み書き算盤ができない農民の女性たちにしても、教養豊かな修道士たちにしても、両者とも学ばねばならなかった。移民は、自分で選んだ新しい社会環境での生活に慣れるだろうと見込んで、越境する。少なくとも、経済的に生き延びるための基盤を、最初は小さくても築けるような隙間を見つけられるはずだと期待し、旅に出る。研究者たちは、こうした移民の能力に気が付くと、「根無し草」に替わって「移植」という言葉を用いるようになった。いずれも植物に使われる表現ではあるが、「移植」という言葉のイメージでは、社会的枠組みや文脈を変えるときにはたらく人間の主体が認められる。移民の能力は、国が与える入り口を通し、受入社会の社会構造のなかで実践に移される。

なかには、少なくとも一部の移民については積極的に受け入れてきた社会もある。典型的なのは、一五世紀のインド洋沿岸の港湾都市・アフリカ東部からインドのマラバル海岸やコロマンデル海岸を経て東南アジアへと続く沿岸の社会・オスマン帝国で、二〇世紀末にはスウェーデン・オランダ・カナダ・マレーシア・シンガポールも入る。他の社会、例えば日本やウガンダ・ドイツでは、新参者への敵意すらみられる。しかし、それもまた独特な形である。その国にもともと住んでいる国民が、自国の古い文化が耐え忍べるのか信じ切れないため、移民は文化本来のあり方を脅かしている、と考える社会もある。朝鮮半島にルーツを持つ人々は日本に数十万人いるが、かれらがなぜ、一億二八〇〇万の日本人にとって脅威になるのか？　ドイツにはトルコにルーツを持つ移民が二〇〇万人いる。この数で、ドイツ市民八〇〇〇万人をどうやったら文化的に脅かせるというのか？　同じような議論が二一世紀初頭のアメリカを悩ませた。この時は、隣国メキシコから流入する勤勉な移民が議論の対象となった。中国では、農業への投資が乏しいことから、一・二～一・六億人にものぼる農民たちが都市部へ移り住んだが、二一世紀を迎える頃には「浮遊人口」として否定的にみられるようになった。入り口が狭いほど、また受入社会の敵意が大きいほど、自活と自己決定に基づく生活を営んだり、受入社会に何かしら貢献するさい、新参者が直面する障害は大きくなる。

世界を見渡してみれば、どのような社会であっても、入ってくる移民になんとか居場所を与えている。またいずれの政府も、一貫性を欠いたその場凌ぎの方策に左右されたくなければ、政策を発展させなければならない。二〇〇六年の段階で、国家間を移動する人々は概算で二億人にのぼる。国連難民高等弁務官事務所によれば、このうち三〇〇〇万は難民だ。これを上回る数億人もの命が、子どもを含め、環境問題の悪化や内戦、国同士の戦争、抑圧的な政権、停滞する経済によって、脅かされている。こうした人々は、将来移民するかもしれない潜在的移民だ。悲劇的な状況になる前に自主的に移住するような、先手を打つ越境移動もあれば、生存不可能になるまで待ってから移住する、受け身の越境もある。移民研究は、戦略的に政策を立案するうえで必要な知識を提供する。なかでも移民の歴史では、数世紀・数千年にわたる移民のパタンで続いていることと、変化が強調されている。

—あなたの家族は移住したことがあるだろうか?

—あなたの親戚や近所の人に、移住歴についてきいてみよう。越境移動したことについて、家族の思い出はあるだろうか? 今と昔、どんな移動でもいいので、何か思い出せることはないだろうか?

—本書を講義で使用する場合、学生がどのような移住を経験してきたのかまとめ、すべての家庭の出身国を世界地図で確認してみよう。国内移動の場合には、出身地域がどこか地図で示す。学生は、友人か自分の出身地域を一つ選び、そこの文化的背景について情報を集め、講義中に発表してもいいだろう。

—大学入学に伴って親元を離れ、「よその土地へ移住した」経験はあるだろうか? もしあれば、二つの変化——住む場所が変わったこと、家族のなかでの立場が子から大学生へ変わったこと——について議論してみよう。

第2章　人間の歴史における移動――長期的視野から[1]

人間の歴史は、移動の歴史である。ただし、定住せず、読み書きできない人々による「前史」が、定住化が進んだ帝国や国家の「正史」に先立って存在するわけではない。時代をどう分けるかは、広範囲での文化圏と狭い範囲での文化圏で異なるものだが、長期的な視点からみると、人の越境移動は八つの時期に区別できるのではないだろうか。

―アフリカ東部から世界各地へのホモ・サピエンスの移動
―紀元前一万五〇〇〇～五〇〇〇年、毎年同じ土地を耕作するようになった頃の移動
―メソポタミア・エジプト・インド・東アジアのさまざまな社会で都市化が進んだ時と、地中海のフェニキア～ヘレニズム～ローマ的世界で都市化が進んだ時に生じたさまざまな移動
―紀元前五〇〇年から西暦一五〇〇年にかけての移動

―一四〇〇～一六〇〇年、異文化間の接触や貿易圏を生んだ、広範囲に及ぶ移動
―一六〇〇～一八〇〇年、植民地する側の社会・される側の社会における移動をめぐる対立・緊張・相克
―一九世紀のグローバルな移動システム
―二〇世紀のさまざまな移動

われわれの分析では、異なる文化間での対立だけでなく、交流も強調している（対立とは、例えば、武装した入植者がやって来たことで、もともとそこに住んでいた人々が難民として国外への移動を余儀なくされる場合などが挙げられる）。また、人の主体性も重視している。移動を強制された奴隷のような人々ですら、歴史に痕跡を残しているのだから。たとえ自ら選んだ状況でなかったとしても、人は歴史をつくる。集団でも、共同体の歴史をつくるものなのだ。

昔の出来事のなかには、いつのことなのか、正確な日付がわからないものもある。そのため、研究者たちは現在から遡り、「～年前（BP）」という数え方をしている。時代区分については、議論の余地はまだあるが、ここではもっとも妥当と思われる解釈に依拠する。五〇〇〇～六〇〇〇年前に都市生活が出現したことで、考古学上の年代はかなり正確に特定できるようになった。書かれた記録で証明できる場合も多い。この時期以降、「～年前」

の代わりに、現在広く使用されている「紀元前（BCE）」と「紀元後（CE）」が用いられるようになった。これらはキリスト教的な年代の決め方で、一五〇〇年以降の西ヨーロッパにおける世俗的な帝国主義勢力の力が反映されている。紀元前・後の境になるのはキリストの誕生年だが、それがいつなのか、研究者の間で統一見解はなく、単なる慣例で決められたに過ぎない。キリスト教以外の宗教‐文明も、異なる暦を使っている。例えば、旧暦・ユダヤ暦・イスラーム暦など。これらの暦が始まった日づけも、やはり慣例に過ぎない。

2‐1　ディープ・タイム――アフリカ東部から世界へのホモ・サピエンスの移動[2]

およそ一五万〜二〇万年前、ホモ・サピエンス、すなわち知性をもつ人々が、アフリカ東部に出現した。それに先立ち、ホモ・エレクトゥスとホモ・ハビリス（直立歩行し、道具を作ったとされる原人）が、アフリカ・中国・東南アジア・ヨーロッパで別々に発達した。ホモ・サピエンスは知識を蓄え、頻繁に移動する人々だった。かれらは最初にアフリカを横断すると、紀元前六万年以降は世界の熱帯地域、紀元前四万〜一万五〇〇〇年には気温が低めのユーラシアや南北アメリカ大陸へと移動した。その過程で、かつてないほど多様な言語・文化的集団へと枝分かれしていった。[3]

「ディープ・タイム」の人類については、学際的な研究を通して、理解されるようになってきた。道具の出現と発展については考古学者が遡って調査、言語の普及と差異化については言語学者が体系化している。また遺伝子モデルの研究では、特定の地域に大昔住んでいた人々が、ゆっくり混交を重ねてきたことが調査されている。初期の人間集団を特徴づける基準は、言語共同体、遺伝子の類似性や変異、また、道具や陶器の使用だった。近代的な意味でのエスニシティや民族は追跡できない。言語や日々の過ごし方は、遠くへ行けば行くほど分岐していった。そうなった以上、文化的なやりとりには翻訳して説明してくれる人が必要となり、生態学的に異なる環境へ移り住むのであれば、適応する上での戦略が必須だった。[4]

初めの頃の人の移動は、六つのタイプに大別するとわかりやすい。本来はかなり複雑な展開であるが、理解しやすくするため、問題のない範囲で単純化している。類型化にあたって変数に含まれるのは、移動の背景、未開の地での共同体形成、定住者がいる場合はかれらを支配するルール、滞在期間、そして移動の頻度である。[5]

1. 文化を共有する集団の中での移動。地理的にはさまざまな土地に広がっているが、狩猟や、家族・仲間と群れるため、また、結婚にさいして母系ないし父系の系統に従うために移動する。
2. 文化を共有する集団の一部による、未開拓の土地への移動。これは、外へ向かっての枝分かれであったり、分派を生む移動である。
3. すでに人が住んでいる土地への移動のうち、そこの住人に対する支配を確立させるもの。これは、植民地化に伴う移動である。このような支配の下では、恐ろしい規模の暴力や搾取が起きる。また、もともと住んでいた人々からすると、苦しみと抑圧が延々と続くことになる。
4. 共同体全体ないし複数の民族による無人の土地への移動（例えば2）や、人が住んでいる土地への移動。後者の場合は支配を伴う場合（例えば3）と、交渉のうえ共存する場合がある。こうした移動は、集団としての生存が脅かされたり、近隣との摩擦が破壊的になったり、もしくは新たな生活拠点を探している時に起きる。
5. 異なる共同体の間で起きる移動。これは、他の集団の社会空間へ平和的に移って永住したり、一時的に滞在する（逗留）場合もあれば、奴隷や捕虜が他の文化的共同体に奉仕するため、強制的に移動させられる場合もある。
6. 民族・遊牧民のなかには、移動が慣習になっているところもある。それは、一生のうちどこかの時点で動くという場合もあれば、季節ごとに動く場合もある。また、砂漠・

山といった自分たちの自然環境では資源が非常に限られているため、移動することもある。個人であれば、精神的・経済的理由で、あちこち旅するような生き方を好む場合もあるだろう。例えば、宗教的指導者や行商人が挙げられる。

以上六種類の移動は、男性にも女性にも当てはまる。子どももいれば、高齢者もいる。移動に伴い、ホモ・サピエンスの差異化が長期に渡って進むなか、ことさら重要な役割を果たしたのは、女性の遺伝子と出産能力だった。遠くへ移動すると、文化は変わる。そしてどのような移動でも、最初の集団に影響を及ぼす。なぜなら、移動する人々は知識や技術、感情や宗教的なものとともに離れていくからだ。目的地では、能力・宗教的なもの・感情が融合し、新しい何かが生まれるかもしれない。しかし、新参者が疾病を広めたり、既存の信仰体系を滅ぼしたりして、大混乱を引き起こすかもしれない。また、融合により「民族生成」、つまり新しい民族が誕生してもおかしくはない。疾病や破壊によって大量の人々が亡くなる可能性もある。伝染病や戦争で人々が無力となり、活気ある共同体を再建するために、移動を余儀なくされることもあるだろう。

世界的な人の移動には、主に三つの局面があった。まず、アフリカ・ユーラシアの熱帯地域への入植で、六万年以上前に終わった。第二の局面では、アフリカ北東部のナイル川流域や紅海沿岸から、アラビア半島・インド亜大陸への移動が起きた。そのために、水際で使う技術が発展した。例えば、移動に必要な船を漕ぐ技術や、食料となる魚介類に近づく技術である。「氷河期」（一三万～二万年前）に海面が下がると、「スンダ」と呼ばれる亜大陸（現在の東南アジア諸島）への移動が起きた。航海技術が発展すると、サフル（ニューギニア・オーストラリア間の島々）に到達した。およそ四万年前のことである。次の数千年、航海技術がこれまで以上に洗練されたことで、近・遠オセアニアの島々をはじめ、ハワイ（一世紀）、イースター島（四〇〇年頃）でも定住が進んだ[6]。南アメリカの太平洋岸に到着したのは、こうした人々だったのだろうか？　遺伝子や言語的繋がりはみられないものの、布地に関する考古学的発見によれば、インダス川流域で育った綿花の特徴がみられるそうだ。異なる文化同士の接触は、地球全土に広がっていった。

第三局面は、四万～三万年前だ。この頃、気温がより低く、乾燥している地域への移動が起きた。こうした人々は「陸に拠点を置く」集団で、集めた野菜を貯蔵する機能や、巨大な哺乳類を捕獲する道具を発展させなければならなかった。こうした移動のうち一つは、東南アジアの熱帯から北上し、朝鮮半島と日本列島、そこから西方のアムール川流域へと向かった。もう一つは、中国・チベット圏から西へ向かい、ユーラシア大陸の大草原地帯を抜けてヨーロッパへ至った。さらにいま一つは、ナイル川流域から肥沃な三角地帯、そして黒海まで北上し、コーカサス山脈を西へ突っ切った。少人数で構成される集団が次々と北東アジアから東へ移動し、ベーリング海峡を渡って南北アメリカ大陸へと到達した。

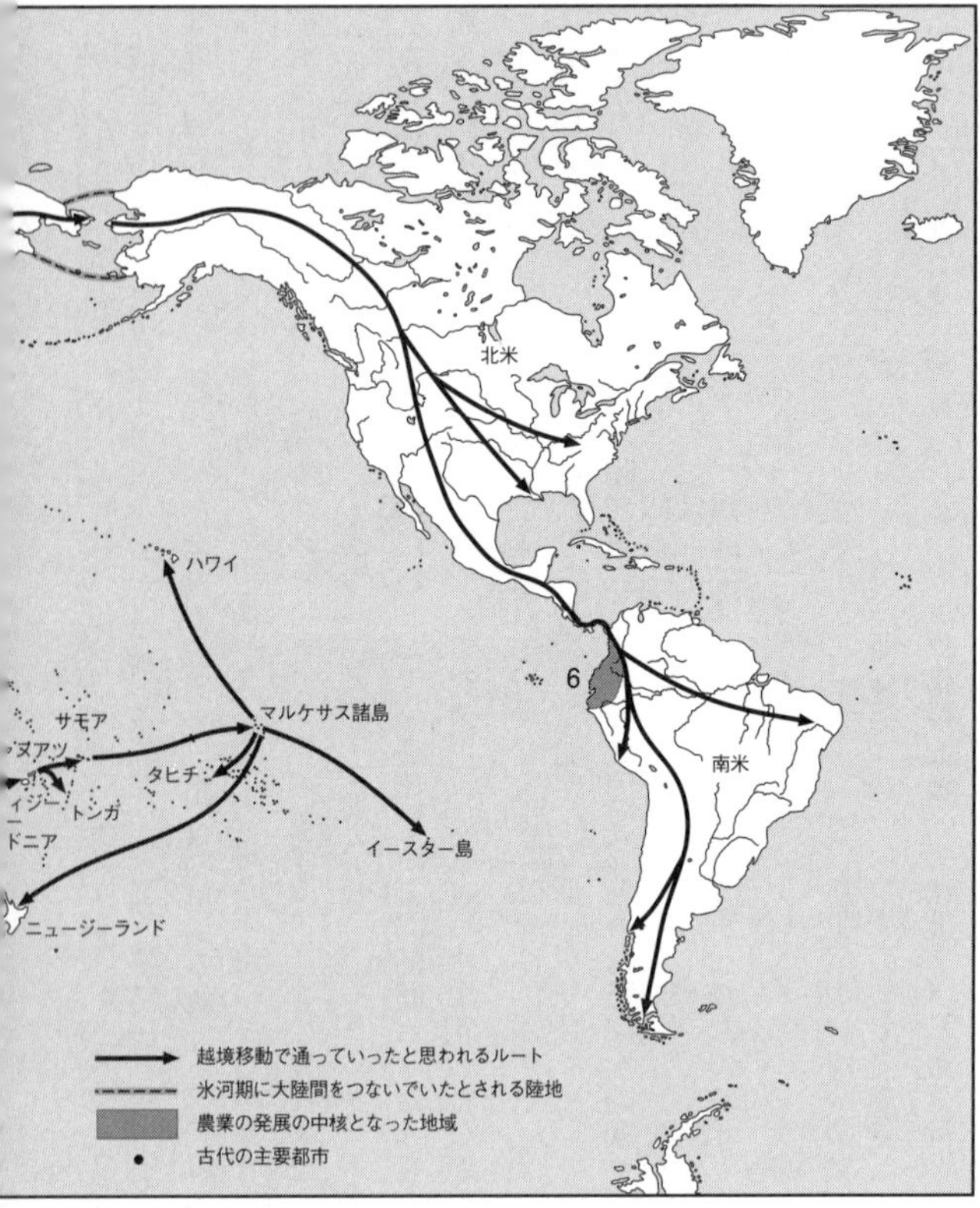
北米
ハワイ
6
サモア
マルケサス諸島
ヌアツ
タヒチ
南米
ィジー
トンガ
ドニア
イースター島
ニュージーランド
越境移動で通っていったと思われるルート
氷河期に大陸間をつないでいたとされる陸地
農業の発展の中核となった地域
古代の主要都市

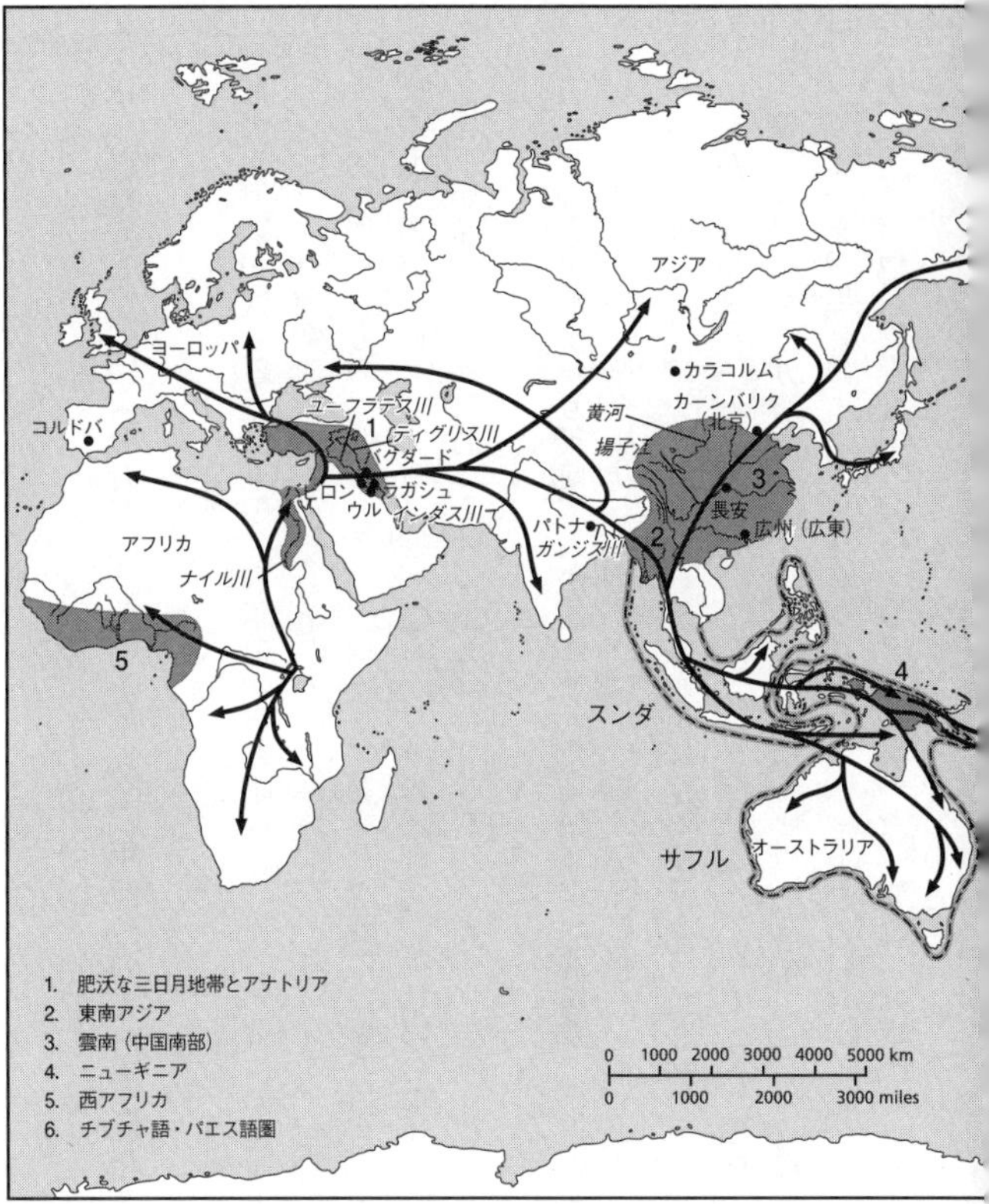

地図 2. 1

「ディープタイム」の越境移動、ランドブリッジ（20,000 年前）、農業発展の中核地域（15,000–5,000 年前）、主要都市（紀元 1000 年以前）

出典：Jeremy Black, *World History Atlas* (2nd ed, London: Dorling Kindersley, 2005), pp. 14–15, 18–19、及び Rainer F. Buschmann, *Oceans in World History* (New York: McGraw-Hill, 2007), p. 72 をもとに Dirk Hoerder が作成

2-2「農業革命」期（一万五〇〇〇〜五〇〇〇年前）の人口の変化と移動

最後の氷河期が終わる一万五〇〇〇年前からおよそ五〇〇〇年前にかけて、動植物の進化について、人は理解するようになっていた。「家畜化」が進むなか、食料は自然のものから人工的に作ったものへと変わった。つまり、農業と園芸の登場である。[7] この「農業革命」は二度大きな局面を迎えることになるが、その過程で、動植物の進化や品種改良に介入する技術が芽生え、宗教的なものが生まれたり、新しいタイプの定住生活や移動生活が生じた。

一万五〇〇〇年前〜一万年前、人が住んでいた地域は世界的に六つに大別される。この間、およそ二〇〇ないしそれ以上の世代にわたって、収穫を集中させたり、漁獲の新しい技術を試したりした。アナトリアからナイル川に至る肥沃な三日月地帯では、牛や羊に加えて山羊が家畜化され、穀物を使った実験が行われた。東南アジア、雲南（中国南部）、ニューギニア、アフリカ西部、メソアメリカ（雨と河川などで水が豊かな地域）では、人々はジャガイモを、場合によっては種をつける草・米・トウモロコシ・雑穀・モロコシ・小麦・大麦・その他穀物も育て、収穫するようになった。また、カボチャ・バナナ・タロイモも栽培できるようになっていた。[8]この新しい生産力により、貯蔵するための施設や技術を要する製品への需要が増えただけでなく、定住生活が可能となり、結果的に人口増加率は高くなった。[9]人口が地域的に偏って増えていくなかで、新たな社会変動が始まり、移動も生じた。その移動には、現在でも研究者の論争の種となる特徴があった。[10]すなわち、一二の言語集団がすでに確立されており、移動によってそれぞれの定位置に変化は見られなかったものの、ある特定の言語集団が住む地域とかれらの生存・拡大には確実に影響した、ということだ。

　農業革命の第二の局面では、異文化間の接触や植民地化の過程での接触が起き、すでに人が住んでいる地域でも、人の流入によって人口が増加した。新たに人が住み始めたのは辺境――例えば亜北極帯の地域――くらいだった。旧石器時代中期や石器時代（南では一万年前、北では八〇〇〇年前）には、ヨーロッパ大陸で陶器が発明された。かれらの信仰は、太陽や星と関連したものだった。南北アメリカ大陸では、更新世の哺乳類を捕獲する技術を人類は覚え、八〇〇〇年前までには食糧供給・たんぱく質摂取ともに増加した。中国南部からは、人が北上して広がっていった。アフリカは、世界人口の大多数が住む地域ではなくなっていた。

　移動は、新しい手法で農業に取り組んでいた共同体でも発生した。移住者は、新しい習慣や豊富な知識を、違う言葉を話す共同体にもたらした。また、移動した人々は、地域ごとの環境に応じて農耕技術を調整するということを、受入先の共同体から学んだ。流入する人々の数が膨大かつ地位が高い場合には、受け入れる側の共同体としては、かれらの言語や日々の習慣・文化を受け入れた。さもなければ、武力で植民地化されていただろう。逆に、数がかなり少なかったとしても、新しい技術が魅力的であれば、受け入れる側は新しい習慣を受容し、新参者をとりこんでいくだろう。このように、移動する主体によって食料関連の情報や技術が伝わり、それらが現地に順応するなかで、将来的な人口増加が促されることになった。

2-3 都市、文明、海上移動（紀元前五〇〇〇年頃〜紀元五〇〇年）

食料生産や移動が増えるにつれ、物質文化のやりとりも増えていった。そしてさまざまな輸送手段が登場した。皮を張り合わせるボート（カヤックやカヌーなど）が生み出されると、今度は紅海沿岸の丘陵地帯でロバが、東南アジアで水牛が家畜化された。これにより、人類ははじめて、荷物を運んだり畑を耕せる動物を獲得した。紀元前三〇〇〇年頃には、アラビアではラクダが、アジアの大草原では馬が家畜として飼われるようになった。また、車輪が発明されたこともあり、移動はさらに増えた。その後、チベットではヤク、アンデス山脈ではラマが乗り物や耕具を引っ張る労働力となった。こうした達成があったからこそ、移動できる距離は長くなり、それに伴って差異がさらに生じるようになった[11]。

人は狩猟生活から解放された。するとその労力は手工芸、なかでも陶器や、住居の改善や耐久性の向上に注がれるようになった。一生のうち定住している期間が長くなり、農村が成長した。おそらく八〇〇〇年から六〇〇〇年前には、最初の町がパレスチナですでに誕生していたのではないだろうか。生産性が上がれば多くの人びとに食料が行き渡るのだから、移動が減ってもおかしくなかった。ところが、移動が増える要因にもなった。その背景には、新たに登場した遠隔地貿易や、人口増加に伴って食料を地元で調達できなくなったことが挙げられる。人口密度が高ければ高いほど、干ばつや戦争に対して脆弱だったため、仕方なく移動することもあった。定住した人々が家財など富を蓄積するようになると、格差が拡大した。また、支配者たちは男たちを兵士として遠方へ派遣し、襲撃し、住む場所を奪った。

町の名前には、末尾が -market, -newmarket, -ford で終わっているものがある。これは、道や水路沿いで交換が行われていたことを示している。商業的に密な関係は、三〇〇〇年程前から地中海東部やシュメール人が住む地域（肥沃な三日月地帯）と、東南アジアの島々（東・南シナ海を通して中国南部と繋がっている）で発展するようになった。船乗りや職人たちは、どんどん高度になる造船技術と航海術を試し、紀元前一千年紀、南や北へ

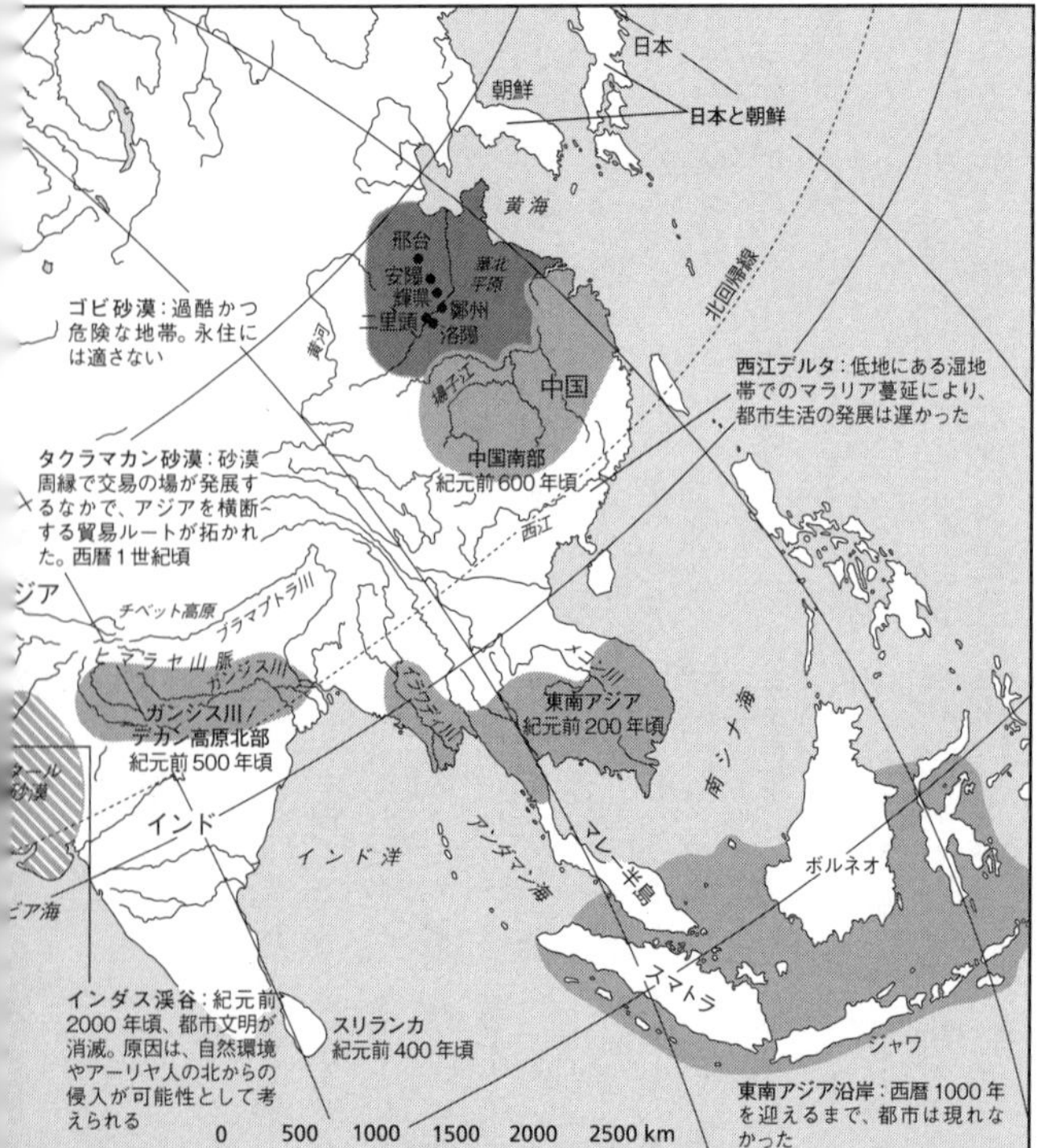

日本
朝鮮
日本と朝鮮
黄海
邢台
安陽
輝県
鄭州
二里頭
洛陽
華北平原
黄河
揚子江
中国
中国南部
紀元前600年頃
北回帰線
ゴビ砂漠：過酷かつ危険な地帯。永住には適さない
西江デルタ：低地にある湿地帯でのマラリア蔓延により、都市生活の発展は遅かった
タクラマカン砂漠：砂漠周縁で交易の場が発展するなかで、アジアを横断する貿易ルートが拓かれた。西暦1世紀頃
西江
チベット高原
ブラマプトラ川
ヒマラヤ山脈
ガンジス川
ガンジス川／デカン高原北部
紀元前500年頃
メコン川
東南アジア
紀元前200年頃
イラワディ川
南シナ海
インド
インド洋
アンダマン海
マレー半島
ボルネオ
スマトラ
ジャワ
インダス渓谷：紀元前2000年頃、都市文明が消滅。原因は、自然環境やアーリヤ人の北からの侵入が可能性として考えられる
スリランカ
紀元前400年頃
東南アジア沿岸：西暦1000年を迎えるまで、都市は現れなかった
0 500 1000 1500 2000 2500 km
0 500 1000 1500 miles
80°E
120°E

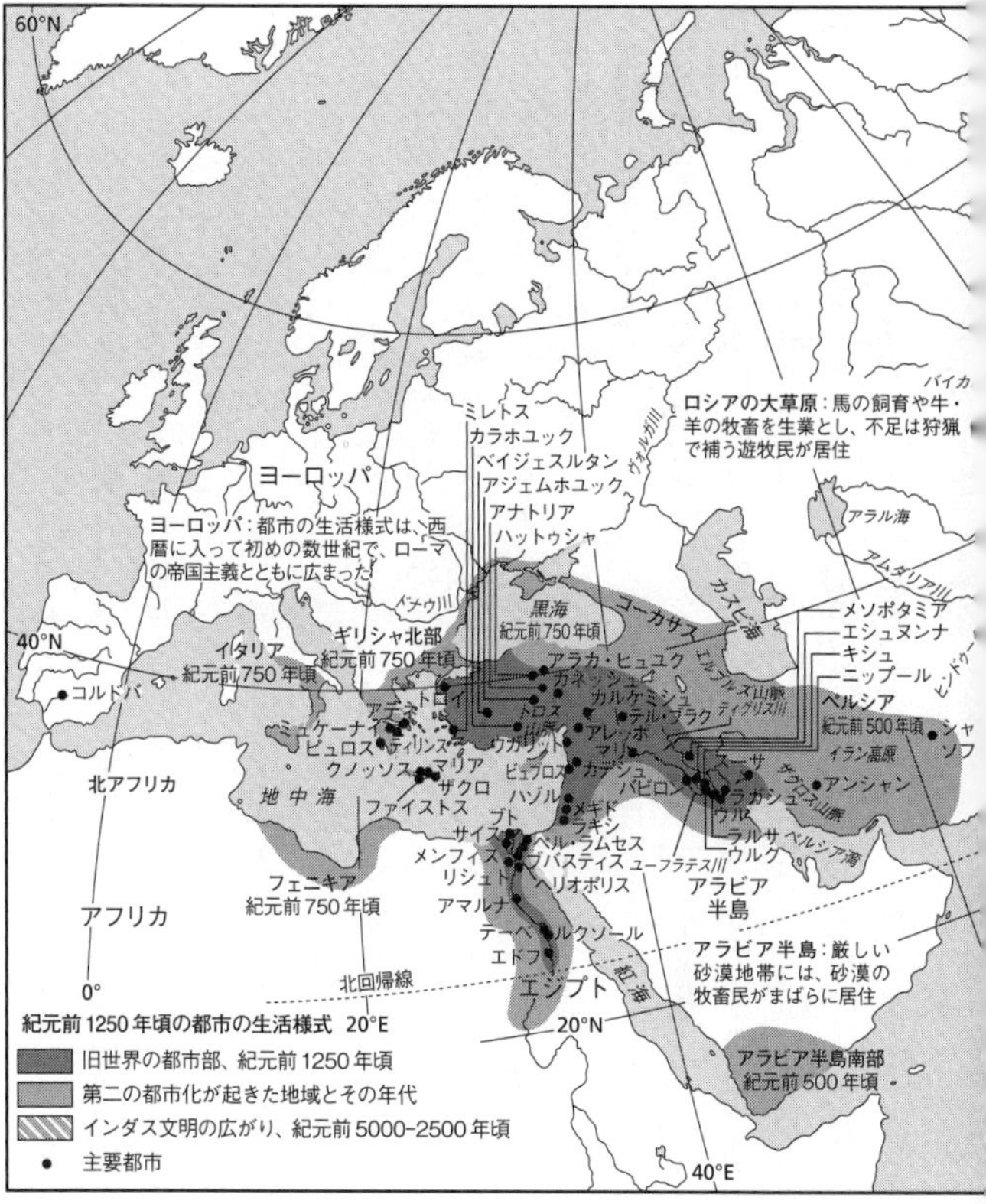

地図 2.2

都市が発展した地域（紀元前13世紀）とその拡大（紀元後になるまで）

出典：Jeremy Black, *World History Atlas* (2nd ed. London: Dorling Kindersley, 2005), pp. 28–29

と船を進める中で季節風を解読し、うまく「手懐けた」ことで、二つの広大な地域が、インド洋を通して接続された。資源は、アフリカ東部のスワヒリ語圏諸都市から、アラビア・ペルシアを経て南アジアの港湾都市、そしてマレー半島・インドネシア諸島にかけて同じように分布しているわけではなかった。だからこそ、交換は活発に行われ、生産の専門特化が進んでいった。ユーラシアでは、地中海東部から黄河流域に沿って行商人が辿ったルート(のちに「シルクロード」として知られるようになる)を、商人が安全に移動できるようになった。その西側の終点では、フェニキア人たち――地中海東部で海上貿易を行っていた諸都市に住む人々の総称――が「オリエント」――あるいはその西側の部分――と「オクシデント」を接続し、イベリア半島を超え、さらにイギリス南部の錫鉱山まで繋がることとなった。こうして、人々が移動することで、ユーラシア・北アフリカ間の貿易圏が誕生した。

初期の文字や絵文字によると、紀元前六〇〇〇年以降、エジプトとメソポタミアには数千の町が存在した。紀元前二〇〇〇年までには、ラガシュやウルといったメソポタミアの都市では、それぞれ人口が五万・六万五〇〇〇人にのぼっていたようだ。紀元前六〇〇〇年を迎える前に、バビロンの人口は二〇万人を超えていた。インド洋貿易が盛んになるにつれ、都市も成長した。紀元前三〇〇年頃の最大都市は、おそらくパトナだった。中華帝国が出現すると、その首都・長安は紀元前二〇〇年までに、都市の規模で最上位を占めるようになった。[12] こうした数字だけみると、多くの人が移動していたという事実は見えてこない。じっさい人々は、北半球に形成された貿易システムでの立ち位置・王朝間での戦争・資本の移転に応じて、都市や町を出たり入ったりしていた。

都市では食料が必要とされ、それは後背地の人々によって日々提供されていた。集約農業を行う地帯では、男女の労働者のみならず、農民が家族単位で集まってきた。農村と都市部の交換は、市場で激増した。都市は、商業的ネットワークを発展させるだけでなく、支配層に属する家族間の勢力関係を拡大し、知的な交流も生んだ。その結果、宮廷を目指して移動する学者たちが現れた。商人たちは地理や貿易に関する情報を集めるだけでなく、遠隔地で貿易を行う場合の社会的儀礼や慣習を身に着けた。似た文化が分布する地域は、通訳する人々によって結ばれた。新参者は、移り住んだ土地の人と結婚することで、知的・社会的ネットワークに入ることができた。

人口が密集し、行政システムが拡大したことで、道路・橋・水路への需要が生まれた。また、新しいタイプの公衆衛生も必要になった。高い技術をもたない男性たちが、生活の基盤を支える土木工事——道路、水路、貯水池——をするため移動するなか、女性たちは、サービス労働で働くために移動した。そして、壁が泥でできた小屋は、構造的により耐久性のあるレンガ造りの大邸宅に替わっていった。宗教的な慣習で、清めの儀式が求められる文明もなかにはあった。というのも、都市の環境が不衛生ということは、死亡率が高いということでもあり、また、そのぶん新規の移住者が必要とされていたからだ。経済活動が行われる場や生産者は、都市の壁や政治的境界線を越えて動いていた。

交換のために、職人や大小の貿易商、そして女性が移動した。通訳や両替商・警備員・労働者だけでなく、ポーター・荷馬車の御者・船員・運転手たちも都市へ続く道を旅した。労働と再生産は、性別によって経験が異なってくるが、性的・感情的関係を含む重要なサービスに関しては、男性側は女性側に依存していた。新たにやってきた独身男性と地元の女性から生まれた子どもたちは、「庶子」として村八分にされるか、母親の共同体に入れられた。

紀元前四〇〇〇年以降、都市文明という広大な地域の序列に人々は自らを組み込んでいった。あるいは、勢力を拡大しつつあるエリートによって、組み込まれていった。都市文明とは例えば、シュメール（メソポタミア）、ヌビア、ナイル川とチグリス・ユーフラテス川流域のエジプト諸国、ペルシア諸国、そしてインダス川流域ではハラッパーやベーダの文化が挙げられる。さらに紀元前二〇〇〇年頃、地中海北東部（クレタ島、ギリシャ、トルコ）では、ミノア人の社会、ミュケーナイ人の社会、そしてヒッタイト人の社会が出現した。また紀元前一〇〇〇年頃には、海上貿易を行うフェニキアの文明は、地中海を超えて伝播した。こうして、ギリシャ・エジプト的ヘレニズム世界、あるいは「黒いアテナ」の世界といったほうがいいかもしれないが、出現した[13]。この世界は、それから数世紀を経た紀元前五〇〇年頃より、派遣された兵士らによってローマ帝国へ統合され、また、やはり派遣された帝国の役人によって、管理されるようになった。黄河流域の人々は、紀元前一五〇〇年以降に商王朝へ統合され、漢王朝（紀元前二〇〇年頃から紀元二二〇年）は領土を中国南部まで拡大した。移動する遊牧民によるアジア内陸部からの侵入を防ぐ目的で、万里の長城が建設されたが、そのために、遠隔地の労働者たちが雇われた。インドにおいて、紀元前五〇〇年から紀元五〇〇年にかけて、広大な領土と膨大な人口を管理したのは、モーリヤ朝とグプタ朝だった。これらの文明によって、構造はより統一されるようになり、社会や精神世界に関する新たな信仰体系も生まれた。しかし、文明の支配者たちは、破壊的な拡張主義を掲げた帝国間の戦争にも従事していた。兵士たちが移動を命じられると、今度は民間人の一時的避難や長期的な難民としての移動に拍車がかかった。戦争は男性のものだったが、ローマ帝国の建国神話では、近隣の民族から女性を強奪してきたことが語られている。建国の物語には英雄がいて、さらに神話的であることが多いにもかかわらず、戦争行為をまともに機能する社会へ転じさせるには、男だけでは無理だった、ということかもしれない。移動――そして暴力――は、性別によって経験が異なってくる。

儀礼に使われるような場所を建設するには、数万人規模の労働者が現場まで移動しなければならない。例えば、ピラミッドやのちのマヤ文明にみられる神殿、運河建設（中国）、道路建設（ローマ）が挙げられる。こうした労働に対する需要に応じるために、強権的な支配者たちは労働者を一時的に拘束したり、捕虜を生涯奴隷とし、無理やり移動させた。なかには、負債を返すために働く者もいた。貧しい家庭は貧困を和らげるため、あるいは飢え死にしないために、子ども——少女である場合が多い——を売ることもあった。

都市や町は壁で自衛し、よそ者となかの者を区別した。移住者・移動する農民・商人たちは、入るのに許可を要した。そして、城門の存在や「市民権」という構成員の区分は、手続きを行ううえでのハードルとなった。このような、包摂と排斥を可能にする新たな法律上の区別は、言語に関する知識に基づく帰属意識と混ざることもあれば、それによって悪い方へ向かってしまうこともあった。例えば、「野蛮人（barbarian）」というギリシャ語は、もともとはギリシャ語を話さない人々を指した言葉だったが、のちに、遺伝的な劣性を意味するようになった[14]。「よそ者」は、教養が低いとみなされたのだ。

このような帝国主義時代の都市部の社会では、崇高で精神的なものに関して新しい思想が登場した。そして支配層によれば、この超越的なものに関する思想が、ある種の社会秩序を規定した。紀元前八〇〇年以降、中華帝国からギリシャの都市国家に至るまで、倫理的かつ内省的な思想が各地で興隆を極めた。なかでも、中華帝国では孔子と老子、インドでは仏陀とウパニシャッドを著した人々、ペルシアではゾロアスター、パレスチナではヘブライ人の預言者たち、ギリシャではソクラテスとプラトンが挙げられる。キリスト教のテクストは使徒たちによって、コーランは紀元六〇〇年以降にイスラームの伝道者らによって体系化された。そして、霊性によって、人の移動が起きることもあった。精神世界の革命家のなかには、例えば老子や仏陀の場合のように、瞑想するために巡礼に出発した者もいた。ムハンマドは商人として広く旅し、紀元六二二年にはメッカを逃れてメディナへ移った（ヒジュラ）。宗教的な理由での移動からは、輸送手段の変化がみえてくる。ユダヤ人たちは捕虜になるために歩かねばならなかった。妊娠中のマリアはロバに乗って移動した。ムハンマドは馬とラクダに頼ることができた。キリスト教とイスラームの修道会や宣教師たちは、神に使える謙虚な奉仕者として、あるいは戦う伝道師として、はたまた信仰厚い商人として、移動した。新旧の信仰が体系化・均質化されたことで、聖典を擁する三つの宗教——ユダヤ教、キリスト教、イスラーム——が生まれた。しかし、不和と分裂も生まれた。

宗教的対立やいわゆる聖戦により、亡命やよそへの移住、逃避が生じた。精神的な交流を通して、宗教と文化が統合されたり、改宗する者もいた（Bentley）。例えば、初期の農民の移動によって、言語的な重なり合いが生じ、そこに文明と王朝の境界線が重なり、さらに交流と接触の領域や宗教間の対立の領域までが加わった。こうして混ざり合った結果、新たな文化が生まれた。なかには、ユダヤ教徒やゾロアスター（パルシー）教徒のように民族全体が散り散りになることもあった。聖地として認定された場所には、巡礼者、つまり宗教的理由で一時的に移動する人々が、近隣のみならず遠方からも集まった。宗教上の慣習が、農業的なものから都会的なものへと変わったことで、ジェンダー関係も変質した。農民の教団では、豊穣の女神が崇拝されていたが、聖典を有する諸宗教の中心にいたのは男性の神だった。ペルシア・インド・中国―チベットの思想体系を生み出した思想家たちも、男性だった。こうした信仰が社会規範に根を張ってから、数千年にわたり、女性の移動は制限されるようになった。

2-4 移動と社会（紀元前五〇〇〇年から紀元一五〇〇年）

移動する人々は「豊富な知識」を携えて移動する。これは、環境が異なる目的地で生活を立て直すうえで、財産になる。例えば、南北アメリカ大陸の北側から南の方へ移動した人々は、建築と種蒔きの技術をもたらした。そして、乾燥した環境に順応させたことで、村や町といった、メソアメリカの人々が住む文化的空間を生み出した。空間や領土をめぐる争いはたいてい、平和裏に解決されることはなかったが、かといって、戦争の長期化につながることもなかった。そうではなく、「人々が互いにぶつかり合う」状況、つまり、均衡がとれず、欲に駆られ、権力が介在するような相互作用が起きることが多かった。「多くの文化が存在する」複雑な社会が現れた――こうした言い方を用いるのは、今日の多文化的な相互交流を想起させずに、過去における文化の複数性を示すためである。[15]

南北アメリカ大陸では、紀元前一万年を迎える以前に、チブチャ語―パエス語を話す人々（メキシコ南部から南アメリカ北部にかけて住む）が、豊かな農業的伝統を発展させていた。メソアメリカの人々は移動し、ミシシッピー川流域に墳丘墓を築いたアデナやホープウェルの人々にトウモロコシをもたらし（およそ紀元前七〇〇年から紀元四〇〇年）、定住を可能にした。移動するなかで、記憶から消えていった人々もいた。「ホホカム人」は消滅した人々という意味だが、かつては北アメリカ南西部でピマ族の隣人であった。南アメリカのなかでも豊かな動植物に恵まれた地域では、農業が未発展でも定住できた。メソアメリカやペルーでは、文化的接触・国家建設・戦争が、少なくとも紀元前二〇〇〇年には立て続けに始まっていた。紀元前一八〇〇年から、ユカタン半島に位置するマヤ文明の諸都市は移住者を引き付けていたが、一〇世紀には住人に見捨てられてしまった。その理由は、いまだ解明されていない。一一世紀以降のチチメク人の移動（現在のメキシコ中央部）は複雑だった。トルテック族の都市社会へ入って順応した者もいれば、移住したものの順応を拒む者もいた。また、まったく移動しない者もいた。トルテック族・ミステク族・サポテク族（八〇〇年以降に南へ移住した）が農業や学術で成功を収めたことが、一四世紀には、テノチティトラン（現在のメキシコシティ）周辺のメシカ（アステカ族）の文化的土台となった。インカ帝国は、南アメリカのアンデス山脈のなかでも現在のペルーに当たる地域で九世紀に始まったが、近隣部族を征服によって併合し、飢饉で人々が住む場所を失わないよう保護し、郵便・配達制度を確立した。この帝国では、強制労働が義務付けられていた。例えばクスコ建設では、一〇年にわたり、季節ごとに四万人が雇われた。このように高度に発達し、中央集権化した社会では、謀反を起こした民族の強制的な移住や、地方から都市への自発的な移動はつきものだった。

アフリカでは、サハラ砂漠以南に住むコイ語やバンツー語を話す人々は、西方や南方へ移り住んだ。また、ナイル川流域の人々は、地中海の船乗りたちと接触した。サバンナ地帯の人々は西方へ移った。紀元後最初の千年が終わるまでに、歴史上有名なガーナ王国は、モロッコでの交易のために、サハラ砂漠を横断する隊商を通して、バンブクの金鉱と関係を築いた。こうしたルートは、九〇〇年を迎える前の段階で、膨大な数に上った。ムスリムの商人には、イベリア半島出身・地中海沿岸部出身・アフリカ北東部出身がいるが、南方へ移動するなかで、改宗が起きた。奴隷と隷属状態での移動という特殊な形態も発展した。豊かな男性は貧しい親戚や債務者を自宅に住まわせた（「債務奴隷」）。女性労働者の価値は非常に高かったため、年季奉公中の女性は地域内でのみ移動した。それに対し、男性は遠方へ送られた。戦争捕虜は地中海で売られたり、東アフリカの港湾都市を通して売買され、インド洋各地の社会へ移動させられた。ソファラ（モザンビーク）とモガディシュ（ソマリア）の間の港では、商業上の共通語（lingua franca）——異文化間での意思疎通で広く用いられる言語——としてスワヒリ語をつかうアフリカ商人たちが、内陸部への乗り継ぎを担い、アラビア語を話す人々が海を横断するネットワークを築き、そしてはるか遠く南北シナ海から来る船員が労働力となった。サハラ砂漠を縦断して北へ向かう移動と海上を東へ向かう移動により、ネットワークの形成と文化的混交（*metissage*）が進んだ。

地中海世界の人々もまた、人の移動に起因する文化と宗教の再編成を経験した。北東部では、マケドニアの王アレクサンドロス（在位：紀元前三三六～紀元前三二三年）が、ギリシャの都市国家・ペルシア帝国・インダス川流域における支配を確固たるものにした。かれは三万五〇〇〇人の兵をアナトリアを超えてエジプトまで行進させ、解散したギリシャの元兵士たちをペルシア東方へと散り散りに追い払った。難民たちは壊滅状態の都市から逃げるか、捕まるか、奴隷として売られるかした。石工・職人・貿易商は一人で、あるいは家族を連れて新たに建設された都市へ移っていった。学者は、アレクサンドリアにある新しい知の中心へと移った。移動する人々により、ヘレニズム的な生活様式は広まったと同時に、エジプトやペルシアの文化や知識が吸収されることで、本質的な部分が変質していった。地中海の北部中央と北東部では、ローマ帝国の存在と、征服と併合を繰り返す権力闘争ゆえに、ギリシャの職人たちはエトルリア人の町へ移り、奴隷たちも強制的に移住させられたため、サハラ砂漠以南・アフリカ東部・南ヨーロッパから兵士を採用せざるをえなかった。ローマは紀元前八世紀に建国され、その住人は、紀元一〇〇年までに四五万人を数えた。ローマがアフリカ北部（カルタゴ）やイベリア（イスパニア）へ拡張したことで、現地の多様な人々と人種・宗教の壁を超えて結婚するようになった。ローマ軍にはさまざまな文化が混在するようになったが、ユダヤでの失政に対して起きた解放や自治を求める闘争（ローマの属州総督によって「反乱」というレッテルが貼られた。この人自身、役人として移住してきた身だった）を鎮めるため、ユダヤ教の宗教施設を破壊した。ユダヤ人たちは、最初は地中海沿岸をなぞるようにして逃げ、それからヨーロッパを横断した。アフリカの兵士たちは、ローマ軍に従軍するなかでイギリス南部に到達し、ヨーロッパの兵士たちは北アフリカに着いた。四〇〇年頃、帝国は東西で分裂した。西側には、アルプスを越えて移動したゲルマン民族が吸収された。東側のビザンツ帝国へ移住する者も、引き続き絶えなかった。

七〇〇年以降、新たに登場したイスラームの信仰は、北アフリカを経由してイベリア半島まで広がった。パレスチナで雇われた兵士たちは、コルドバのカリフ領に農民や職人として住みついた。やはり移住先の女性との結婚が進むことで、新しい民族が生まれた。ムスリム支配下のイベリア半島は、イスラーム―ユダヤ教―キリスト教という三つの文化・異なる宗教から成る学びの中心地となった。その基盤には、ユダヤ的―アラブ的―ヘレニズム的なエジプトのアレクサンドリアの遺産があった。イベリア半島の都コルドバには、一〇世紀までに五〇万にも上る人々が住むようになっていた。このような多様な文化が存在した社会ではあったが、フランク人から成るキリスト教の軍隊によって征服・破壊された。これを受けて、大規模な移動が目指す方向は逆転した。一四九〇年代までに、キリスト教の支配者たちはユダヤ人（オスマン帝国が避難所を提供していた）もムスリムの職人・農民も追放することとなる。文化が交錯する地中海世界は、終わりを告げたのだった。[16]

中央ヨーロッパでは紀元前五世紀以来、ケルト民族やゲルマン民族が、東は小アジア、北はスカンジナビア、西はブリテン諸島、そして南西はイベリア半島へと移り住んでいた。かれらは各所で定住し、征服し、ローマに援軍として仕え、「互いに鉢合わせすることもあった」。八〇〇年頃、フランク王国がカロリング朝に替わった時には、農民たちは定住を始めていた。しかし、行政官や支配者・僧たちは、世俗・非世俗問わず、領土内をぐるぐると移っていた。中央ヨーロッパに位置するこの帝国を継いだ王朝――いわゆる神聖ローマ帝国――は、一時的ではあったが、はるか遠く南はシチリア、北はスカンジナビア諸島まで支配した。支配層レベルでは、皇帝はアラビア語を話し、皇后はビザンツ帝国からはるばる嫁いできた。下層レベルでは、農民たちは領主に縛り付けられていて、一見、移住は不可能だった。それでも、なかには都市へ逃げ切った者もいた。一年以内に申し立てがなければ、かれらは自由の身になることができた。労働への需要と農業政策次第ではあったが、農奴を保有する領主は、他も放逐した。中世のヨーロッパ社会でも、人々の移動は珍しくなかった。

歴史上の創作ではあるが、スカンジナビア諸島北部は、船で移動する人々「ヴァイキング」を、西アジア・中央アジアの草原地帯は、馬で奇襲をかける「モンゴル人」を世に出した地域として知られている。ノルウェーの人々は、農地がほとんどない代わりに航海経験が豊富で、八世紀以降にアイスランド・グリーンランド、そして北米のヴィンランドに到達した。ほかには、東へ進んでバルト海やラドガ湖を超え、ドニエプル川沿いに住む人々を支配し、ビザンツ帝国やアラブ・レバントの商人と交易する人々もいた。くわえて、南方へ移ってブリテン島を征服したり、フランスのノルマンディで定住したり、シチリアの港町を急襲し、新しい国家を樹立する人々も現れた。海に強みをもつかれらの文化では、攻撃的な男らしさが見られただけでなく、男性／女性が一緒に移動することもあった。男性のみで移動した場合、目的地で結婚する女性は、身分が高く、その地域の言語、文化に精通している人だった。

ユーラシアの大草原地帯では、移動自在な馬乗りの男性たちが（同様に馬乗りの女性たちも）社会なり国家なりを樹立し、積極的に拡張させていた。なかでもアーリア人たちは、インド北部まで侵入し、紀元前一五〇〇年以降にベーダ文化を確立した。草原の人々は、紀元後最初の一〇〇〇年で東へ移動し、中国の農村社会を征服、そこの王朝を手中に収めた。かれらが起こす武力衝突のため、「シルクロード」貿易は中断してしまった。その結果、インド洋でのアラブ人とグジャラート人の貿易が、急激に伸びた。ハンたちはバグダード、つまりイスラーム世界の首都と一〇〇万ともいわれるそこの住人を襲ったが、失敗に終わった。一三世紀までには、中国からペルシアまで至るアジア横断的な「パックス・モンゴリカ」（モンゴルによる平和）により、中国―ヨーロッパ大陸間の隊商路が再開した。一四世紀初頭、イタリアのフィレンツェ出身で移住を経験したこともある、とある事務員は、黒海に面したカファにある、ジェノヴァ人の植民地で商人として生計を立てていたのだが、遠く中国までのルートを詳述した旅案内を編集した。それには、休憩所や危険な一帯、道中必要な食料の種類や量、両替所、通訳を雇える場所についての情報が載っていた。沿道に住む人々は、こうした旅する商人たちから、遠隔地にチャンスがあることを学んだ。

九世紀の広州（広東）には一二万人の外国人商人が住んでいたとされる。なかには、はるか遠く東アフリカと取引をしていた商人もいた。一一世紀までには、中国人の船乗りたちによってコンパスが発明され、貿易圏は拡大した。商人のディアスポラ的共同体で生活するなかで、移動する人々は当初、モンスーンの時期のみ滞在していたが、やがて永住するようになり、親族の移住も支援した。一三世紀、モンゴル人が支配する大都（のちの北京）や首都カラコルムは、モンゴル人と漢民族だけでなく、コスモポリタンなさまざまな社会も受け入れていた。こうした社会では、グルジア人・アルメニア人・ペルシア人・トルコ人が、少数のスラブ人・ハンガリー人・ギリシャ人・ドイツ人・フランス人・イングランド人と混ざり合っていた。ローマ・カトリックやネストリウス派・アルメニア教会・

仏教・ユダヤ教・イスラームといった異宗教同士の接触もあった。職人のなかでも贅沢品を作る人々は、宮廷や富裕層の住まいに移り住んだ。都市に住む人々が、遠く離れた別の都市へ移住することもあった。行商人は田園地帯を突っ切って移動した。役人は遠方へ送られた。干ばつと洪水は何度も起こり、短期的には、大量の移住を引き起こす原因となった。長期的には、住人の立ち退きにつながった。貿易では、動物より人による運搬が頼りにされたため、多くの人々があちこち移動した。農業に必要な灌漑システムも、遠方から労働者を雇わなかったら、建設できなかった。農民たちは帝国の中でも人口がまばらな地域へと移住した。

この時代には、距離をものともせず、グローバルなレベルでの相互作用が起きていた。人々も、多様な文化が存在する「居住空間」（ギリシャ語の oikos が語源）がアフリカやユーラシアにあることに気づいていた。こうした空間で、商品のみならず、素晴らしい文化や人間も動いた。例えば、中国からイタリアの諸都市、東南アジアの島々からインド洋社会、アラビア海から多くの文化が存在するオスマン帝国へ。南北アメリカは、しかし、隔てられたままであり、このような空間に住む人々には未知だった。この居住空間における移動と生活は、一四世紀中葉の伝染病によって、深く断ち切られた。影響を受けた地域では、「黒死病」の死亡者数が、一〇年たたないうちに住人の三分の一に上った。移動は、よりよい選択肢を求めて移り住むものから、再定住と生き残れそうな生活拠点の再建へと姿を変えた。家庭・共同体・地域社会、そして全人口が、この伝染病から立ち直るには、一世紀以上かかった。

2-5 二つの世界から一つの世界へ――移動・貿易圏・接触する文化(一四〇〇~一六〇〇年)

こうした居住空間の東と西の端では、一四〇〇年以降、同時代的ではあるものの、無関係な二つの展開がみられた。これにより、グローバルな権力関係に変化が生じた。その結果、南北アメリカ大陸は、世界的な貿易と移動のパタンに参入することになった。また長期的には、ヨーロッパと大西洋世界の優越性が確立されることとなった。東側では、中華帝国が外界との接触という点でもっとも遠くまで到達したのは、一四〇五~一四三五年にかけて、宦官の鄭和がインド・セイロン・アデン、そしておそらくその先まで航海した頃だ。かれの船は最大一〇〇〇人まで収容でき、艦隊に至っては、一隻で二万七〇〇〇人を運ぶことができた。なかには、乗船中に新鮮な野菜を育てていた者すらいた。宮廷は、経費と望ましくない文化の流入を理由に、こうした遠征を終わらせた。しかし、遠く離れた南部の省では、商人たちは危険を承知で外界との接触を続けた。マラッカ・マニラ・バタビア（ジャカルタ）にあるこうしたディアスポラ的共同体には、移動中の職人もいれば、家族連れで動いている労働者もいた。かれらは東南アジア全域で貿易をしていたが、政府からの支援も武器も、その他の保護もなかった。

同じ頃、西側では小国ポルトガルの王が舵を真逆に切った。商人が思い切って外の世界へ出ていけるよう、支援したのだ。かれらの航海は、アフリカ大陸沿岸を南下し、大西洋でいくつかの島に初めて到達し、最終的にはアフリカ西部の港に到着した。そこで、ポルトガル人たちは交易所を作って要塞化し、金の直接貿易を開始した。これにより、ムスリムのアラビア人が支配してきたサハラ砂漠を横断するルートは切断された。それ以上に重要だったのは、現地の社会を通して、隷属状態にある搾取可能な労働力を手に入れることができるようになったことだ。当初、商人は奴隷を使用人や労働者として、イベリア半島へ送り込んだ。家財奴隷という地獄のような制度が発展するなかで、数百万に及ぶ男性・女性がアメリカ大陸へ無理やり移住させられた。カトリック教会は、異教徒や「野蛮」人を改宗させるため、宣教師たちを一緒に派遣した。伝統的なキリスト教は、融合よりも排他的であることを選んだため、各地に以前からあった信仰や価値体系は、壊されてしまった。その結果、抵抗は起きにくくなった（時が経つにつれ、他の地域では、カトリックの教義は現地の慣習や信仰と融合することになる）。「火薬帝国の時代」――ヨーロッパ人たちによって「探検の時代」という誤った呼称がつけられている――と家財奴隷の時代は、すでに始まっていた。[17]

地中海に面するイタリアの港湾都市は、衰退の途を辿っていた。これらの都市出身の船乗りたちは、とくにイベリア半島での航海に新しいチャンスを求め、移り住んでいった。その中には、コロンブスやカボット、ヴェスプッチ、ヴェラッツァーノもいた。コロンブスは、「ヴィンランド」に関して北方の移民が持っている知識を利用するため、アイスランド関連の古い史料を読んでいたのではないだろうか。ところが、大西洋を西へ横断していた時に距離の計算を間違え、カリブ海諸島が視界に入った時、自分がインドにいると思い込んでしまった。ヴァスコ・ダ・ガマは、南へ進み、アフリカの先端を回り込んでインド洋に到達した。その際、アフリカ東部の諸都市に対して武力を用い、自分の船へ食料を提供することと、インドの港町までかれの小さな艦隊を道案内する水先案内人を提供するよう強いた。一五〇〇年以降、イベリア半島の支配者たちは、大西洋とインド洋を支配した。しかし、領土内のユダヤ人共同体を追放したことで（チャイニーズ・ディアスポラのように武装していない）、帝国は遠隔地貿易のベテランを失った。難民となった商人は知識が豊富だったため、オランダ都市部・オスマン帝国、そしてアフリカ北部の社会で歓迎された。一五・一六世紀に登場したグローバルな権力構造のなかで、それまであった商人たちの貿易に関する平和的儀礼は、武装した戦士兼商人による支配へと変わった。この変化を基盤として、ヨーロッパと大西洋世界の優位性は高まり、それに対して、アジアは相対的に衰退し、アフリカは労働の供給源としての役割を担うようになった。広大な地域の間に存在するこうした不平等は、二一世紀に入ってからですら、貿易と移動にいまだ影響を及ぼしている。

南北アメリカ大陸にはメソアメリカの文化がいくつかあり、交易ネットワークと学術的な交流（天文学とそこから得られる宗教的な含意）によって結ばれていた。たいていの人の移動は、地域内に留まっていた。それに対し、運送を担う人々や世界中を飛び回る貿易商の移動距離は相当なものだった。スペイン・ポルトガルが征服を目的とした戦争を起こし、カリブ海・メソアメリカ・ペルーの男性・女性・子どもを容赦なく搾取し、偶然ではあったがユーラシア大陸の病原菌をもちこんだことで、人口は雪崩のように、急激に減少した。接触と移住者の流入により、カリブ海諸島のいくつかの島では大量の人々が死亡し、メソアメリカも似たような状況になった。メキシコとその近隣諸国の人口はおそらく二五〇〇万人だったが、一世紀もたたずに二〇〇万人まで減った。少し遅れて、北米や南アメリカ東部に散らばって住んでいた人々のもとにも死がやって来た。ヨーロッパが疫病を経験した後そうだったように、人口が壊滅状態になったことを受け、生き残った人々で、発展可能な共同体を再建するために、新たな移住者が必要とされた。先住民を強制的に動かすことで、スペインからくる移住者は労働力を獲得した。イベリア半島からやってくる移住者たちは、好戦的で（コンキスタドールと呼ばれる）、天候や宮廷の優雅な陰謀に耐えられれば、富を家へ持ち帰り、探検家兼政治家として称えられることもあった。「南北アメリカでの定住」はその次、つまり、征服と破壊の後に進んだ。

南北アメリカ大陸には、「コロンブス」交換によって家畜化された動物が導入された。その後、馬による移動や狩猟文化を発展させた先住民たちもいた。イベリア半島とヨーロッパ全体へは、戻ってくる移住者や宮廷の役人たちが、食物の種や刺激・興奮を与える食べ物を持ち帰った。ヨーロッパ北西部では、とくにジャガイモがあったおかげで、主食が安定的に供給されていた。そのため人口増加が続き、一九世紀までには、数百万にのぼる人々が南北アメリカ大陸への移住を余儀なくされた。南ヨーロッパでは、トウモロコシとアメリカ産の豆が同じように作用した。砂糖は「動く穀物」だ。なぜなら、耕作人が地中海東部から大西洋諸島を経て、カリブ海まで運ぶからだ。これはすぐに輸出品として大量生産されるようになり、ヨーロッパ人の食生活を変えた。さらに、アフリカから人々を強制的に移住させることで、プランテーション制度の労働需要は満たされた。こうして、小さいけれど強国であるイベリア半島や西ヨーロッパの「白い大西洋沿岸諸国」は、「黒い大西洋沿岸諸国」を生み出した。一八三〇年代までに移住を強制されたアフリカ人の数は、ヨーロッパから南北アメリカへ渡った年期奉公人や自由移民を上回った。

スペイン支配下のイベリア半島からやってきた移住者たちは、「黒い大西洋」で強制的に人を移動させただけでなく、「ミタ」と呼ばれる制度を構築した。この制度は、ポトシ

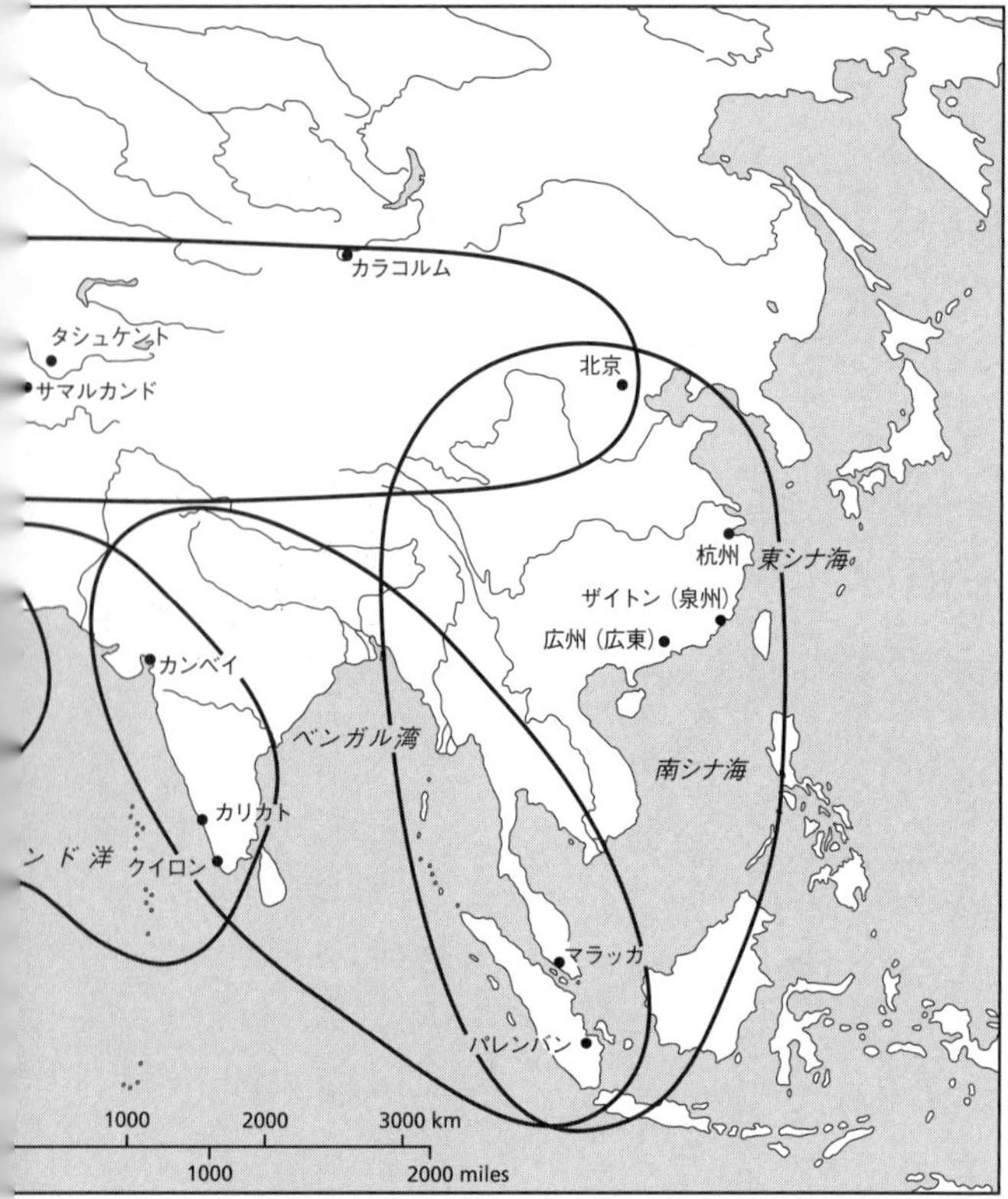

カラコルム
タシュケント
サマルカンド
北京
杭州
東シナ海
ザイトン（泉州）
広州（広東）
カンベイ
ベンガル湾
南シナ海
カリカト
ンド洋
クイロン
マラッカ
パレンバン
1000
2000
3000 km
1000
2000 miles

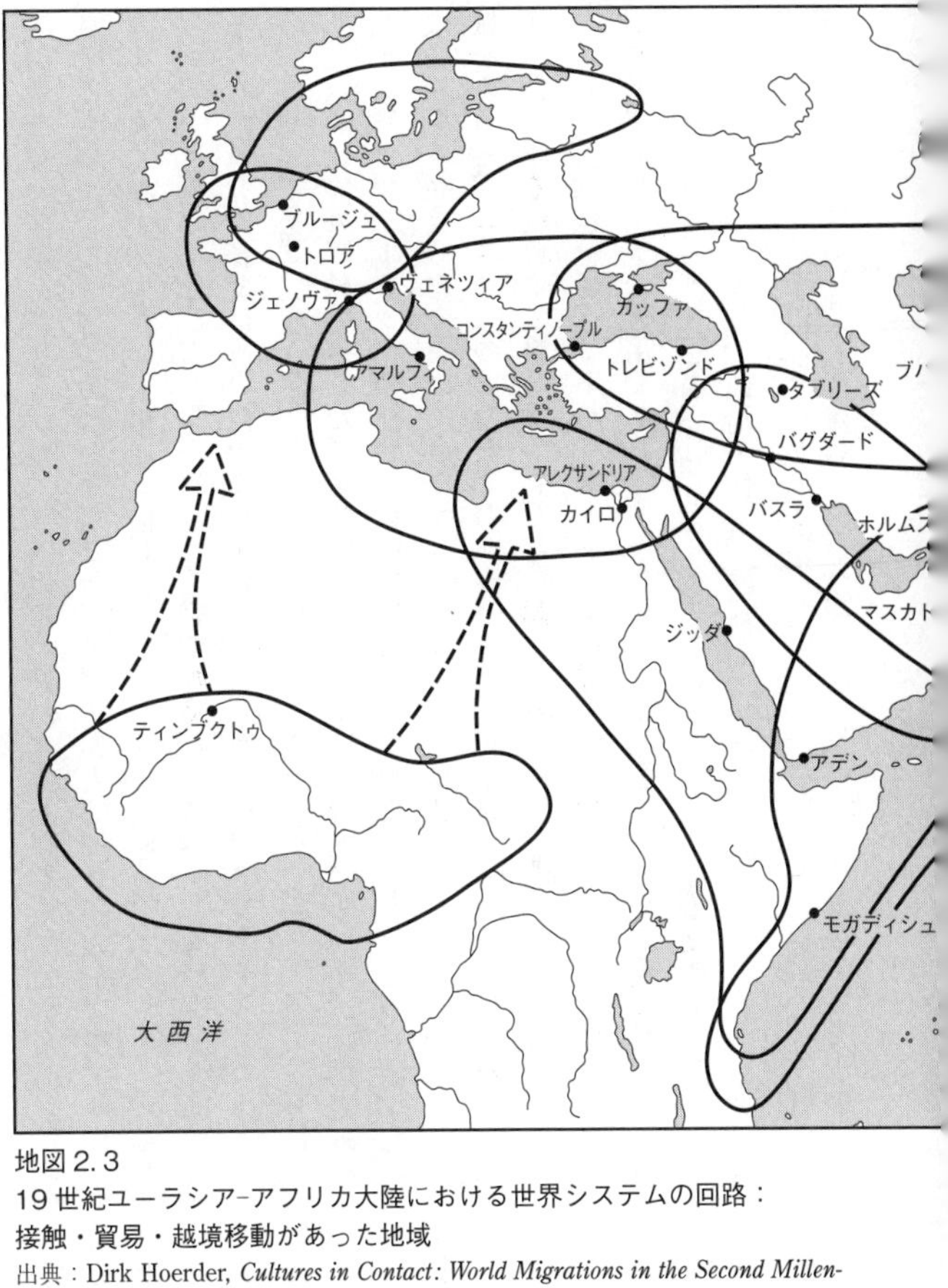

地図 2.3
19 世紀ユーラシア-アフリカ大陸における世界システムの回路：
接触・貿易・越境移動があった地域
出典：Dirk Hoerder, *Cultures in Contact: World Migrations in the Second Millennium* (Durham, NC: Duke University Press, 2002), p. 29 に掲載の地図 2. 2

の高地で銀の採掘をさせるため、アンデス山脈のペルー側で先住民を無理やり移動・労働させるものだった。銀があったからこそ、スペイン人はモノ・人を交換するシステムをグローバルに拡大できた。太平洋を横断し、「ガレオン船貿易」をスペイン支配下のアカプルコ（メキシコ）とマニラ（フィリピン）間で始めた。スペイン人と中国人は、奴隷にさせられた人々や奴隷ではない自由な移住者、そして商品を、アジアからヌエバ・エスパーニャ（今のメキシコ）へもたらした。商品は、チャイニーズ・ディアスポラで世界中に拡散した人々により、供給された。移住してきた人々は、自由であろうと奴隷であろうと、南北アメリカやヨーロッパの社会・経済を築いた。なぜなら、かれらの労働なしには、いかなる帝国も生き残ることはできなかったからだ。イベリア半島に貴族が建てたさまざまな城をみると、ムスリムの男性とその一族が有する文化的・職人的能力がわかる。イベリア人の大西洋を横断する船には、中国人の船大工の技術が反映されていた。

一五・一六世紀のグローバリゼーションの時代における相互作用を概念化するうえで、二つのアプローチが有用である。すなわち、文化的なものと経済的なものである。ジェリー・H・ベントリー（Jerry H. Bentley 1993）によれば、異なる文明が接触することで発生した自発的なつながり、政治・社会・経済面での圧力、同化を通して、「改宗」と異文化間でのやりとりが生じた。対照的に、イマニュエル・ウォーラステイン（Immanuel Wallerstein）は、自身の「世界システム分析」において、経済的な要因を強調した。この分析を用いて、一五〇〇年以降のグローバルな経済・権力関係におけるヨーロッパの優越性を説明しようとした。つまり、資本の蓄積が生む利益のほとんどが、ヨーロッパの商人・投資家・国家のものになっていると論じた。この見方は鋭いが、ヨーロッパ中心主義であり、ジャネット・L・アブー＝ルゴド（Janet L. Abu-Lughod）によって脱中心化された。かのじょは、一五〇〇年以前の世界にあった「貿易圏」と、独立した個々の蓄積過程を統合した[18]。このような商品や資本の流れ、文化の相互作用の分析に対し、移住者の影響を第三の要素として追加せねばならない。市井の人が下した決断の結果、社会や相互作用が変わることもあるのだから。

2-6 自治領・植民地化された社会・植民地化する社会で移動する人々（一六〇〇〜一八〇〇年）

船で大西洋を横切り、アフリカを回り、インド洋を横断した世紀が過ぎる前に、国から支援を受けていたヨーロッパの商人たちは、アフリカ西部やアジアの多くで、常設の交易所をすでにつくっていた。交易所は要塞化され、海上交通の終点に置かれた。これらはきわめて孤立しており、内陸の社会との交流はほぼなかった。家族連れでやってくるヨーロッパ人は、ごく稀だった。熱帯病で亡くなる者も多かった。そのため、ほとんどの人が自分たちのために働く「ボーイ」を要した。また、植民地の女性から慰めを得る男性も多かった。ヨーロッパ人が大陸全体に再定住した唯一の大陸、それが南北アメリカだった。部族に属する人々の数は大幅に減ったものの――南部のテウェルチェ族（パタゴニア族）から北部のセイリッシュ族やベオサック族に至るまで――、奴隷となったアフリカ人や自由なアフリカ人（二番目に大きい集団）、ヨーロッパ人（数は一番少ないが重装備で、最有力の集団）よりまだ多かった。ヨーロッパからの移民は主に男性だったこともあり、他民族の女性に精神的な慰めや性的関係を求めた。子どもが生まれることは、新しい民族生成の始まりでもあった。カリブ海社会のムラート（白人と黒人が性的関係を結んだり、レイプから生じた子どもたち）は白人より劣っている、とレッテルを貼られたが、それでも、もっとも影響力を持つようになった。というのも、旅の途上のヨーロッパ人や、移住するために入ってくるヨーロッパ人が知りえなかった慣習や文化を知っていたからだ。ヨーロッパ商人たちは、遠隔地貿易や、遠くなくても資源が豊かな社会との貿易に余念がなかったものの、売ったり交換できるものを自分たちは持っていなかった。そのため、交易の条件を、武器を用いた嫌がらせや美辞麗句を並べた横領に変えた。ペルーの人々を強制的に働かせて採掘した銀は「スペイン産」、植民地化された東南アジアの島々の人々が育てた香辛料は、「オランダ産」とされた。しかし、火薬に物を言わせた帝国ですら、個人間の関係・

異文化でも使える技術・他者のイニシアティブに頼らざるをえなかった。中国人・ユダヤ人・アルメニア人などの商人は、支援してくれる国家はなかったものの、仲介役として重要な役割を果たすようになっていった。

世界規模の貿易・地域的な移動・文化的順応が、一緒に編み込まれていく様がよくわかる事例がある。アジア社会だけで、商人たちは数百万に及ぶ中国製の磁器を売買していた。商業的理由でヨーロッパから移住してきた人々からの需要が高まると、中国の起業家たちは、お洒落な「ムスリムの青」カラーの輸入品を中央アジアから増やし、オランダ領バタビアで、こうした高品質の製品を売り込んだ。一六〇二〜一六五七年の間に、三〇〇万品に上る中国製の磁器をオランダまで船で運び、また、一六五〇年以降二五年間で、およそ二〇万に上る日本の磁器を船で運んだ。そのためには、移動可能な船員・梱包業者・荷馬車の御者、そしてかれらの家族が数千人規模で必要だった。こうした高価な「磁器」は、ヨーロッパの豊かな家庭で飾られるようになった。移住してきた女性の使用人たちにより、こうした品物に対する嗜好は低所得層にまで広がった。デルフトというオランダの町では、一八世紀の陶器職人たちがチャンスを嗅ぎつけ、青と白の染付のやり方を真似て、既製品が大量に売れる市場を発掘した。高価でない「シノワズリー」に及んでは、「典型的なオランダ製」とみなされるようになっていった。このようにして消費者たちは、かれらの新しい物質文化の起源をヨーロッパ化し、遠くで生産している家族がいることや、実際には移動が必要なこと、融合が起きていたことは不可視にされた。移住により、アジアとヨーロッパの文化は接触し、知識の輸入につながった。それらは日々の家庭生活の中に統合されることで、ヨーロッパの物質文化をも変えた。

アジアでは、陸地の方に重きが置かれている中国・日本列島・東南アジアの社会・南アジアの人々が、もともとの地形により、文化的に交わることのない広大な地域を個々に維持していた。[19]また、細かく地域ごとに分かれていた。中国の南部に位置する省は、東南アジアの島々へ移住者を送り出す地域となった。かたや北部の人々は、帝国内で移動した。インドや中国ではヨーロッパ同様、人々が移り住んだのは、戦争や疫病によって人が住まなくなった土地や、住人がほとんどいない土地、耕すには扱いが難しい土地だった。文化や地域に関係なく、二人以上の子どもがいる農家にはよぶんに土地が必要だったため、徳川時代の日本やジョージ王朝時代のイングランドでは、農民たちは移動した。[20]移動に当たって戦略を決めたのは、社会環境だった。つまり、経済的事情がゆるせば、家族全員で移動した。近隣の辺境に行く子どももいれば、遠方の肥沃な大地へ移住していく子どももいた。たいていは、到着に際し、以前から住んでいた人々を立ち退かせた。こうした事情は、北米でも満州でも同じだった。あるいは、家族全員ではなく、幾人かが職を求めて隣町に移ることもあれば、海を渡るような場合もあった。生活が立ち行かないような地域では、かれらの送金のおかげで「故郷」の親族は生活できた。若い女性の場合、性別役割分業ゆえに、職人を始めとするものづくりより、接客などのサービスで仕事を見つけた。

　貿易と軍事力について、中国とポルトガルではそれぞれ異なる結論が下された。ちょうどその頃、インド洋文化圏・中央アジアの人とモノの貿易ルート・地中海と大西洋岸ヨーロッパを「つなぐ要衝」で、グローバルな影響をもつ第三の変化が起きた。一五世紀半ばまでに、イスラームのオスマン帝国が、キリスト教のビザンツ帝国にとってかわったのだ。この新しい帝国のさまざまな制度は革新的であったが、港を擁する都市の諸制度――多くの人・文化・宗教が「中立」国家によって統治されている――に似ていた。人々は宗教とミレット（オスマン帝国が公認する非イスラームの宗教的自治体）によって境界線が定められ、自治を行っていた。ムスリムでない人々は、税金を余分に払わされていたが、決して圧政と言われるような額ではなかった。人口不足の地域を発展させるため、オスマン帝国の為政者たちは、家族単位での再定住を無理に推し進めた（sürgün）。ただし、出身地に残してきた親族や友人も後から自由に移住できる、という魅力的な条件も提示した。一つの民族が国を支配することがないよう（のちの国民国家体制では原則になった）、宮廷の女性たちはスルタンの妻も含め、中央アジアないし地中海東部の教養の高い女性奴隷のなかから選ばれた。そして帝国行政では、人工的に造られた言語（lingua nullius）が用いられた。帝国軍の中心は、遠隔地で雇われた奴隷の兵士だった。他方最高幹部たちは、幼少期に家族から強制的に徴兵され、イスラーム化と教育を施された元キリスト教徒たちだった。このように、トルコは戦士によって創設されたものの、そこでの生活や宗教・言語のあり方は、異なる宗教・異なる民族の共存を脅かさなかった。帝国は、人的資本や社会関係資本をもつ難民をも引き寄せた。例えば、イベリア半島のユダヤ人が挙げられる。オスマン帝国は、民族に基づかない国家、つまり、多様な文化・宗教に属する人々を受け入れる構造をもつ国家のモデルとなった。

キリスト教のヨーロッパが、カトリック・プロテスタントあるいは改革派、そして無数の小さな宗派に枝分かれしていくなかで、宗教上の争いから難民が生じた。三十年戦争（一六一八〜四八年）の結果、中央ヨーロッパの人口の三分の一は死亡した。地域全体として、社会的・経済的活気を取り戻すために、移住者に来てもらわねばならなくなった。ユグノー（カトリック国フランスから逃げてきた、改革派のプロテスタント）は、他のプロテスタントの国への移住にあたり、新しく事業を起こしたり、商売するのに必要な知識ももっていった。イングランドを逃れたピューリタンたちは、はじめはプロテスタントのオランダへ、その後は北米へ逃げた。かれらは何かを育てる準備などできていなかったこともあり、生き残るために先住民に頼らざるをえなかった。地方から都市へ、あるいは都市から都市へ移動した宗教難民や、土地や賃金を求めて移動した農民たちは、ヨーロッパ内で動いたが、その数は、遠くロシア南部に広がる平野や南北アメリカへ移動した人々を上回った。オランダからの移住者は、一七世紀に植民地的拡張が絶頂を迎えた頃、人口比では二〇世紀より多かった。ヨーロッパでは一七世紀半ば、長期的に移動が起きている地域がいくつか登場してきた。オランダは、移住者を引き寄せる北海圏の中心となった。スペイン中部には、フランスの南部・中部出身の労働者が移り住んだ（たいていは独身男性で、現地で結婚した）。そしてバルト海沿岸諸国には、貿易を盛んに行い、技術も有する移住者が集まった。農業をやりたくて移住する人々は、ロシア南部の平野や都市部の労働市場を目指した。

南北アメリカでは、先住民が移住することで、経済的な交易が平和裏に続くこともあれば、部族間で紛争が起きることもあった。ヨーロッパ人が到着すると、北米の方では——移住者の社会であれ、定住社会であれ——、毛皮が取引に出された。こうした取引は、資金面ではロンドン—アムステルダム—パリ—モスクワで資金が調達され、さらにスカンジナビアやシベリアへと、北・東方へ拡張中だった。地球規模に広がる北方での毛皮貿易圏が登場したのだ。メソアメリカの社会は、人口の激減で弱体化していた。独立して生き残れない状態になっており、意志に反して無理やり再定住させられた。先住民やアフリカの奴隷は、ヨーロッパのエリート植民者と同様、カリブ海やヌエバ・エスパーニャ、ポルトガル領ブラジルの一六・一七世紀の新しい社会へ溶け込んでいった。北米では、ヌエバ・エスパーニャから来た人々が、フロリダとニューメキシコに着いた。フランスから来たカトリックの移住者は、南北カロライナやセントローレンス川、ミシシッピー川流域へ向かった。英語を話すピューリタンたちは、先駆けて定住したと自認してはいるが、到着自体は遅かった。不寛容なヨーロッパ各国からの宗教難民は、メリーランドやペンシルヴァニアに住み着いた。アイルランドの人々は、イングランドによる植民地支配を逃れて来たが、スコットランド高地の小作人農家の人々は、上流階級によって土地を追われたためやって来た。上流は、新しい羊毛産業のために、自給自足していた農家から土地を奪ったのだ。ヨーロッパの貧困層のほとんどは、大西洋を渡る航海費を工面できなかったため、かわりに船長のもとで三〜七年間働いた。その後、船長は本土やカリブ海の植民地で、年季奉公人としてかれらを売却した。こうした多様性は、「ニューイングランド」に住む英語を話すプロテスタントの移住者たちにより、歴史記述や記憶から消されてしまった。

アフリカ―南北アメリカ間では、一二四〇万にも上る人々が強制的に移動させられた。うち二〇〇万人に近い人々は、非人間的な中間航路（ミドル・パッセージ）の環境を生き抜くことができなかった。[21] それでも、アフリカでの死者は、急襲され、沿岸や砂漠の端にある拠点へ強制連行された場合のほうが多かった。アフリカにルーツをもつ人々は、ブラジルのような社会、つまり奴隷や奴隷から解放された人々、自由なアフリカ人や「ムラート」の割合が高い社会では、自分たちの慣習を再現した。アメリカは、これと対照的だった。総じて奴隷文化とでも呼ぶべきものが、多文化的状況にいる人々のなかで生まれた。

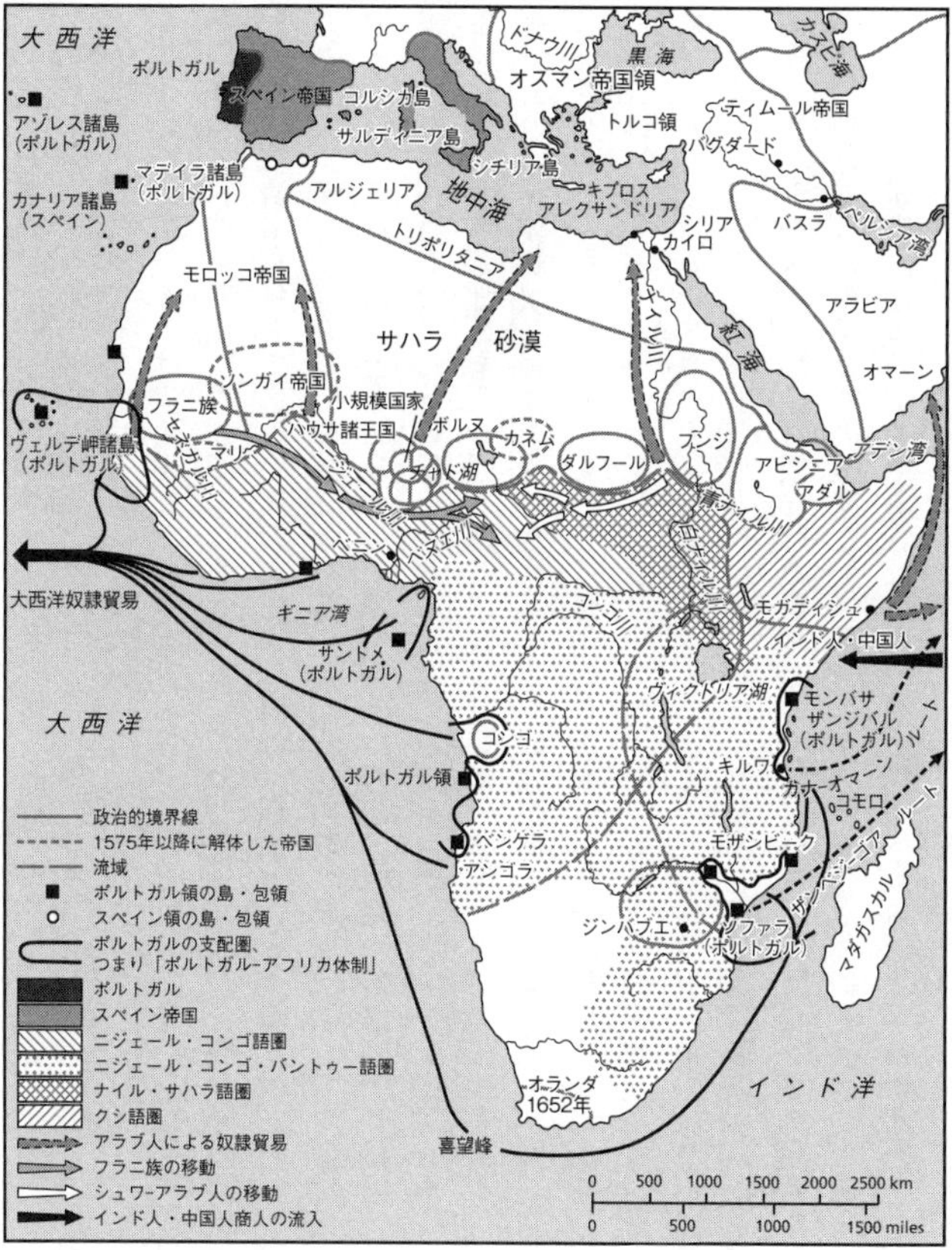

地図 2.4　1600 年頃のアフリカにおける貿易と越境移動

出典：Dirk Hoerder, *Cultures in Contact: World Migrations in the Second Millennium* (Durham, NC: Duke University Press, 2002), p. 147 に掲載の地図 6.3

かれらは多くの場合、カリブ海諸国のプランテーションで中距離程度の旅――「使い慣らし」期間と呼ばれる――を生き抜いてきた人々だった。

こうした移住の多くは、関連している。ヨーロッパが支配的立場に立つと、植民者が外へ向かって移住を開始した。商人たちが到着すると、現地で生産・交易を行う人々が動き始めた。自身も移住者である帝国の文官・武官は、植民地の人々を支配したり、移住させたりした。そして財を投じる移住者たちは、自分たちのプランテーションや鉱山――「採取産業」と呼ばれることもある――での事業のために、奴隷や年季奉公の移民・労働者を無理やり移住させた。一八世紀を迎えるまでに、プランテーションが広がる一帯は、世界中の熱帯・亜熱帯地域を取り囲むほどになっていた。ヨーロッパの植民者による投資と強制労働という体制が互いに影響し合うなかで、武装が進んでいない地域の人々は無理やり移住させられ、移動後は隷属を通して移動の自由を奪われた。農民自身が決断して移住する場合は、南北アメリカ・オーストラリア・南アフリカなどが植民地化され、もともと住んでいた住人は追い出された。地球全体でみてみると、地域特有の地方・都市間の移動は、植民地化を進める人々が出たり入ったりする長距離移動と並行し、続いていた。例を挙げよう。インドやスイスの山に挟まれた低地の村や、ニューイングランドの集落など、多くの農業地域では、冬場は布の生産など、精密さが必要な労働集約的製品――例えばレース――の生産が盛んだった。冬であれば、農作業に拘束されることがなかったからだ。しかし、このような（機械で作るより手を使う）生産が「工場」に集中するようになると、生産者たちは農村で職を失ったため、新たに出現しつつある中心への移住を余儀なくされた。このような「原初的な工業化に伴う」移住が始まったことで、一九世紀には、無産階級の大量移住が生じることとなる。

2-7 一九世紀の地球規模での移動システム

一九世紀、地球を横断する形で動いていた移動システムは、四つある。ヨーロッパから外へ向かう「大西洋移動システム」は、一八一五年以降拡大し、一九二〇年以降停滞、一九五〇年代に終わりを迎えた。「アフリカ-大西洋奴隷・強制労働システム」は、一四四〇年代に始まり、一八七〇年代まで続いた。入植者たちは、奴隷制廃止後の労働力不足を見越していたため、帝国の支配者たちは「年季奉公・契約労働のシステム」をアジア各国に強要した。こちらは、一八三〇年代から一九二〇年代／一九三〇年代まで続いた。「複数の移動からなる大陸システム」は、ロシアのヨーロッパ側からシベリア側まで広がっており、一八二〇年代に登場、一九三〇年代に変わり、一九五〇年代にようやく終わった。このシステムの中で移住する人々の大多数は、労働者だった。[22]

こうした移動システムの中でもっともよく研究されてきたのは、大西洋移動システムだ。一七九二年以降の革命・反革命の政治運動と、一七九六年以降のナポレオンによる帝国主義的戦争は、ヨーロッパで三十年戦争に次ぐ大規模なものとなり、一〇〇万人以上の兵士たちが動員された。こうしたなか、数百万の男・女・子どもたちは故郷を追われて難民となり、負傷したり疲れ果てた兵士たちは、生まれ故郷からはるか遠くで――パリからモスクワ、イタリアからプロシア東部――見捨てられた。一八一五年、反革命的な体制がヨーロッパを横断する形で再建されたのと時を同じくして、一八一六〜一七年冬、飢饉が起きた。そのため、ドイツ語圏南西部出身で中央ヨーロッパに住む農民は、一八世紀のように、別の地域への移住を再開せざるを得なくなった。ところが、ドナウ川を下ってロシア南部の平野へ続く昔のルートは、当時閉鎖されていた。というのも、帝政ロシア当局は、スラブの言語・文化に属する移住者にのみ特別な許可を与えていたからだ。そのため、ライン川を西へ下り、オランダの港と大西洋へ出る船を目指す農民の家族が増えていった。一九世紀を通してこのルートは、西ヨーロッパ、その後は北ヨーロッパ、最後は東・南ヨーロッパの人々にとり、一番無難な選択肢となった。大西洋に臨むヨーロッパ諸国からの移動は他にもあり、アルジェリア・南アフリカ・ケニア・オーストラリアの農民が入植した植民地や、少数ではあるがカリブ海・南アジア・東南アジアの島々などにあるプランテーション植民地が目指された。一九世紀半ばに世界人口が約六〇%増えるなか、ヨーロッパの人口は、推定五五〇〇万人がヨーロッパ外へ移住していったにもかかわらず、一八一五～一九三〇年代にかけて二倍に増えた。

アメリカを目指した人々のうち三分の一は、一八五〇年代までに農園へ移り住んだ。しかし一八九〇年以降、九五％は工場労働者になった。「プロレタリアの大量移住」なくして、アメリカの都市部は工業生産に移行できなかっただろう。同様に、熟練・非熟練というアメリカ特有の仕事の分類がなければ、地方に住むヨーロッパ人たちは仕事を見つけられなかっただろう。人種主義により、アメリカは一八八〇年代からアジア系移民を、一九二一年以降は「オリーブ色」や「浅黒い」南ヨーロッパ系、「色が濃い」スラブ系「種族」を排斥するようになった。カナダは、一九二〇年代を通して移民を受け入れており、引き続き農民にとって魅力的な場所だった。北大西洋ルートと並行して、数百万の人々がイベリア半島やイタリア半島から南アメリカへ移住した。そこでは、一八二六年までにほとんどの植民地が独立していた。ブラジルのようなフロンティア社会では、ほとんどの移民はプランテーションの労働者になるほかなかったが、魅力的であった。一八九〇年以降、農業には詳しくても、工場で働けるほどの技術はないイタリア系移民たちは、南北のルートを統合し、ブエノスアイレスからニューヨーク、モントリオールなど多岐にわたる選択肢から、目的地を選択するようになった。こうして「入ってきた人々」の半数は、ヨーロッパへ戻った。つまり、かれらは旅人として、あるいは「ゲストワーカー」としてやって来たにすぎなかった。[23]

アフリカ―大西洋奴隷・強制労働システム、いわゆる「ブラック・アトランティック」は、大英帝国とアメリカが、黒人・白人の奴隷廃止論者によって主張・広められた人権という新しい概念を受け入れ、一八〇七／八年に奴隷貿易を禁止した時、終わりを迎えるかにみえた（他のヨーロッパ列強は一八一五年に禁止した）[24]。しかし、ヨーロッパの奴隷貿易商も、アフリカ人奴隷を供給する側も、さらにヨーロッパから植民地へ来て、そこで大農園主となった階級の誰もが、この法律を蔑ろにした。プランテーションを所有する白人たちは、奴隷の代わりにヨーロッパ系の貧しい（白人）労働者とアジア系の（黄色やブラウンの）労働者を試しに使ってみたものの、一八八〇年を迎えるまでに、さらに二〇〇万ものアフリカ人を南北アメリカへ連行した。フランス領サン＝ドマングの奴隷たちは、一七九四～一八〇四年に自由の身となった。そこから逃れて難民となった大農園主たちの中には、ニューオーリンズでフランス語の共同体を創った者もいた。奴隷制は、大英帝国の植民地では一八三〇年代に、その他ではさらに年月を経てから廃止された。

アフリカにルーツがある自由なアメリカ人や解放されたアメリカ人で、アフリカに戻った人々はほとんどいなかった。アメリカで奴隷制が廃止されたのは一八六三～六五年、帝政ロシアが農奴制を廃止した二年後のことだった。白人のみで社会を構成すべきだと主張する人々は、解放された奴隷に対し、リベリアやシエラレオネへの移住を勧めた。ブラジルやキューバの混成社会で奴隷制が終わったのは、ようやく一八八〇年代に入ってからだった。こうした社会での文化移植のプロセスは、人種隔離が進んでいたプロテスタントのアメリカと違っていた。南北アメリカでは、アフリカにルーツがある自由な人々は国内で移動した。抑圧的なプランテーション体制の下ではなく農業を独立して営める地域や、それ以外でも賃金労働が可能な地域へ移っていった。雇用主は人間らしい労働環境、つまり十分な給与を渋っており、結果的に、解放された労働力は分散してしまった。このため、経済発展は遅れた。アメリカでは、人種差別主義者による支配が、半世紀にわたって南部の州からの移住を遅らせた。しかし、南部には積極的に事業を始めるための資本や専門知識が欠けていたため、発展しようがなかった。

ホワイト・アトランティックでは、熱帯でとれる食料を求める消費者の需要が根強かったため、奴隷労働への需要は高止まりしていた。同時に、ヨーロッパ列強やアメリカは、アジアの市場を自分たちの輸出品に対して開かせようとしていた。一八四〇〜四二年の戦争で、大英帝国は麻薬密売組織のように動き、中華帝国にアヘン貿易を強要した。薬物の消費は貧困化を招き、結果的に人の移動が起きる確率が高まった。また世界中で、中国人と「アヘン窟」のイメージが結び付けられるようになった。日本に対しては、一八五三年、欧米との貿易を受け入れるよう、アメリカ海軍が幕府に迫った。日本で新しく支配者となったエリートたちは、工業化による近代化を画策した。必要な資金は、農民に重税を課すことで調達した。そのため、地方出身の若者は他所への移住を余儀なくされた。インドは、私企業である東インド会社が、税金で賄われている軍隊から支援を受け、統治していた。一八五七年に起きた植民者の失脚を狙った闘争――大英帝国の言葉では「反乱」――は、失敗に終わった。

インドと中国の労働者たちは、奴隷制廃止後の労働力の予備――自由ではないが、一生拘束されているわけでもない――として、ヨーロッパが治める帝国での労働のため、駆り出された。男性の場合、モーリシャスからナタールを経て、カリブ海社会にまで広がるプランテーション地帯で雇用されると、五年の契約期間の後、帰国が保証されていることもあった。また、年季奉公の更新をするかしないか選択肢があることもあれば、望まないのに無理やり契約を更新されることもあった。インドでは、移住者に占める女性の割合が三分の一になるよう、大英帝国当局は要求した。しかしながら、帝国の「守護者」ともいうべきこの「第二の奴隷制」は、「苦力」に過酷な労働条件を課した。[25] 中国では、国内で労働者が募集されると、男性の場合はプランテーションや鉱山へ送り込まれた。それより遥かに多くの人々は、信用で切符を購入して移住し、働いて借金を返済した。あるいは、出発前に資金を貯めていた。移住者のうち、借金のない「乗客」は、奴隷状態の同郷人に中国文化独特の食材などを供給する目的で、あるいは他所で機会を生かすために、商売を始めた。かれらのなかには女性もいたため、共同体が創られた。また、自由な移住者たちは、アフリカ南部・東部やカリブ海諸国、オーストラリア・ハワイ・ペルーやカリフォルニア沿岸の受入社会で、政治活動を活発化させた。第一次世界大戦中、数十万に及ぶ「植民地の支援部隊」はヨーロッパで、イギリス軍やフランス軍のために働いた。なかには、そこに定住することになった者もいれば、反植民地闘争に加わることになった者もいる。その見返りとして、インドの民族主義的な政治家たちは、契約労働の廃止を交渉した。このような形での移住は、規模（四八〇〇〜五二〇〇万人）の点でヨーロッパからの移住と似ている。しかし、出身社会へ戻った移住者の割合は、遥かに高かった。

ロシア―シベリア移動システムをつくったのは、労働者と集落に住む人々だった。その起源は、アムール川沿いでのロシアと中国の競合――軍隊や支援部隊を送りこむこともあった――、犯罪者や反体制派をシベリアの流刑地へ追放したこと、この辺りに経済的チャンスがあると思われたこと、耕せるが人がまばらにしか住んでいない土地――自発的な移住者や事業家を惹きつけもしたが、ほとんどの場合、そこに魅力を感じたのは農民――にあった。しかし、こうした移住者たちは最初、ロシアのヨーロッパ側から東へ向かっており、数のうえでは少数派だった。[26] シベリア南部の大地は肥沃で、政府の収税官の監視も行き届かなかったため、農奴となったロシアの農民たちも、公にならない形で東へ移り住んだ。ヨーロッパ側のロシアでは、一八六一年に農奴制が廃止された後ですら、村落共同体という地域社会の性質ゆえに、個人が村を出るのは難しかった。それでも、解放後一〇年間で、工業化が進む都市に移動していった人々は、男女ともにこれまで以上に多く、一三〇〇万人に上った（対照的にアメリカでは、リンチ行為その他の支配により、解放されたアフリカ系アメリカ人たちによる同様の動きは阻まれた）。モスクワやサンクトペテルブルクといった「中心的な工業都市」、そして南のドンバスやウラルの鉱業・工業地帯は、大量の移民の受け皿となった。一九〇〇年までの段階で、モスクワとサンクトペテルブルクの人口に占める移住者の割合は、七〇％以上にのぼった。ロシアの移動システムの大部分は、環大西洋システムから隔絶されたままだった。しかし、専門知識や高い技術を持つ人々のなかには、数は少ないものの、東へ、ロシアへと移住していった者もいた。一八八〇年代を過ぎると、ユダヤ人に対する経済的抑圧やポグロム、ウクライナ人への民族的抑圧、メノナイト・非メノナイトを問わずドイツ語を話す農民に認めていた既存の特権の撤回により、こうした集団は、帝政ロシアからヨーロッパや北米の都市へ移住せざるを得なくなった。

環大西洋の越境移動に関する研究ではながらく、このような移動が世界最大とみなされてきた。しかし、数値に現れるデータを比較・評価してみると、それほど単純ではないということがわかる。二〇世紀、ロシアーシベリア移動システム（カスピ海を囲む地域を含む）では、一九一四年以前に移住した人は一〇〇〇～二〇〇〇万にのぼった。大西洋移動システムでは、一八二〇年代から一九三〇年代の間に移動した人は五〇〇〇～五五〇〇万だった。他方、アジアの移動システムでは、インド・中国南部からだいたい四二〇〇～四八〇〇万、また太平洋諸島の人々もわずかながら移動した。インド人の大半は、イギリス支配下のビルマへと移住した。さらに、別のシステムが一九世紀後半になってから始まり、一九四〇年代まで続いた。そこでは、中国北東部から満州へ四六〇〇～五一〇〇万人、また、中国の複数の地域から日本への移動も起きた。およそ一〇〇万に上るアジア系移民が、太平洋移動システムの第二段階で移動した。これは一八四〇年代に始まり、南北アメリカ大陸のうちアメリカでは一八八二年の排斥まで、ラテンアメリカ社会では一九三〇年代の排斥まで続いた。[27]どこでもそうだが、国境や海を越えて行くより、国内で移動する人々のほうが多くなっていた。

一九世紀末までに、それまでの移動がグローバル経済にもたらした影響ゆえ、移住する人々の割合は加速度的に増えていった。影響とはつまり、北米の広大な草原地帯や南ロシア・アルゼンチン・オーストラリアに定住した移住者たちが始めた、穀物の大量生産である。これらの地域では、収穫が機械で行われるようになったため、世界市場での穀物価格は暴落した。かれらの出身地域では、丘陵地にある家族経営の農場は規模が小さく、また資本も不足していたため、機械で収穫するのは難しかった。そのため、ただでさえ少なかった余剰生産物を売ることはもはやできなくなっていた。さらに農民の子どもたちは、赤字を生んでいる「家」を送金で支えるため、遠方で賃金労働を探さねばならなかった。アメリカでは、西方への移動は神話化されているが、工場での仕事や都市の快適さを求めて

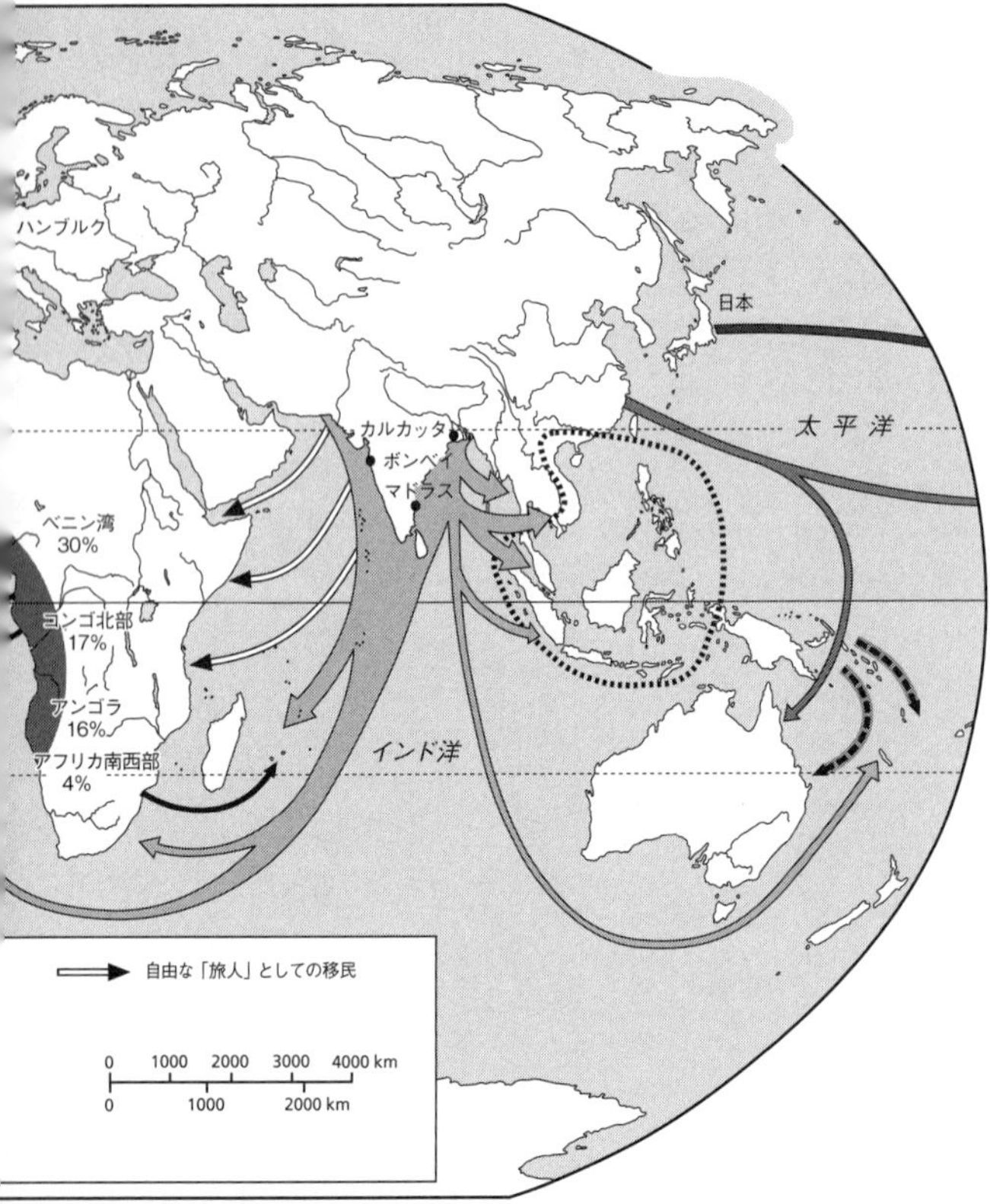
ハンブルク
日本
太平洋
カルカッタ
ボンベイ
マドラス
ベニン湾
30%
コンゴ北部
17%
アンゴラ
16%
アフリカ南西部
4%
インド洋
自由な「旅人」としての移民
0 1000 2000 3000 4000 km
0 1000 2000 km

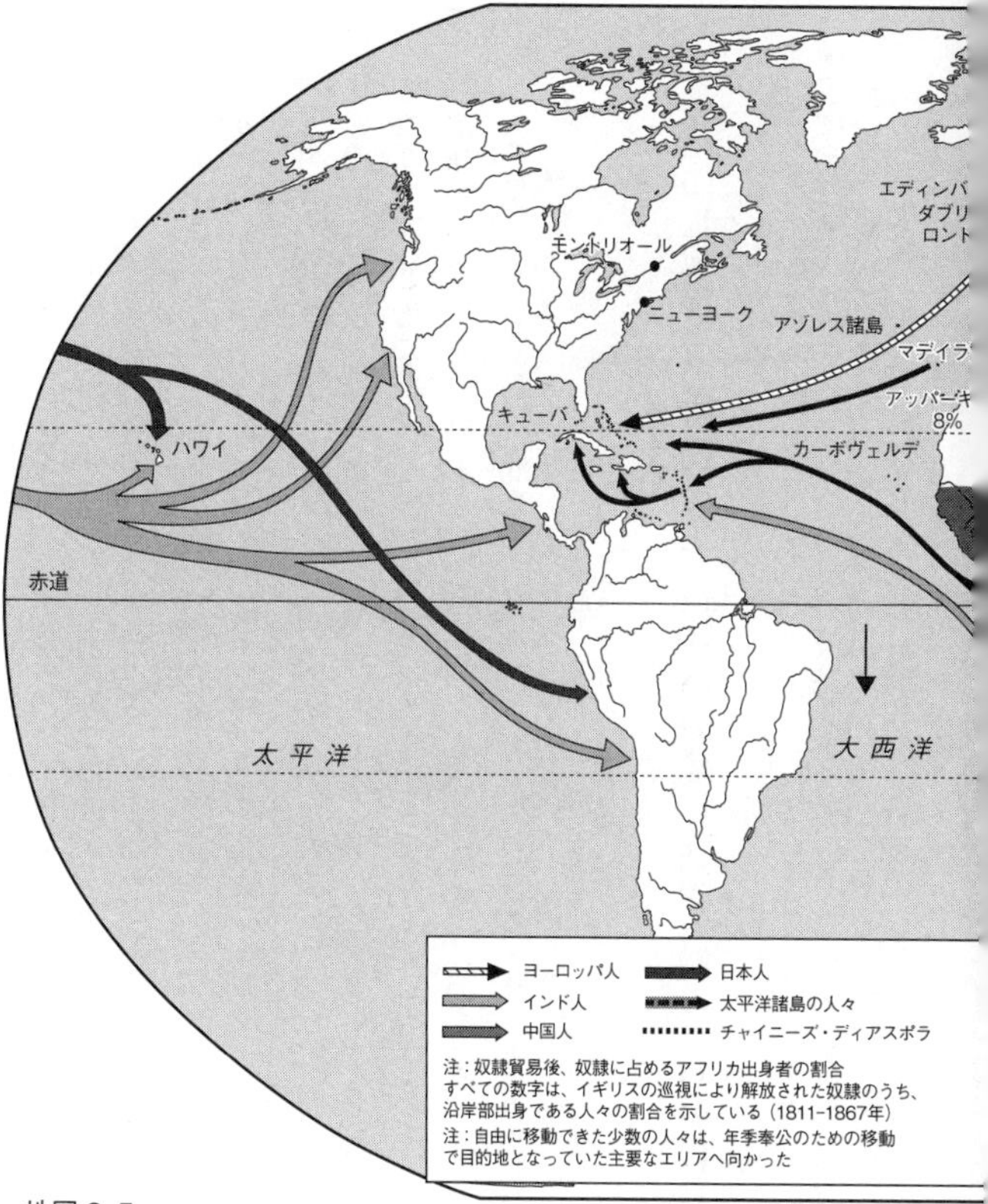

地図 2. 5

1830 年代-1920 年代の主要な越境移動：奴隷・年季奉公・アジアからの自由移民

出典：Dirk Hoerder, *Cultures in Contact: World Migrations in the Second Millennium* (Durham, NC: Duke University Press, 2002), p. 368 に掲載の地図 15. 1

東方へ移動する農家の子どもたちのほうが、数としては多かった。

ほとんどの移住者たちは、「無限のチャンス」を決して期待しなかった。かれら自身の言葉でいうと、「食べる」ために移住したのであり、そのために一生懸命働くつもりでいた。ハワイのプランテーションで働くアジア系の労働者や、ブラジルのコーヒー農園や北米の工場で働くヨーロッパ系の労働者たちからは、荷車用の家畜のほうが、工場や畑で働く人間よりましな扱いを受けている、と苦情が漏れるほどだった。こうした移住者たちは、隷属状態であれ自分の意志であれ、世界中のあらゆる所から世界中のあらゆる地域へ移り住んでおり、搾取される場合もあれば、選択の自由を摑めることもあった。かれらによって、都市部が工業化した世界——二〇世紀に入る頃にはすでに姿を現していた——が築かれた。大農園地帯であれば、北米でも他の地域でも、移住者・住人ともに食料に困ることはなかった。

2-8 二〇世紀前半の難民発生・民族の分離・強制労働のための移動

国民国家は一八八〇〜一九二〇年代に最盛期を迎えた、という主張は、研究として十分な分析に基づいたものではない。というのも、ヨーロッパの大半は、ハプスブルク・ホーエンツォレルン・ロマノフ・オスマン帝国といった王朝の支配下に置かれていたからだ。他方、ウィンザー朝がハノーヴァー朝を引き継ぎ、イングランド・スコットランド・ウェールズ・アイルランドだけに留まらず、各地の植民地を合わせると歴史上最大の植民地帝国を支配した。共和政下のフランスも、植民地を支配した。フランスより弱い国々も同様だが、なかでももっとも破壊的だったのは、コンゴのベルギーだった。アメリカは、スペインがプエルトリコとフィリピンで有した地域を併合し、キューバに介入、カリブ海諸国を武力で制圧した。しかし他の地域では、政治的・領土的に支配するというより、文化・宗教・経済上の(「ドル外交」)覇権を通した「非公式の帝国」、という戦略に従った。多様な文化が存在したハプスブルク帝国・ロマノフ帝国・オスマン帝国では、当局がそれぞれオーストリア系ドイツ人・ロシア人・トルコ人という一民族の支配を強要すると、帝国内の「弱い立場の人々」は、文化的自立と政治的自治を要求し始めた。一八八〇年以降、反帝国運動が盛んになっていった。

一九世紀のヨーロッパでは、中流階級による新しい民族意識が、民族と国民国家の統一に寄与した。ナショナリズムは攻撃的、つまり、無条件で「民族」に執着することが美徳となった。王朝体制のもと、移住者たちは自分たちの地位に関して、受入社会の支配者とすでに交渉しており、忠誠を誓うことで「帰属」することもできた。国民国家体制のもと、一八八〇年代までに市民権とパスポートに関する法制化が始まっていたことで、入国制限はかなり厳格化していた。また、国への忠誠や軍隊に奉仕せよという要求は、高まっていった。帰属するために、移住者――とマイノリティの住人――は、文化を変え、社会が受け入れてくれようと敵対的であろうと、目的地の社会の日常生活に「同化」し、「帰化(naturalize)」しなければならなかった。それはまるで、異なる文化をもつ人々は「自然(natural)」ではないかのようであった。「同化」のためには、移住前の生活様式を無条件で諦めなければならなかった。移住者や「マイノリティ」の住人がいると、民族的同一性が脅かされる、とまで言われた。なかには、移住者の共同体や、歴史的にいまや周辺化されてしまった「マイノリティ」の文化を抑圧する国家もあった。こうした国は、マイノリティを南北アメリカの社会へ移住者として送り込んだ。民族が異なる人々は劣っているとみなされる運命にあった。さらに、その劣性が遺伝子的な欠損として構築されている場合、同化不可能な人種、というレッテルを貼られた。

オーストリア・ハンガリー帝国は、「同じ民族でない」とみなした人々の独立を認めなかったが、それは第一次世界大戦(一九一四~一八年)という結末を招くことになった。戦争そのものが原因となり、数百万もの難民が発生した。他方、戦後の国民国家は、民族の同一性というイデオロギーに突き動かされ、民族の「分離」や「民族浄化」を目指し始めた。民族の「体」は、外国人から自由でなければならなかった。外国人は、時として「寄生虫」とみなされたり、民族の血を吸って生きているとも言われた。多くの文化が存在したバルカン半島や、ゲルマン―スラブ民族が住む地域では、数百万にのぼる人々が帰属を拒否され、強制送還させられたり、再定住させられた。

第一次世界大戦後、世界を股にかけて移動するのは、労働者だけではなくなっていた。中国北部では、農村や都市部から満州への大量移住が跡を絶たなかった。植民地化された人々の間では、自治への要求が支持を集めた。インドからイギリスへ、西アフリカやカリブ海諸国からフランスへ留学生が移動したことで、異文化間で新しい動きが生まれた。学生たちは宗主国の文化を吸収するために招かれたにもかかわらず、体験したのは差別と人種主義だった。結果的に、かれらは、植民地化する側が使う「帝国の市民権」「祖国の子」、そして「母国」というレトリックを批判するようになった。フランスに留学中のセネガルやマルティニーク出身の学生たちは、ヨーロッパ文化とアフリカ文化、白人の文化と黒人の文化には同等の価値があることを認識し、文化の融合である「ネグリチュード」を、一九三〇年代に呼びかけた。植民地である西アフリカ出身で、フランス南部で仕事にありつけたのはごく少数だった。中国系やインド系の船員、いわゆる「水夫」は、ロンドンはじめ、他のヨーロッパの港町に住んでいた。かれらの存在は、受け入れる側の白人社会では、困惑されつつも許容されていた。ただし、周辺化されていた。

アジアでは一九〇〇年以降、日本の支配層が武力による拡張を始めていた。最初は朝鮮半島、次いで満州・中国、最終的には東アジアと東南アジアの多くの地域へ侵出した。一九三〇年代後半までに、一億人に上る中国人が、迫りくる日本軍を逃れて難民となるなか、朝鮮半島は植民地化され、征服者のための労働に駆り出された。ドイツでは、ナチスのイデオロギー（アーリア人の優秀性が基盤になっている）を支持する人々が政権を握ると、ジプシーなどや、ドイツ系ユダヤ人の国外追放を始めた。ヨーロッパのユダヤ人でホロコーストをなんとか逃れた人々は、パレスチナ、つまりかれらの宗教が生まれた地であり、他の宗教の始まりの地でもある土地へ、移住した。そして今度は、ユダヤ人難民とアラブ諸国との不和により、パレスチナで生活していた人々が避難せざるをえなくなった。二一世紀初頭、その多くは難民キャンプに住んでいた。

一九一〇年以降、北大西洋圏の多くの国では、工場労働者は十分足りていた。例外は、フランスとカナダだった（オーストラリアも）。アメリカ国内では、労働力の供給と需要の差が地域間で開いた。これを受けて、南部のアフリカ系アメリカ人たちは、北部諸都市の工場で働くため、大量に移住した。一九四〇年代には、アメリカでは男性が軍隊に徴兵された。すると、メキシコとの合意に基づいて、かれらの穴埋めとして数百万人の労働者がアメリカへやって来た。いわゆる「ブラセロ」計画である。この移動は戦後も続いた。一九三〇年代の大恐慌の間、大量の移民が必要だったのは、ロシアとドイツのみだった。新生社会主義国・ソ連の場合、戦争と内戦から回復の途にあり、都市と産業を再建する必要があった。スターリンのもと、一九三〇年代以降に国家が頼みとしたのは、労働力の厳しい組織化と、新しい工業都市への強制移住だった。農家は、農業の集団化から逃げた。その結果、生産は崩壊し、飢餓が引き金となって多くの人々が移動を余儀なくされた。戦争で荒廃したドイツでは、ナチス政権が、来るべき戦争に備えるため、若者を労働力として招集し、転々と移動させた。一九三九年に第二次世界大戦が始まり、ドイツが他国を征服するなかで、一一〇〇万にのぼる男女——時には子どももいた——を強制労働収容所へ送り込んだ。一九四五年にドイツが敗北すると、七〇〇万人の「住む場所を失った人々」がこうした労働収容所で、数千人の人々が絶滅収容所で暮らしていることが明るみになった。移動が頻繁に起きる状況は、戦後も続いた。なぜなら、戦時中に発生した多くの難民は帰還し、戦争捕虜は本国に送還され、壊滅状態の都市へ移住する人、そこから出ていく人もおり、住む場所を失った人々は他所へ移り住み、東・中央ヨーロッパで誕生した共産党体制の国家から逃げる人々もいたからだ。[28]

二〇世紀前半には、ヨーロッパの国民国家と、地中海の東側に新たに生まれた国・トルコにより、数百万人の難民が生じた。戦争において帝国主義列強は、自国の経済力や支配という点での可能性を潰してしまっていたからだ。植民地の労働者たちが戦争遂行を支えるために利用されるなか、植民地の学生たちは、白人による支配を疑問視した。日本という国は、ヨーロッパを手本として仰ぎ、帝国主義的国家になった。そして、ヨーロッパによる植民地支配からのアジア人解放に協力すべく大東亜共栄圏を形成する、というふりをしながら、戦争を東アジアまで拡大した。その結果、東アジアでも難民が発生することとなった。

2-9　一九五〇年代以降の脱植民地化と越境移動の新しいグローバルなパタン

二〇世紀後半には、脱植民地化が進むいっぽう、かつての宗主国、つまり間接的に支配する「北」の国々は、独立を遂げた南半球の国々に対し、貿易に関してグローバルな条件を強要し続けた。その結果、「南」へ向かっていた難民や労働者の移住は、方向が変わった。「西側」の国々はかつて、移住者——時には武装していた——を世界の隅々まで送り出していた。それが今や、武器を持たず、絶望的なまでに貧しいことが多い移住者が目指す土地となっていた。国境線への軍隊の配置は無理やり実施されたが、効果はなかった。

ヨーロッパは衰退し、日本は一九四五年に敗北した。大西洋世界の帝国主義国家は、しかし、植民地支配を終わらせる交渉をするために、この好機を活かせなかった。多くの人口を抱えるアジアの植民地、とくにオランダ領インドネシアとフランス領インドシナ、さらに北アフリカとサハラ砂漠以南のアフリカに住む人々は、独立を政治的手段で得ようと奮闘し、独立戦争を始めた。こうした国々により、イギリス・フランス・オランダ・イタリア・ベルギーは、一九六〇年代までに世界中の植民地の大半を放棄せざるをえなくなった。他方ポルトガルは、一九七〇年代半ばまで抗戦した。移動に関しては、難民に加えて三つのタイプの移動が立て続けに発生した。「逆方向の移動」では、入植者や役人が本国へ帰還した。「住む場所を失った人々の移動」は、新たに独立した国家で社会が再編成された結果、起きた。所得が原因で発生した労働者の海外移住は、新たに独立した国における日常生活や長期的展望の混乱の埋め合わせだった。目に見えるようになってきていた南北格差は、貿易に関する不平等な条件を通して、制度化された。なぜなら、こうした条件は、工業化を遂げて強国となった北に有利なものばかりだったからだ。そのため、より直接的な搾取という以前の形態が続き、他国への移住も絶えなかった。この南北格差は、半球間の格差と呼ばれることも多く、じっさい地理的には、地中海とカリブ海沿岸に沿って世界が分かれている。この分断に沿って、世界人口の六分の一から四分の一（EUや北米に住んでいる）と、残りの四分の三ないしそれ以上が対峙している。

脱植民地化が進んだことで、搾取されていた植民地に行政官や兵士が一時的に派遣されることはなくなった。また、農業のために植民地に定住し、長期住むことになった入植者家族に特権的な地位が与えられることもなくなった。自分たちの政治的権力が瓦解し、経済的予測も破綻、生活様式も消え、「自分たち」に従属するはずの現地の労働者たちが市民の地位まで昇りつめるのを目の当たりにするなかで、多くは「逆方向の移動」を選択した。ただし、そのほとんどは現地で生まれた「クレオール」、つまり出身社会については何一つ知らない人々だったので、かれらの逃避行は「帰還」ではなかった。入植者のエリートたちが、自分たちの資本・技術・知識と一緒に本国へ引き揚げたため、新しく生まれた国家の経済は大混乱をきたした。帝国による植民地化を援助した人々は、自分たちと同じ民族を監視するために多々利用されたため、やはり去らなければならなかった。アルキ(harki)は、フランス領アルジェリアで現地雇用された人々だったし、大英帝国全体にはシーク教徒が派遣されていた。インドネシアではモン族が、アメリカがインドネシアのマジョリティと戦ううえで協力した。遺伝子的に混交した祖先をもつ人々や子どもだけでなく、宗主国側に近い文化をもつエリートたちは、自分たちの立場が危ういことに気が付いていた。しかし宗主国には、かつての仲間を守るつもりも、「母国」へ移住する許可を与えるつもりもなかった。一九七五年までに、五五〇〜八五〇万もの植民地に住んでいたイタリア人・フランス人・イギリス人・ベルギー人・オランダ人・その他白人や非白人の援助者たちがヨーロッパに来たが、反感を買った。納税者からすれば、移住していって自国に一度も住んだことのない入植者の「帰還」をなぜ支えなければならないのか、理由が解せなかった。人種的に混成している家族やその子どもたちが人種主義に直面するなか、植民地化を援助した「有色の」人々は旧宗主国へ移り住んだが、結局は、収容所や低水準の住宅で生活を送ることになり、周辺化されてしまった。

住む場所を失った人々の移動が始まった背景には、第一に、新たに独立した国々のいくつかが、エスニシティや宗教的な帰属により、人々を「分離」したことが挙げられる。例えば、一九四七年に英領インドは、大多数がヒンドゥー教徒であるインドと圧倒的多数がムスリムのパキスタンに分裂した。宗教的・政治的指導者たちは、複数の宗教から成る国家を発展させるつもりがなかったため、四〇〇万人の難民が発生した。第二に、多数派であるマジョリティや支配者層であるエリートが、少数派の移住者から住む場所を奪った国が複数あったことが挙げられる。例えば、一九七〇年代初めには、ケニアやウガンダから南アジア系の人々が追放された。ヨーロッパの国民国家同様、このようなマイノリティは新しい国家の「同一性」を弱めると言われていたのだ。そのため、例えばセイロン／スリランカのタミール人たちは、南インドの「本国へ送還」された。数世代前、祖先がそこから移住してきたからだ。第三に、身分や階級が挙げられる。例えば、中国とヴェトナムでは、地主が国外追放された。これは、イデオロギーに動機づけられた社会の再構成であったが、その背景には経済的理由があった。というのも、農業の構造が変わるなか――二・三〇年前のヨーロッパや北米のように――、より大規模な生産単位が必要とされ、家族ごと土地から追い出さねばならなかったのだ。政策や迫害によって引き起こされた大量の出国は、社会‐経済構造にいっそう深刻な混乱をもたらすことになった。

人口流出は、宗主国の官僚が出国して終わりではなかった。新しく誕生した国々の中には、統治システムが機能していない国もあった。そうした国は、教育を受けた人々や経済活動を活発に行っていた人々が他国へ移住してしまったため、損失を被った。脱植民地化した社会では、新しい（男性）エリートの間で合意が形成されていなかった。民族解放戦線にかつて参加した勢力は、一党体制による支配を確立し、門閥や独裁者たちは、私的目的のために新国家の資源を搾取した。軍事指導者による破壊や略奪は、全住人を逃避に走らせた。民族－文化や民族－宗教が異なる市民の間での内戦や、宗教的・イデオロギー的原理主義により、持続可能な生活を送るための選択肢は、全市民から奪われた。かれら自身も、国外へ移住しようとした。植民地独立後の移住者たちのほとんどは、より豊かな旧宗主国を移住先として選んだ。なぜなら、数世代に及ぶ支配により、言語や組織的な慣習を共有していたからだ。これに続いてより規模が大きい移動が起きたが、それは、工業大国が強要する不平等な貿易の条件を通じた、いわゆる再植民地化とよばれるものの結果だった。「グローバルな規模のアパルトヘイト」ともいえる南北格差は、国連の『人間開発報告』（UNDP）のデータや、一九九五年の世界銀行のデータに如実に表れている。低所得国では、一人当たりのGNPが平均三八〇米ドルであるのに対し、高所得国では、二万三〇九〇米ドルだった。[29] 文化的には近いこともあり、所得格差が直接的に国家間の移動を引き起こしたわけではない。しかし、仕事にありつけそうな、豊かな北へ移住を試みる人びとの数は、正式な手続きを踏む者、踏まない者を問わず、増えた。例えば、セネガルの農村に住む貧しい農民は、パリやロンドンでは、犬の糞を拾うだけで、道を掃除する人が賃金を得られることを知っている。だから、自分たちはそれ以上のことができると自覚しているために、こうした豊かな社会であれば、自分たちに選択肢と仕事をくれるだろうと想定するのだ。同様に、投資の対象とならないような片田舎に住む中国人たちは、国内で急成長している都市部の労働市場であれば、もっと選択肢をくれるとわかっていた。二〇〇五年までに、およそ一億六〇〇〇万人が移住していた。こうした人々について当局は、全体的に仕事熱心な移住者というより、不安定な「浮遊」人口というレッテルを貼った。

世界全体で、八つの広大な移動システムが重なりつつ、登場した。大西洋移動システムは一九五〇年代半ばに終わり、それに代わって二つの南-北システムがヨーロッパと北米で発展した。西ヨーロッパの人口は、一九三九~四五年の戦争で数千万人減っていたが、東ドイツから難民や追放された人々、住む場所を失った人々、植民地から帰還してくる人々を数百万人も引き寄せた。一九五〇年代初めまでに、戦後の再建と経済成長により、労働への需要は生まれていたからだ。南ヨーロッパから西・北ヨーロッパへ向かう新しい移動システムは、一九五〇年代半ばに登場し、一九六〇年代には北米にまで広がった。移住者たちは、「ゲストワーカー」と呼ばれた。というのも、送出社会へ帰るものと思われていたからだ。ゲストワーカーたちは、しかし、自分たちの戦略を進め、親族を連れてきたり、世帯を形成したり、定住したりした。その人口は、二〇〇〇年までの段階で、受入社会のおよそ八―一〇％を占めるようになっていた。並行して、南－北移動システムが、北米の英語圏・フランス語圏で発展した。メキシコ人、その後は他のラテンアメリカ・カリブ海諸国から、さらに多くの人々が北米へ移った。専門職に限らず、労働力に対する需要は高止りしていた。そして一九六〇年代になると、カナダとアメリカは受入基準を人種に基づくものから、技術と能力に基づく能力主義へと変更した。それ以後、一八〇にも及ぶ多様な文化をもつ移住者が、世界中から集まるようになった。アジア圏から太平洋を横断して大規模な移住が起きるなか、とくに、高学歴の家族や実業家もやって来るようになった。

三つめのシステムである地域的な移動システムは、カリブ海諸国と中央・南アメリカで発展した。世界全域に及ぶ不均衡なシステムにおけるラテンアメリカ社会の位置づけと、ラテンアメリカ社会のエリート層の投資戦略が限定的だったゆえに、労働力の供給と雇用機会に隔たりができた。メキシコ（一九世紀後半以降）とカリブ海諸国（一九一〇年代以降）から、人々は北へ移動するようになった。こうした移動は、アメリカの投資により、かれらの出身社会が変質していくなかで起きることが多かった。一九七〇・八〇年代には、右派政権――米政権が支持したものもあった――により、大量の難民が発生した。例えば、一九七三年のアジェンデ大統領に対するクーデター（アメリカが援助した）の後、民主党員たちはチリを去らねばならなかったし、北米からヨーロッパにかけて離散せざるをえない状況だった。対照的に、ベネズエラ・アルゼンチン、そしてもっとも直近だとブラジルは、南半球で起きる移動の中で、中心地として魅力を放っている。軍事独裁政権を逃れた政治難民は、法治国家が再建された後、戻ってきている。

アジアでは、四つ目の新しい地域的な移動システムによって、経済が急成長中の韓国・シンガポール・マレーシアが接続された。対照的に、歴史上重要な東南アジアのチャイニーズ・ディアスポラが直面したのは、植民地支配が終わった後、ますます民族主義的になっていく受入社会だった。そうしたなか移住者たちは、経済問題のスケープゴートにされた。また、一九四九年に中華人民共和国が建国されてからは、共産党の回し者として告発されることも多々あった。数十万人もの人々が脅されたり、もしくは逃げざるをえない状況に追い込まれた。日本は、これまでの人種主義的政策を引き続き施行していた。そのため、労働需要はあるにもかかわらず、移住を認めることはなかった。日本で働いていた朝鮮半島出身の人々は、（植民地時代から）差別を経験した。

このアジア内のシステムは、太平洋移動システムの第三の局面によって補完された。これは、人種に基づく排斥が北米で終わりを告げた後に、発展したものである。中華人民共和国・香港・台湾という三つの中国、そしてインド・フィリピン・東南アジアから、アメリカやカナダへ移動が起きた。これに比べると数は少ないが、植民地的な繋がりが昔あったヨーロッパ社会へも、移住が進んだ。

ペルシア湾岸で活況を呈する石油産出国は、労働力を引き寄せる六つ目の新しい中心となった。そこでは、西側世界の専門家やアラビア語圏の北アフリカ・インド洋出身の男性労働者が雇用され、働いている。アジア圏からは、男性とは別に、女性が家庭内労働で雇われている。こうした国のほとんどで、永住者の地位は与えられないため、労働力は絶えず入れ替わっている。したがって、民族・文化が同一の人々から成る居留地が形成されることはない。ペルシア湾岸地域のイスラーム社会では、女性、つまり人口の半分は、教育や家庭外での賃金労働に参加できないため、一時的に働く外国人労働者はいっそう必要である。バーレーンやカタール、アラブ首長国連邦のような成長著しい中心地には、大企業や富裕者層が集まるいっぽう、就職の見通しが立たない若者がかなりの割合でいるため、他国への移住の可能性や原理主義的な運動の可能性も、同じくらい高まっているようだ。こうした運動ゆえに、アラブ系の平和的なムスリムであっても、受入社会で受容されにくくなっている。

サハラ砂漠以南のアフリカには、経済が当面拡大している国々から成る七つ目の移動システムがある。例えば、ソマリア・ケニア・アパルトヘイト終了後の南アフリカが挙げられる。いくつかの国では、しかし、機能不全のエリート層（もともと植民者によって訓練か支援を受けていた）によって、発展への障害がつくられ、また、かれらと同じくらい問題を起こしてばかりの世界銀行が社会サービスの削減を強要したために、貧困と失業は悪化した。その結果、地方から都市へ、さらにかつての宗主国（入国に必要な書類の発行をたびたび拒否している）への大規模な移動が発生した。

最後に、社会主義の東欧諸国の特徴として、移動パタンが特異という点が挙げられる。労働する権利が保障されている以上、仕事にありつけそうな遠隔地への移動は一見不要である。しかし、ハンガリーやユーゴスラヴィア、ソ連のいくつかの地域で起きた集団農場化や、地方─都市の発展や経済成長がまだらであったこと、南シベリアへの投資により、地域間・国家間で移動が起きることとなった。他国への移住禁止は、移動が起きている他の地域と、この巨大な地域を隔てた。「第三世界」の学生が来たり、研修に参加するために労働者が入国しても、ディアスポラが形成されることはまずなかった。一九八九年にこのシステムが崩壊すると、東─西間で新たに移動が発生し、モスクワやプラハといった中心地は、国内のみならず中国や西側から移住者を引き付けた。

二一世紀を迎えるに当たり、世界中の移住者たちは、宗教的原理主義や外国人嫌いの増加に、多くの国で直面していた。また、かつてないほど厳しい、いわゆる国土の安全保障という障壁にも。他方、多くの社会では移住者が必要とされており、将来的に移動するかもしれない人々にとっても、持続可能な生活を可能にしてくれる社会へ入る道は必要だ。世界銀行やＩＭＦ・国連開発計画のデータに基づく経済学や社会科学の研究によれば、支配的な北が関税障壁や不平等な貿易の条件を強要するがために、北半球と南半球の格差はかつてないほど広がってきている。このような政策を、移住者を積極的に受け入れたくない国々が施行すること自体が、結果的に、南－北の移動の可能性を高めている。そして、この二〇年間の越境移動に関する研究の多くは、こうした新しいパタンに着目し、行われてきている。

本章では、移動、つまり人々の生活や社会を作るうえで重要な特徴を、歴史的に概観した。なぜなら、その多くは、国民国家とその政治的事件に焦点化する研究によって、不可視化されてきたからである。そうした文献では、移住者として入ってくる「外国人」は、研究せねばならない「問題」で、国民という、境界線が引かれ、単一文化を有するものとして構築されている存在にとって有害だ、とみなされてきた。そして結局、対処方法をみつけるだけで終わっていた。一九七〇年代以降の社会・文化の歴史を顧みれば、次のことが見えてくる。社会というものは、歴史を通して多くの文化から成り立っていること。そして、国民の歴史というものは、ナショナリスト的な心情をもつ研究者により、一九世紀半ばから二〇世紀半ばにかけて発明されたものであるということ。[30] この二〇年で、移動の歴史や、現代における移動への社会科学的アプローチは、有意義な形で統合されるようになってきている。

参考文献

Appleyard, Reginald T., ed., *International Migration Today*, 2 vols. (Paris, 1988).
Cavaciocchi, Simonetta, ed., *Le migrazioni in Europa secc. XIII–XVIII* (Florence, 1994).
Cohen, Robin, ed., *The Cambridge Survey of World Migration* (Cambridge, 1995).
Dupeux, Georges, ed., *Les Migrations internationales de la fi n du XVIIIe siècle à nos jours* (Paris, 1980).
Gungwu, Wang, ed., *Global History and Migrations* (Boulder, CO, 1997).
Hoerder, Dirk, Christiane Harzig, and Adrian Shubert, eds, *The Historical Practice of Diversity: Transcultural Interactions from the Early Modern Mediterranean to the Postcolonial World* (New York, 2003).
Kritz, Mary M., Lin L. Lim, and Hania Zlotnik, eds, *International Migration Systems: A Global Approach* (Oxford, 1992).
Marks, Shula, and Peter Richardson, eds, *International Labour Migration: Historical Perspectives* (London, 1984).
Pan, Lynn, gen. ed., *The Encyclopedia of the Chinese Overseas* (Richmond, Surrey, 1999).
Parnwell, Mike, *Population Movements and the Third World* (London, 1993).
Simon, Rita J., and Caroline B. Brettell, *International Migration: The Female Experience* (Totowa, NJ, 1986).
Skeldon, Ronald, *Population Mobility in Developing Countries: A Reinterpretation* (New York, 1990).

第3章　越境移動と文化的相互作用の理論

本章ではまず、移動の歴史へのアプローチの仕方と理論について、一八八〇年代から一九五〇年代のものを批判的に検討する。そのなかには、新古典派経済学が前提としてきた事柄も含まれる。プッシュ要因・プル要因などの概念や用語は、欠点だけでなく、その成果についても慎重な注意が必要だ。根無し草の移民、新参者は文化的に宙ぶらりんの状態、といった古い言い回しは、公の場の議論でもいまだ耳にする。しかし、解体されなければならない。次に、最初の頃、とくに一九三〇年代以降ラテンアメリカで革新的だった概念について、議論したい。その後、越境移動の類型と、そのうちの一つに限定的な、歴史学的に下位分野になる領域について論じる。すなわち、白人性を含む人種、そしてジェンダー、なかでも越境移動の歴史に女性がどのように組み込まれていったのか、といった問題に注目する。最後に、一九七〇年代以降に発展した研究の枠組み、とくに比較やグローバルな視座を取り入れたものについて、議論する。第4章では、現在使われている概念を総合的に扱う。

手に入る文献によれば、西ヨーロッパと北米以外の地域では、越境移動についてほとんど研究が行われてこなかった。しかし政治の現場では、越境移動は優先課題だった。例えば、帝国主義列強と中国の関係における契約労働に関しては、英領インドで。さらには、朝鮮半島と満州への侵略を進めていた日本でも。経済発展が目覚ましい地域ではどこでも、また、プランテーションや鉱山のように生産が集中する特定の場でも、労働供給は問題だったのだ。越境移動をめぐる政治から専門家が生まれ、データが収集されるようになっていった。

一八八〇年代、大西洋世界では産業が成長する過程で、工場での労働力として、国内の農村地帯や他国から来る移住者を、大量に必要としていた。そのようななか、社会を改良しようとする人々や、当時登場しつつあった社会学・政治経済学・政治学といった諸領域で、人口移動に関心が寄せられるようになっていった。改革論者たちは一般的に、移住したかどうか関係なく、人間を関心の中心に据えた。研究者たちは、上述した新しい領域において、「社会科学」より「国家科学」（ドイツ語でStaatswissenchaften）と呼ばれることが多かった制度について取り組んだ。かれらは、移住者という「他者」は劣った存在だと主張した。政治経済学者は、移住労働者も定住している労働者も、生産要素として扱った。人口計画を立案する立場の人々には、量的データが必要だった。移住を奨励すべきか・制限すべきか、政策の枠組みを作ったり、また、「貧困層」という国民の一部ではあっても働く見通しが立たない層を一掃するために、量的データが求められた。研究のほとんどは受入社会の側で行われ、移民は社会問題である、という観点で表現されてきた。

西ヨーロッパ・アメリカ・カナダの一部地域ないし全域を専門とする歴史家であれば、越境移動が起きていることや、よそからやってきた人々の存在に気づいていた。このような歴史は細心の注意を払って詳述されたが、「重要でない」ことばかりだとして、過小評価されてきた。しかし、移住者がどう生きたかは、重要ではないのだろうか？　地域のデータや個人に関するデータは、定住者か移住者か関係なく、市井の人々の歴史を書くうえで重要である。一九世紀の歴史家のなかでも、国家やトップレベルでの政策立案や政治活動にのみ関心をもっていた者にとり、「国民ではない」移住者たちは、重要たりえなかったのだ。一つの国家・国民の歴史について書こうとすると、枠組みはどうしても制限されてしまい、国外での展開や人間の営みは、軽視されてしまうことになる。

3-1　一八八〇年代〜一九五〇年代の理論と実践

越境移動に関する経験的データは、次のような文脈で、丁寧かつ詳細に集められるようになった。(1)一八世紀のヨーロッパ各国で進んだ都市化及び移動の増加、(2)一九世紀に起きた大西洋を横断する大規模な越境移動、(3)二〇世紀の中国北部から満州への移動、である。アメリカの技術者だったフレデリック・テイラー(Frederick W. Taylor, 一八五六〜一九一五年)により、工場での労働は単純化され、反復が多めの作業へと細分化された。その結果、熟練労働者への需要は減り、「非熟練」低賃金労働者への需要が増えた。同様に、プランテーションで大量生産が行われるようになったことで、隷属状態にあるアフリカ系とアジア系労働者の単純作業は不要になった。このように、越境前に技術を習得し、それが出身社会で有用であった場合でも、移動のプロセスで無駄になってしまうこともある。というのも、移住後の新しい労働市場では、役に立たないからだ。大規模な越境移動は、経済成長をもたらす主な要因の一つである。しかし、移住者から恩恵を受けている中産階級や政治エリートは不安視した。中産階級は、低賃金の移住者と非移住者の貧困層を一括りにし、社会「問題」とみなした。つまり、その国に(完全に)加わるには相応しくない犯罪者予備軍だったり、「危ない階級」として扱ったのだ。

移動については、国境を越える国際的な動向として研究されることが多い。ところがヨーロッパでは、近隣・遠方の農村地帯から工業化の中心地や鉱山地帯への移動は、大西洋を横断した移動よりはるかに多かった。一七・一八世紀以降の重商主義政策は、各地域の住人だけでなく、他所へ移住して不在の者・移住してきた人々の数、そしてかれらの生産能力に関するデータ収集を結果的にもたらした。データ収集や解釈の精緻化については、「多民族国家」を自称したハプスブルク家に関して、ことさらよく研究された。二〇世紀を迎える頃、経済学者レオポルド・カロ（Leopold Caro）は次のように鋭く指摘した。すなわち、出移民に関する政策は存在しなかったが、新しい攻撃的なオーストリア・ドイツのナショナリズムは、ヨーロッパにおけるほかの帝国主義的国家のナショナリズムと同じように、文化的差別や国の中心地にのみ国家投資を行う（つまり雇用創出）ことで、異なる文化をもつ人々や周縁化された人々を他国へ追いやった。[1]

イギリスで工場労働に人々が動員され、かつ一〇年に一度国勢調査が実施されていたため、社会地理学者ラヴェンシュタイン（Ernest G. Ravenstein）は、農村から都市部への国内移動を研究することができた。かれの著作は運悪く『移動の法則』（一八八五年）というタイトルが付けられてしまったがために、その研究は、後続の研究者たちによって顧みられることはなかった。というのも、社会現象にパタンはあっても「法則」はないからだ。イギリス国内での移動に関するかれの知見は、同時代の他のヨーロッパ社会にも適用できる。例えば、長距離移動より短距離移動をする移住者のほうが多かったこと。移住者が出ていったことによって生じた出身地の「空白」は、さらに遠方からの移住者によっておそらく埋められていたこと。移住者が目的地として選ぶのは、収入を見込める仕事がある商工業の中心地だったこと。男性より女性の方が移動する傾向にあることなどが挙げられる。[2]

ヨーロッパでは全体的に、国内移動への関心を掻き立てたのは、イデオロギーだった。農家が「健全な」社会の基盤とみなされていたいっぽう、「やる気のない」工場労働者たちの生活様式は、いかがわしいものとされ、支配階級にとって政治的脅威とみなされていた。

一九世紀後半になると、人種は国民や階級に加えて、議論で用いられるカテゴリーの一つとなった。国民の他国への移動は、国家の生産能力が後退するような場合には、懸念材料だった。しかし、人口政策を立案する側が、生産性がなさそうな「余剰」を大量に外へ出したい場合は歓迎された。余剰とは、移動しやすい貧困層・戦争で障がいを負った退役軍人・未婚女性・孤児である。こうした「白人」の移住者たちは、帝国主義時代のイギリスの「定住法」の名のもと、帝国のなかでも「有色人種が住んでいる」地域へ、官僚によって送り込まれた。その地域を改良する、つまり「白人化」するためだ。ドイツでは、社会学者であり政治経済学者でもあるマックス・ヴェーバー（Max Weber）が、東ヨーロッパ、とくにポーランド人の移住労働者への需要に理解を示しつつも、劣った存在だと公言した。フランスのイタリア人、ウィーンのチェコ人、さまざまな社会にいる東欧ユダヤ人たちに対する各国の研究者の態度は、歪んでいた。そして、研究に基づく知見と国側の移住者に関する政策は結びつくことが多かったため、こうした「科学的」人種主義は、移住者が受入社会へ溶け込む機会に重大な影響を及ぼした。

イギリス国内では、改革を目指す研究者たちが、労働者階級や移住者が住む地域に腰を据え、自治体のサービスが行き届かないこうした人々に手を差し伸べつつ、かれらの生活を研究した（ロンドンのトインビー・ホール）。この「セツルメント・ハウス」という考えは、他国でのデータに基づく研究に影響を与えた。アメリカは、かつての自由な越境移動と不自由な移動ゆえに人種的に深く分断されていたが、高学歴で中産階級の女性たちは、貧困層を「社会問題」として分類するというより、「当時の社会状況から生じている問題」として研究した。カナダの改革者たちのように、エディス・アボット（Edith Abbott）、ソフォニスバ・ブレッキンリッジ（Sophonisba Breckinridge）、フローレンス・ケリー（Florence Kelley）をはじめ多くの人々は、データを集めた。ジェーン・アダムス（Jane Addams）とシカゴのハルハウス（一八八九年設立）に住む研究者たちは、次の点を理解していた。「エスニック・ゲットー」は、境界線が引かれているかのように認識されている領域だが、実際は、さまざまな文化をもつ移住者が混じり合い、独特の社会空間が創られた、混沌とした地域だ、ということを[3]。移住者や貧困層全般に関するデータは、改革関連の法案を通過させるため、立法を司る議員たちに情報提供された。

　社会改革・キリスト教倫理、そして登場しつつあった社会学は、一つの領域として統合されていた。研究にはジェンダーが反映されていた。女性についての研究は、現在に至るまで、経験的研究の模範として学問に影響を与えてきた。他方、男性ばかりの大学教員は、移住者の欠陥や同化について議論していた。シカゴ大学社会学部で男性の研究者たちが問うたのは、「移住者は旧世界のやりかたを棄てるのだろうか？　政治・社会構造への（想定される）脅威にならないため、古いやり方を変えられるだろうか？」だった。英語圏の中でもイギリスにルーツをもつ国では、議会委員会で、専門家やご意見番にこのような質問が投げかけられたものだ。カナダでは、王室委員会がイタリアやアジアから来た移住者の生活や、どのような欠陥が想定されるか、問うた。アメリカでは、上院議員から構成される移民（「ディリンガム」）委員会によって、四一巻にものぼる「報告書」が出版された（一九一一〜一二年）。結果的に重要なデータが集められ、のちの研究の情報源となった。他方、委員会の解釈が人種主義的――自分たちのデータでは証明できないことが多かったにも関わらず――であったことは、切り捨てられてきた。イギリスでは、経済史家ウィリアム・カニンガム（William Cunningham）が、ナショナリスト的な見方から生じる限界を避けつつ、生産者として、また社会へ貢献する人々として、移住者を調査した。『イングランドへの異質な移民』では、世界的な視野に立ち、高い技術を有する移住者を惹きつける「賢い政策」の必要性を訴えた。ところが、議会委員会（一九〇三年）が「異質な移民」に対して出した結論は、一九〇五年の（反）外国人法だった。国民国家体制をとる諸政府は、移住労働者を惹きつけつつ統合させる政策がセットになった経済成長政策に対して、乗り気でなかったのだ。

シカゴ学派のロバート・E・パーク（Robert E. Park）と研究仲間たちは、「同化」を浸透や融合として概念化し、その浸透や融合によって、個人・集団そして社会は共通の文化に到達するだろうと述べた。しかしかれは、既存の制度がもつ飲み込む力を当然視し、エスニック集団や「人種」をより劣った存在とみなしていた。だから、「多からの統一」（e pluribus unum）という標語のように、社会——それがイングランド系白人（かつ男性）のものであることは暗黙の了解——に統合されていくものと考えていた。それでも、当時の文脈でパークは改革派であったし、この時代の過激な白人至上主義に決して屈することもなかった。かれはカーネギー財団の「アメリカナイゼーション」シリーズの編集者だったこともあり、自身の研究よりずっと大きな影響力をもっていた。「同化」は、出身地の文化的特徴の放棄を指す言葉として理解されているが、一九八〇年代以降の研究では、文化変容や順応・挿入・調整といった概念が代わりに用いられるようになってきている。[4]

民俗学者のウィリアム・I・トーマス（William I. Thomas）は、かれ自身が国内移動の経験者だ。もともとは田舎の小さな共同体の出で、南部の大学町を経てメトロポリス・シカゴへと移り住んだ。この移動は、三世紀分の時空を旅したようだった、と感想を述べている。かれは文化人類学的なアプローチで、ポーランドからの移住者のライフヒストリーを研究した。そして、研究者仲間の多くとは対照的に、言語能力なしに、他の文化を研究できないと認めた。ポーランド出身の哲学者であり社会学者でもあったフロリアン・ズナニエツキ（Florian W. Znaniecki）とともに、経験的データについて、文化的に埋め込まれた主観的意味づけ、という概念を発展させ、「ライフヒストリー」を提唱した。ここでいうライフヒストリーとは、移住者の文化に伝記的にアプローチすることである。移住者の文化によって人々の日常は、送出・受入社会の両方の文化による拘束、という文脈に置かれている。移住者の生活における連続性については、『ヨーロッパとアメリカにおけるポーランド農民』のなかで詳述されている（五巻本、一九一八〜二〇年）。

改革を志す研究者たちのコミュニティは、国境や大西洋を越えて広がっていた。ドイツの社会科学者ゲオルク・ジンメル（Georg Simmel）による「よそ者」についての議論——コミュニティにいるが、その一部ではない——は、アメリカのロバート・パークに影響を及ぼした。[5] ウィリアム・トーマスはロシア出身の研究者たちと連携した。とくに、社会学者であり理論家でもあったピティリム・ソローキン（Pitirim Sorokin）、後にはスウェーデン出身の社会学者グンナー・ミュルダール（Gunnar Myrdal）やアルヴァ・ミュルダール（Alva Myrdal）が挙げられる。[6] アメリカの研究者の中では、ジェーン・アダムス（Jane Addams）がイングランドの社会改革家のもとを訪れている。フローレンス・ケリー（Florence Kelley）は、チューリッヒ大学で学んだ。そこでは、のちに帝政ロシアで社会改革を求めて戦うことになる女性たちも学んでいた。エミリー・グリーン・ボルチ（Emily Greene Balch）は、フランスの政治経済学者であり社会学者でもあるエミール・ルバスール（Émile Levasseur）とともに学んだことがあり、『われわれの同胞スラブ人』を出版した（一九一〇年）。当時、スラブ人は「科学に基づく人種主義」によって劣った存在として名指しされ、また、アメリカの人種主義団体がスラブ人排斥を叫んで戦っていた。カナダで改革を志す多くの社会学者や教育者たちは、英仏の研究に影響され、特定の地域や都市に住む移住者について「応用社会学」的研究を発表した。[7] ロシアからドイツ・フランス・イギリスを経てアメリカまで、新しく登場しつつある社会科学の研究者たちは、社会全体と、その中での移住者を理解しようとしていた。

第一次世界大戦による破壊が終わると、北米における学問は枝分かれしながら展開していった。ナショナリストは歴史を編纂するなかで、自民族ではない移住者を「他者」として、人種差別的な分類を行ったが、それは、移住者の強制移住や奴隷労働、辺境への追放、最悪の場合は絶滅収容所まで、一歩手前の段階だった。ドイツでは、一八八〇年代半ばから外国人労働者に頼らざるをえない状況にあったが、人口学者のフリードリヒ・ブルクデルファー（Friedrich Burgdörfer）は、非ドイツ人追放を提唱した。[8] イギリスには、東欧ユダヤ人の難民が、ロシアでのポグロムと迫害を逃れてやって来た。これが、かれらの「劣等性」を確固たるものにする研究へと繋がった。フランスでも、移住労働者への需要は同じくらいあった。しかし、ジョルジュ・モーコ（George Mauco）は『フランスの外国人』（*Les Étrangers en France* 1932）において、フランス性とは生まれながらの優越性を指すと主張し、ファシストのヴィシー政権下でも一九五〇年代のフランス共和国でも、人口計画の立案者として影響力をふるった。西ヨーロッパ諸国の移住者へのアプローチは、わずかな例外を除けば人種差別的であった。

対照的にポーランドは、ポーランド人・ユダヤ人・ドイツ人・ベラルーシ人・ウクライナ人の故郷であり、移民送り出しの長い歴史もある。一九三〇年代、若き文化人類学者たちが複数言語を操れたのは、中央ヨーロッパの研究者たちが他国への移動を繰り返していたからだ。ワルシャワ・クラクフ・ウィーン・リヴィウ・ライプツィヒ・ベルリン・パリ、場合によってはロンドンやアメリカ、さらには亡命先のシベリアの大学で訓練を受けたかれらは、大陸や大西洋を横断し、移動する研究者たちによる人文主義的な共同体を創っていた。こうした人々と繋がりがあったのが、先に挙げたW・I・トーマス（W. I. Thomas）である。クリスティナ・ドゥーダ＝ジェヴィアルツ（Krystyna Duda-Dziewierz）は、ナショナルな文化の展開だけでなく、越境移動がもつ国境を超える側面からも、農村に着目した。そして、どの階層がよそへ移住していったのか、かれらがどのような社会化を経て移住したのか、移住者が戻ってくることによって農村社会がどう変わるのか、明らかにした。ポーランドの場合――イタリア同様に――多くの移民を送り出したが、その目的地は多様だったこともあり、ディアスポラが形成された。[9]

一九二〇・三〇年代には、国際比較を通して、統計学的に重要な業績が生まれた。どの政党にも与しない国立経済研究局（ニューヨーク）と国際労働事務局（ジュネーヴ）で働いていたウォルター・ウィルコックス（Walter Willcox）とイムレ・フェレンツィ（Imre Ferenczi）による、二巻本の『国際越境移動』（一九二九、一九三一年）である。二人は移住者について、大陸内・大陸間の移動のどちらであろうと、国境を越えて（宗主国とその植民地間の移動も含む）住む所を変更し、一年以上国外に住む意志があるすべての人々、と定義した。かれらは、出身国・通過地点・目的地とされた国々からデータを集め、統合した。そして次の点を強調した。すなわち、労働の越境移動には階級意識が関係しており、不自由な場合もありえる、と。ヨーロッパからの「移住」労働者も、「奴隷としてアフリカから移住した人々」も、そして「アフリカ・アジア・ポリネシアからの半自発的、ないし年季奉公人としての移住者」も、同じように扱わねばならなかった。「プロレタリアの大量移動」という言葉が用いられるようになったのは、これ以降のことである。こうした統計学者たちの世界的なコミュニティに、大西洋を横断する研究者のコミュニティは頼ることができた。[10]

ポーランドでの研究と世界規模でのデータ収集により、国民国家が創り上げたデータを強調することで生じる多数の問題に、光が当たるようになった。

1．ポーランドは一七九五年に国境を接する三つの帝国によって分割されたため、ユダヤ人やロマ人（いわゆる「ジプシー」）のように領土をもたない人々は、データから捨象されていた。

2. 統計調査では原則として「国籍」を用いるため、多文化的な国を出発する人々や、そうした国からやって来る人々がいるにもかかわらず、覇権的な国民文化の成員と同一視されてしまう。

3. 他所へ向かう「移住者」を全体としてみたデータには、目的地が多様であることが反映されていない。入ってくる移住者に関するデータも同様だ。例えば「中国人」というカテゴリーは、地域的な文化や言語を反映していない。

このような統計では、固有の文化を背景に持つ移住者は、多数派の民族的・文化的(あるいは国民)集団へと統合されてしまう。結果的に、文化的差異を歪ませることになっている。社会史や文化史の視座から移住者を考察するには、できる限り全体的なデータを解体しなければならない。

大西洋世界以外では、移動に関する研究はなかなか発展しなかった。その理由として、入植者による支配が自立した研究活動を歪めたからだ、と主張する研究者もいる。[11] 一八九〇～一九三七年、中国北部から満州(一九三二年以降は日本が支配する満州国)へ数千万にのぼる移動が発生したが、教養あるエリートたちは、こうした「無名の取るに足らない人々」と思われていた層に、ほとんど注意を払わなかった。対照的なのが、(日本が所有する）南満州鉄道である。一九二〇・三〇年代には社会科学者を雇ってデータを集め、満州における労働需要を評価させるだけでなく、地方に住む男性や家族がよそへ移住する時のプッシュ要因について、研究させせた。この研究では、経済学者何廉（フランクリン、イェール大学でPhDを取得）が設立した南開大学経済研究所が顕著な役割を果たした。フロンティアをめぐるアメリカの物語と異なり、移住者たちは「先駆者」や「タフな人々」として型に嵌められることなく、延々と続く困難を耐え抜くことができる、単純で勤勉な者として、自分たちを理解していた。一九四九年以降、中華人民共和国では、労働者階級や農民の移住者への関心は、共産党の勝利のために戦った人々のみに、集中することになる。[12]

経済部門やデータに移住者が組み込まれていく過程についてグローバルな視点を発展させたのは、大陸横断的な視野をもつ歴史家や統計学者だった。また、移住者の生き様や文化について、国民国家を超えた人間主義的な視点を選んだのは、社会改革を進めようとする人々だった。他方、国民国家に視野が限定された歴史学者たちが追求したのは、視野狭窄な「国を離れて、同一民族で構成される飛び領地へ」のアプローチだった。つまり、移住者は国民国家の（地域や階級というより）領土を離れ、同じ民族が住むゲットーに行き着く、というものだ。新しい社会の文化や制度に順応できず、旧世界のやり方に固執し、アイルランド人だけの貧民街やチャイナタウン、リトル・イタリーで自主隔離した、ということになる。こうした見方の典型は、オスカー・ハンドリン（Oscar Handlin）による、ボストン在住のアイルランド系移民に関する研究、『根無し草』（一九五一年）だ。このタイトルは、アレックス・ヘイリー（Alex Haley）が描いたアフリカ系のルーツ探しの物語で（*Roots*, 1976）キャッチフレーズになり、反響を呼んだ。しかし、ハンドリン自身の「偉大なる越境移動によってアメリカ人は作られた」という認識や、「移住者はアメリカ史そのもの」という認識は、反映されていない。ファシストによるドイツの強制労働収容所や、戦争による破壊で「住む場所を失った人々」を受け入れるか否かについて、激論が交わされる最中、人々はまさに根を失った状態だ、とハンドリンは書いている。しかし、かれらだって、人生の新しい方向性を見出すために、選択するのだ[13]。対照的に、キャロライン・ウェア（Caroline Ware）は『グリニッチ・ヴィレッジ』（一九三五年）において、移民第一・第二世代の適応における連続性や、世代間での文化の伝承と変化に関するコミュニティ研究を提供した。ウェア自身は、人間主義的なアプローチを選んだ。つまり、第一に、どのような人間について研究しようと、研究対象となっている人々や制度へ根本的なところで真心のこもった敬意をもち、そしてなにより、かれら自身の言葉でかれらを理解しようとする決意で研究を遂行せねばならない。第二に、どのような類の資料であれ――発信源や形式にかかわらず――、証拠とみなされ、証拠というものにすべからく求められる実験や批判に耐えられるのであれば、問題解明に役立つかもしれない[14]、という立場である。

3－2　新古典派経済学とプッシュ・プルモデル

公の議論でも研究においても、「プッシュ・プル」モデルは、移住者の意思決定に当てはめられてきた。例えば、あまり経済が発展していないと、それは人々を押し出す（プッシュ）要因となるし、賃金や生活水準がより高い国に人々は惹きつけられる（プル）。この定式では、複雑かつ多層的な社会や異文化の環境が、単純化されている。例えば、経済的な選択肢が限られるとわかっていても、社会秩序が抑圧的であるとわかっていても、移住する可能性はあるのだ。かれらは、受入社会へ入っていく複雑なプロセスや、労働市場でどのような選択ができるのか、情報を探しているのだから。

新古典派の経済学者たちは、プッシュ・プルという専門用語を還元主義的なコスト・ベネフィットの分析へと変質させ、賃金が安く、労働者を多く供給できるような農村地帯、あるいは国全体がそのような場合には、賃金労働者は引きよせられない、と論じた。賃金が高く、かつ産業が成長中の都市や国と比べると、「流入する移住者の市場」で何が起きるかは、賃金格差によって説明できる。人々は——商品と同じように——供給と需要に応じて、地域と地域の間に引かれた境界線を越えて「取引」される。その結果起きる要素価格均等化により、賃金格差は縮小し、それゆえ越境移動自体をも減るはずだ。こうした捉え方は、一九五〇・六〇年代、発展途上国や地方から都市への移住に対し、西側諸国が抱いていた懸念を背景とし、登場した[15]。これらのアプローチは、越境移動の「流れ」や、特定の経済的特徴をもつ移住者の適応パタン、こうした移住者が受入国の経済にもたらす影響を予測すると思われていた[16]。

このような所得を中心に据えた理論に対しては、経済学内部から批判の声が上がった。というのも、生活水準や食費・家賃が考慮されていないからだ。新古典派経済学で注目されるのは生産だが、生産については定量化できるデータがある。かたや、消費にかかった費用や家計は顧みられることはない。なぜなら、一九五〇年代にはこれらに関するデータが存在すると認識されていなかったからだ。しかし、移住者のほとんどに、帰国する余裕などない。この集団特有のことだが、かれらの決断は、賃金水準や生活費に左右される。古典的な性別役割分業のもと、移住労働者たちは（男性の）賃金収入は、（女性が）思慮深く支出を管理することで保管され、また、貨幣所得が少ない分、家庭内で代わりになるものをつくって代用している。さらに家族の誰かが非正規で働くことで、所得を増やしもする。新古典派の経済学者が着目する「男性の大黒柱」でも、次のような疑問くらいは抱くだろう。「パンはいくらしたのか？」。多くの文化では、労働者の移動とはすなわち、全体的には「食料があるところへの移動」だった。二〇世紀後半、女性が介護士・家庭内家事労働者・看護関連の専門職として移動するなかで、ジェンダー役割はおそらく反転しただろうが、移住者が所得－支出の比較をし、計算する状況は、変わっていない。

新古典派の経済学者たちは、こうした批判に応え、マクロなアプローチを練り直し、ミクロなレベルでの意思決定も考慮するようになった。しかし、かれらが選んだアプローチは、合理的選択だった。この理論では、将来的な移住者もいま現在の移住者も、越境移動にかかるコストを人的資本への投資として考えており、所得を最大化する前提で目的地を選ぶとされている。越境移動にかかるコストを厳密に計算するアプローチは、歴史家が語る曖昧な物語と異なるが、移住者は男女問わず、所得の最大化のためだけに移動するというより、ほかにも合理的と思われるさまざまなことに折り合いをつけている。

一九五〇・六〇年代、合理的選択理論を提唱する研究者は、次のことを認めざるをえなかった。すなわち、発展途上国では、家族を養えるだけの所得があるのは、引き続き農業関連の仕事であり、ぎゃくに都市部では失業率が高く、職探しや就業が難航した。にもかかわらず、地方から都市部への移動が起きていた。これに対し経済学者たちは、移住者の長期的展望、という立ち入った点まで計算することで対処し、移住という決断がどれくらい利益を生むのか推測した。このような分析は、都市への移住の理由としてうんざりするほど耳にした、「明るい街灯にたくさんの気晴らし」に替わるものとなった。それでも、合理的選択は、選択が複数になったとはいえ、分析で考慮する変数があまりにも少ないため、信頼性が低かった。というのも、人が折り合いをつけるのは、リスク分散・家族としての戦略・生きていくなかで生じる期待・感情的なこと・出身地からのプレッシャー（ただし定量化はできない）・（将来いるかもしれない）子どもが送る人生への期待と、多岐に渡るからだ。しかし、経済学的なアプローチがあったことで、根無し草や文化の維持といった使い古された言葉は、捨てやすくなった。それでも、方法論的な隔たりがある以上、経済学者と社会史専門の歴史家が、互いの研究成果に触れることはまずない[17]（移民経済学に関する最近の展開については、3－5を参照されたい）。

3－3　一九三〇～五〇年代　文化の融合という発想の新しさ

アメリカは人種の坩堝だ。このイデオロギーは、イギリス出身のイズレイル・ザングウィル（Israel Zangwill）による同名の戯曲[18]に、典型的に現れている。このイデオロギーとアメリカへの同化政策が最高潮に達するなか、ランドルフ・S・ボーン（Randolph S. Bourne）など著名な知識人たちは、「アメリカは一つの民族に基づく国になってきているのではなく、それを超越する存在になりつつある。諸外国とともに、ありとあらゆる長さ・太さ・色の多様な糸を、行きつ戻りつしながら紡いでいるのだ」と考えていた。民主的な社会であれば、移住者による自己決定や文化的表現が「少しみられたくらいで、すぐパニックになるはずはない」。また、ホレイス・カレン（Horace Kallen）は「文化多元主義」の概念を説明するなかで、国家は単一の文化を共有する民族で構成されるのではなく、さまざまな民族の連合体である、と述べている。[19] しかし結果的には、マディソン・グラント（Madison Grant）の『偉大なる人種の滅亡』（*The Passing of the Great Race*）（一九一六年）にみられるような、人種主義的な考えのほうが、より強かった。例えば、連邦政府は一九一七年、ヨーロッパからの移住者に対し、排斥という手段に出ている。

「白い大西洋」の中心地の外では、ブラジルやキューバ・カナダで、一九三〇年以降に理論の洗練が進んだ。ブラジルの社会学者ジルベルト・フレイレ（Gilberto Freyre）は、コロンビア大学の文化人類学者フランツ・ボアズ（Franz Boas）から影響を受け、ヨーロッパやアフリカから来た移住者と先住民が混交することで、民族生成の過程で文化的により豊かな、新しい国民が創造された、と唱えた。対照的に、人口に関する計画を立案したり、「人種衛生」に賛同する人々は、純血とされている人種の「雑種化」を非難し、ラテンアメリカ社会を「白くする」ため、ヨーロッパから移住者を惹きつける政策を求めた。フレイレは、アフリカ系ブラジル人の奴隷とその主人であるポルトガル系ブラジル人の生活は、権力関係において切り離せないほど結びついていると考えたが、これに対しては、調和のとれた家父長制的な多人種社会をつくる植民者の力を肯定的に評価しすぎていると、大いに批判された。それでも、権力をもたない移住者ともつ移住者の両者によってフロンティア社会が築かれた、というかれの見方は、理論的にはかなり斬新だった。アルゼンチンに関しては、ジーノ・ジェルマーニ（Gino Germani）が、一九五五年の『アルゼンチンの構造』（*Estructura social de la Argentina*）において、工業化が進むなかでヨーロッパからきた移住者と、地方から都市部へ国内移動してきた人々の文化変容について、論じている。[20]

多様な文化が存在するキューバ社会では、フェルナンド・オルティス（Fernando Ortiz）が一九四〇年に、人間生活の経済・制度・法・民族・宗教・美・言語・心理学・性などの文化移植、という概念を発展させた。かれは、先住民・イベリア半島からきた人々とその他ヨーロッパ人・アフリカ人の文化について、構成要素ごとに分け――すなわち、ウォロフ族、カタロニア、ジェノバ、ユダヤ、シボネ族、広東由来のもの――、権力の序列関係における融合という、経験的に信頼できる概念に到達した。フレイレ同様、オルティスも、イベリア半島をヨーロッパとアフリカの架け橋、つまり、文化が影響し合う場だと考えた。[21]

文化移植という概念は、ブロニスワフ・マリノフスキ（Bronisław Malinowski）[22]によっても探求された。かれが強調したのは、文化の創造だった。これには、創造に寄与したあらゆる人々の移住前の習慣も含まれているが、それとは異なる新しいものだ。似てはいるが、よりジェンダーを考慮したアプローチは、一八～一九世紀のカナダでの毛皮貿易で起きた先住民とフランス人・先住民とスコットランド人の混交や、インド洋の貿易圏でみられるポルトガル系アフリカ人とポルトガル系アジア人が混ざった家族を理解するために、のちに用いられるようになった[23]。

フレイレやオルティスの研究は、一九四六・四七年までには英訳されていた。しかし、北大西洋の学界に受け入れられたのは、一九七〇年代に読み直されるようになってからだった。カナダのなかでも、二つの文化をもつモントリオールでは、マギル大学のエヴェレット・ヒューズ（Everett Hughes）やヘレン・マクギル・ヒューズ（Helen McGill Hughes）が――二人ともにシカゴ大学で訓練を受けた――、受入社会が与える文化変容の型は一つではない、と論じた[24]。このような経験に即した分析や理論化はすべて、国民国家の同質性に疑義を呈することになった。しかし、まだこの時代には、マスター・ナラティブを凌ぐほどではなかった。

一九二〇・三〇年代には、さらに目を見張る発展を遂げるなか、フランスの植民地からフランス、インドからイギリスへ移り住んだ学生や知識人は、異文化の融合と抵抗について、植民者の権力・宗主国と植民地間の越境移動・相互交流・植民地化されたサバルタンによる転覆戦略、といった点から概念化した。一九三〇年代のパリでは、セネガル出身のレオポール・サンゴール（Léopold Senghor）とマルティニーク出身のエメ・セゼール（Aimé Césaire）が、「ネグリチュード」という概念を通じて、白人－黒人の対立を解消しようとした。ネグリチュードはフランス語だが、アフリカ文化を寿ぐために遣われ、そのなかで、黒人に対する蔑称である「ニグロ」を肯定的な言葉へ変質させた。二人とも、アフリカ系カリブ人やアフリカ系アメリカ人がハーレムで起こした文化的抵抗に感化されていた。というのもこの抵抗は、やはりマルティニーク出身のポーレット・ナダル（Paulette Nardal）がもつ黒人作家のネットワークを通して、パリでも影響力があったからだ。[25] アリウン・ジョップ（Alioune Diop）は、影響力が強い自身の雑誌『アフリカの存在』（*Présence Africaine*）で、西アフリカから移り住んだ労働者の第一世代がフランスの産業で働く時代に、フランスの民俗学者や知識人との対話でアフリカ的表現が用いられることの価値を、強く主張した。イギリスで同じような役割を担ったのは、インドからの留学生だった。西アフリカでその昔商売をしていたオランダやポルトガルの貿易商や、中国のイエズス会士たちは、旅行記を残し、後世の白人研究者たちはそれを何度も読み返すなかで、次の点に気がついた。すなわち、移り住んだ社会が洗練されて、学問レベルも高いことに、かれらは深く感銘を受けていた、ということに。つまり、原始－文明という二元論は、ナショナリストの歴史学者や民族学者が、一九世紀に発明したものなのだ。労働者と知識人による二重の移動は、一九三〇・四〇年代、送金や移住者の帰郷を通して送出社会にも影響すると同時に、ヨーロッパ人の文化的帰属をも揺さぶった。移動した知識人たちは、ヨーロッパが自負する優越性について、批判的に分析した。その分析は、独立運動やポストコロニアルな越境移動に影響を及ぼすことになる。[26]

3-4 今日の越境移動の類型化に向けて[27]

一九九〇年代以降、越境移動に関する包括的な研究で分析されてきたのは、移住者の決断・自由なものから強制的なものまで含む多様な移動における経路・地域的移動から大陸横断まで含む地理的な空間・季節的なものから生涯まで、どれくらい移住するつもりなのか、である。結論としては、移民を類型すると、以下のようになるだろう。ただし、実際当てはめる時には、ジェンダーを考慮しなければならない。

―自由移民。自分の希望や人生設計に基づいて、出発するタイミングや行先を決められる。ただし、流入・流出する移住者に対し、国が定めている枠の範囲内において。

―移住労働者。プロレタリアの大量移住や、今日の南から北への越境移動など、昔からみられる「自由な」移民。経済的な逼迫を背景に、移住を決断することが多い。

―拘束を受ける移住労働者。貧困ゆえに、自身の労働力を長期的に売らなければならない（ヨーロッパやアジアの奴隷のような年季奉公人）。

―強制的に移住させられた労働者。生涯奴隷として単純労働（大西洋世界におけるアフリカ人奴隷）やサービス・知的労働を提供したり（インド洋世界におけるアフリカ人など）、意思に反して一定期間拘束されたり（アパルトヘイト下の南アフリカ）、誘拐され、無期限で労働収容所に入れられる（ナチス・ドイツ、大日本帝国、スターリン主義下のソ連）場合がある。

―住む場所を失い、不本意ながら移住した人々。理由は、例えば、政治的不寛容（亡命）・宗教的不寛容（宗教難民）、エスニシティやジェンダーに基づく不平等などが挙げられる。

―戦争その他の暴力から逃れてきた難民。

―環境破壊――自然災害であれ人間が引き起こしたものであれ――で住む場所を失った人々。

出発・目的地・滞在期間に関する意思決定は、比較的自由なものから、さまざまな形で制約や無理を強いられたもの、さらには強制的なものまでである。一九世紀に大西洋・太平洋を渡った移住者や、二一世紀に切り替わる頃に第三世界から第一世界へ移り住んだ人々は、今も昔も、人生計画や「出身国」での生き残りすら難しい経済状況によって制約を受けているが、「自由」な決断を下していたし、下している。女性の決断は、ジェンダーに割り振られた役割や制約により、いっそう制限されている。子どもの場合、友人や親戚と離ればなれになるのは嫌かもしれないが、ふつうは親に従うしかない。このように人は、運が良かったとしても、何らかの枠組みのなかで、また、最悪の場合は大きな制約を受けるなかで、「自由な」判断を下す。不本意ながら移住を決断した人々や難民・亡命者が出身国を離れる背景には、政治・民族‐人種・ジェンダーその他の理由による迫害、内紛や国家間の戦争、社会からの追放、原理主義者による宗教的圧力、伝統に縛られた停滞がある。難民はふつう、出身地の状況が改善されれば帰国を希望する。無理やり移動させられた人々というのは、軍や警察、私企業――強制労働につかせる人を探す侵略者であれ、奴隷を捕まえる者であれ、性風俗産業で人身売買する者であれ――により、自分の社会環境から切り離された人々である。

越境移動の距離については、短・中・長距離のいずれもありえる。長距離の場合でも、移住先で同じような職業や文化的環境を得られる可能性はある。インド洋に面した港町は、この大洋を横断する商業・移動ネットワーク――労働や貿易に関して似たような慣習がある――の一部だった。若者が他の大陸で働くために移動しても、ありつける仕事は、出身地にいた時と同じ土木作業――社会的基盤の建設で穴を掘ったり、土を集めたり――のことが多かった。また、同じ国からきた移住者のコミュニティで生活していた。他方、移住先が地理的に近いからといって、文化的にも近いとは限らない。若い女性が、とある農村から近隣の町や都市に移り、そこで家庭内家事労働に就くとなると、農民としての暮らしや小さな町での生活から、都市で中産階級に雇われる生活への変化は避けられない。昔は、移動距離が長いほど、旅費――交通手段と時間の両方の点で――は高くついた。しかし、費用は交通手段によって異なってくる。目的地まで地上の交通を使って行く場合、ふつうは水上を行く船旅より高くつく。一八七〇年代半ばに蒸気船、一九五〇年代半ばに航空機による移動が始まったことで、移動と適応にかかる時間は短縮された。

どれくらい長く滞在するつもりなのか？　これについては、ワン・シーズンの場合もあれば、一年、数年、リタイアするまでずっと、あるいは永住になることもある。これまで世界中で、男性も女性も、時には子連れで、収穫作業や食料加工のために季節限定で、あるいは炭鉱や石油掘削装置で一時的に働くために移動してきた。今日でも引き続き移動している。移動先に数年滞在する場合には、一八世紀の東インド会社であれ、二〇世紀の巨大コンピュータ企業であれ、多国籍企業であれば、遠方の支社への異動ということもあるだろう。あるいは、サービス労働者が不足する社会で、幼児や子ども、高齢者にケアを提供するために移動する可能性もある。長期的な移住の目的としては、専門技術獲得や大学で経験を積む、同族会社の支店を立ち上げる、収入源をつくることが挙げられる。これから移住しようと考えている人の多くは、ほんの数年滞在するつもりでも、「国内」の貧弱な労働市場や受入社会への適応しだいでは、さらに延長する可能性がある。帰国を望んでも、出身国の情勢が芳しくないため、「不本意な永住者」になってしまう移住者もいるいっぽう、「思いがけず永住することになり」、移住先で適応し、滞在する人々もいる。

3-5　越境移動のタイプごとの研究のたこつぼ化

細分化された歴史学や社会科学のもとでは、多様な越境移動は多様な研究領域で扱われており、多様な分析上の概念や方法論を用いて研究されている。環大西洋の移動に関心がある研究者が「自由な」移動を対象とするいっぽう、それとは別の領域で、大西洋に広がる奴隷制の歴史は研究された。アジアからの契約労働者については、さらに違う領域で、また、難民もさらに別枠で、研究対象とされた。国内移動は、国際移動とは異なる現象として扱われた。もっとも、国内移動も国際移動も、行っているのは同じ人間であることが多いのだが。専門用語や公の言説では、属性まで暗に示され、そのためにさらに壁が生まれた。例えば、「自由な」移民――暗にヨーロッパ人を指す――は、政治で自己決定をする能力があり、奴隷――暗にアフリカ人を指す――はイニシアティブや知性に欠け、「苦力」――アジア系を示唆――は堕落した生活を送っている、というように。こうした虚構は、奴隷や強制的な移動が行われた体制より、出身国の文化や肌の色に結びつけられた。すなわち、劣ったアフリカ社会、原始的な「インディオ」社会、苦力を生み出すアジア社会、といったように。呼称を考えるのが複雑であるということは、「苦力」という言葉かららよくわかる。この言葉は、自ら年季奉公人になったり、あるいは誘拐されたアジア系の労働者を指す。白人の資本家や労働者たちがこの言葉をつかったのは、安価で、蔑まれた男性(と女性)を示すためだった。ところが、中国人労働者にとって「苦力」とは、「身を切るような精神力」のことである。また、タミール人にとっては「単純労働の賃金」を指し、グジャラート語になると、クーリーという部族のメンバーを意味していた。「苦力」をインド洋の移住労働者の総称としてしまうと、その圧倒的多数は年季奉公することなく移動していた、という事実が隠れてしまう。調査対象が生身の人間である以上、当事者を傷つけないよう、研究者は専門用語をつくる時には注意し、神経を使わねばならない。

ここでは三種類の移住者を選んだうえで、歴史学におけるそれぞれの研究課題について議論する。三つとは、アフリカから大西洋地域へ移った奴隷、アジアの契約労働者、そして難民である(一八二〇年代まで、ヨーロッパからアメリカに移動した人の半分から三分の二は、年季奉公の契約を結んでいたことは、覚えておくべきだ[28])。

フレイレやオルティスは、アフリカ人奴隷と自由な移住者たちの文化に影響され、ブラジルからベリーズを経由し、アメリカ南部へと広がるプランテーション社会における相互作用に関し、理論化を進めた。対照的にアメリカでは、一九六〇年代の公民権闘争の影響で、特定の人種と劣等性を結び付けるような考えは、破棄された。ケネス・M・スタンプ

(Kenneth M. Stamp)は、「特異な制度」という婉曲表現で奴隷制を研究者が受け入れ、そのために生じた破滅的な結果を明示し(一九五六年)、スタンリー・エルキンズ(Stanley Elkins)は奴隷制が——出身地のアフリカというより——隷属させられた男性・女性・子どもの人生と心をどれほど歪ませたか問うた(一九五九年)。人種主義という目隠しがとれたことで、研究者たちは、南北アメリカの奴隷社会を比較したり、強制的に移動させられた人々の数に関心を払うようになった。その数はおよそ一二〇〇万人に上り、「中間行路」を生き延びることができたあかつきには、ヨーロッパとアメリカが接触したあと、南北アメリカ大陸で社会を建設した人々の一員となった。奴隷貿易のアフリカ側に関して、主体性をもつ人間を研究することは、責任の所在を明らかにすることであった。ヨーロッパの貿易商たちに奴隷を提供したのは、男性が支配する沿岸の軍事国家だった。[29]比較研究では、アメリカ南部・カリブ海諸国・ブラジルにおける家財奴隷の制度や奴隷の生活が分析されている。[30]アフリカ内部やインド洋世界での奴隷の移動——これらの地域の奴隷の数はいまだ定まらず、議論されている——を扱う研究もある。[31]一九七〇年代までには、大西洋世界におけるアフリカン・ディアスポラの影響が研究で注目されるようになっていた。しかし、より広く公の場で議論されるテーマになるには、ある書籍の出版を待たねばならなかった。一九九三年に発表された、『黒い大西洋』(*The Black Atlantic*)だ。[32]

アフリカとアジアでの研究が、植民地支配から苦心して独立し、発展を遂げていこうとするなか、太平洋世界は「西欧」の研究機関の研究者たちの心からさらに離れていった。大英帝国の歴史研究者たちはかつて、インド洋貿易やその社会を研究していた。しかし一九〇〇年代初頭以降、イギリスと北米からすると、アジアには研究に値する文化はなく、単なる市場でしかなかった。これに対し、最初の一撃はオーストラリア発の研究からきた。パージャ・C・キャンベル（Persia C. Campbell）による大英帝国内にいる中国系の年季奉公人に関する研究だ。また、中国人研究者タ・チェン（Ta Chen）（Da Ch'en）による、中国からの移住者が、東南アジアと出身地の共同体にもたらした影響に関する研究も挙げられる。[33] 一九五〇年代には、経験主義的な研究は妨害された。中国が一九四九年に共産化したからだ。かたやアメリカでは、太平洋関係研究所（Institute of Pacific Relations）——環太平洋諸国の相互理解促進を目的とした、党派に属さない民間のフォーラム——が、冷戦期に連邦議会が行った厳しい調査に屈した。一九四〇年代から一九六〇年代にかけて、おもに大英帝国と独立後のインドで研究が発表され、[34] また、対象が広がって、フィリピンやフィジー、マレーシアへの自由な移動や契約を結んでの移動まで含まれるようになった。[35] その後、ヒュー・ティンカー（Hugh Tinker）が実施した一九七四年の大規模な調査により、「第二の奴隷」に関する分析の方向性が決まった。[36] それ以降も、研究は増えてきている。ヤン・ブレマン（Jan Breman）とヴァレンタイン・ダニエル（Valentine Daniel）は、地域との繋がりが奪われ、一般的な奴隷になるまでのプロセスや、「苦力」の経験やアイデンティティについても分析した。年季奉公中は、カーストや階級、慣習や義務は効力をもたない。そして、いったん年季奉公から解放されると、こうしたものに束縛される状態へ戻ることはなかった。もっとも包括的な調査は、ディヴィッド・ノースラップ（David Northrup）による『帝国主義の時代における年季奉公』（*Indentured Labor in the Age of Imperialism*, 1834-1922）である。[37]

アフリカ人奴隷・アジア系契約労働者、年季奉公するヨーロッパ人、経済的事情でヨーロッパを去る人々は、プランテーション・炭鉱・工場の所有者による労働輸入のグローバルな体制のもと、違う目的地を目指して移動することが多かった。しかし、カリブ海諸国やハワイでは、一八〇〇年以降、奴隷制廃止が目前に迫ってから、農場主たちは多様な出身地の労働力を試していた。かれらはアジア系労働者を「試しに送ってもらい」、奴隷制廃止を遅らせ、半奴隷状態の徒弟制度を奴隷制後にイギリス議会に実施させ、ヨーロッパ人労働者の移住を奨励、男女比だけでなく、労働力として単身男性と家族単位での移動のどちらの方が望ましいか、議論した。労働力を受け入れる側の社会において、インドから自主的に「お客」としてくる移住者は、自分の言葉で話すことができたが、西欧での移動に関する歴史記述に残ることはなかった。[38] 地域に特化した研究により、移住者同士相互で受けた影響や、資本主義的な移住労働者の関係性が明らかにされたのは、一九七〇年代以降のことである。[39] 南北アメリカ大陸や世界中に広がっていたプランテーションを中心とする社会について、近年の研究では、奴隷やその所有者——強制された移住者と自発的に移住した人々として——がどのように社会を建設したのか、分析されている。[40] 奴隷と契約労働者たちがつくった世界と、プランテーションや炭鉱の所有者たちが住んでいた世界は、交錯していた。

奴隷や何らかの制約を受ける労働者のように、難民は何の準備もない状態で到着するものだ。交渉力もほぼなく、自分たちの生活再建のために、不利な条件でも労働市場に入っていかざるをえない。ヨーロッパと地中海東部では、複数の民族から構成される帝国は、単一の文化を掲げる国民国家へと急激に変化した。そのさなか、二つの世界大戦の戦間期とその後に、国民が「分離」され、大量の難民が発生した。一九四五年以降、ホロコースト（ショア）に対する道徳的嫌悪やホロコーストに関する研究によって、難民研究は数十年にわたって片隅へ追いやられることになる。[41] 過去の難民に関する研究では、一六世紀以降のキリスト教世界における宗教難民や、[42] 旧オスマン帝国領におけるイスラームと正統派キリスト教の分離が扱われた。アルメニア人の国外退去やかれらに対する虐殺ともいえる行為、クルド人から住む場所を奪ったこと——両者とも、一九一八年に自分たちの国家を認めてもらえなかった——が注目されるようになったのは、ようやく一九七〇年代になってからである。[43] 第二次世界大戦後、アメリカ・カナダ・オーストラリアでは、情勢不安が続くなか、ヨーロッパで住む場所を失った人々の多くが雇用された。しかし、中国はじめアジアの諸地域での戦争で、日本が生んだ難民については、包括的に研究されていない。[44] 脱植民地化した世界での難民発生については、難民研究の拠点、例えばイギリスやカナダで分析されている。暫定的な概要であれば、アリスティド・ゾルベルク（Aristide Zolberg）やかれの共同研究者たち、またドイツ語圏の研究者たちが提供している。国連難民高等弁務官は、収集したデータや政策提言を発表している。一九八〇年以降は、民間のアメリカ難民・移民委員会（US Committee for Refugees and Immigrants）も、年に一回『世界難民調査（World Refugee Survey）』を発行している。[45]

3-6 一九七〇年代以降の新しいアプローチ——世界システム論・家庭経済・労働市場

多様な越境移動のタイプ・地域ごとの研究の細分化・移民の肌の色と地位、そして社会構造の多様性まで視野に入れた包括的な移動論は、まだ現れていない。一九世紀後半の「アメリカへの移住」というお決まりの展開も、いっけん同じく見える発展途上国を重視する一九五〇年代の傾向も、下火になってきた。ユリウス・アイザック（Julius Issac）は「自由な」移動を理論化（一九四七年）したが、経済的リベラリズムがもつ基本的な矛盾を乗り越えてはいなかった。つまり、自動制御という市場の力は労働市場には当てはまらないということ、そして、国境を超える労働市場の移動は国が規制しているという否定できない事実である。エヴェレット・リー（Everett Lee）とジョン・アーチャー・ジャクソン（John Archer Jackson）は、一九六〇年代に、包括的な解釈の枠組みなしに、データを比較することで一般理論を導こうとした。ブリンリー・トーマス（Brinley Thomas）による『越境移動と経済成長』（*Migration and Economic Growth*）では、先行研究がよくまとめられてはいるものの、一般理論がない。[46] 世界各地の移動を射程に納め、さまざまな方法論や理論を用いた最初の論文集が登場したのは、一九七〇年代が終わりに近づいた頃だった。[47] 一九九〇年代末になっても、ジャン・ルーカッセン（Jan Lucassen）とレオ・ルーカッセン（Leo Lucassen）は慎重な姿勢を崩さなかった。そして、当時最新のアプローチを集めた論文集に「理論」ではなく、『新たな視点』（*New Perspective*）というタイトルをつけた。[48]

一九七〇年代からは、新しい理論的・方法論的アプローチが登場した。ラテンアメリカを中心に据えた世界システム論で、その解釈は、従属理論に由来していた。つまり、北半球の経済大国に依存したものとして、ラテンアメリカ経済を分析する理論である。新しい経済学と労働市場の分断に関する理論は、新古典派経済学のアプローチを改善しようとした。人間の主体性を強調したり、ネットワークに着目することで、社会的・個人的な人的資本の研究も含め、意思決定と経験に着目した。最終的には、トランスナショナリズム・

トランスカルチュラリズム、そしてトランスリージョナリズムといった概念が、集中的に議論されるようになった。

マクロレベル：世界システム論

一九七四年、イマニュエル・ウォーラステインの『近代世界システム』(*The Modern World System*) の出版とともに、グローバル経済の発展と越境移動に関する議論が始まった。世界システム論では、世界市場は資本主義の「中心」である大国から、「半周辺」を通って「周辺」へと一六世紀以降拡大した、と主張されている。鉱物などの原材料がある場所・それらを採取する費用・大規模農業・工芸作物には地域的なばらつきがあるため、周辺に位置する国の間でも移動が起きた。一九世紀後半までに、資本主義は農業に浸透しており、機械化もされていた。このような農業のほうが、人間の労働力に依存する農家よりし、費用効率が高かった。その結果、小規模農家は「余剰」労働力へと姿を変え、貧しい経済状況のため、収入が見込める土地への移住を余儀なくされた。このような経済と越境移動の統合に先立ち、一八二六年以降のラテンアメリカ・カリブ海地域の独立した諸国と北大西洋の旧宗主国の間の格差に関して、分析がされていた (André Gunder Frank など)。また、脱植民地化を遂げつつあるアフリカ諸国の経済学者と中心、つまり資本主義の元宗主国の経済学者の間でも交流があった。その結果生まれた「従属理論」では、不平等な貿易の条件・低開発・権力関係が論じられた。さらに大きな経済的文脈では、フェルナン・ブローデル（Fernand Braudel）が、市井の人々の暮らしぶりから、地中海世界における依存と相互依存について研究した。ジャネット・L・アブー゠ルゴドは、研究の視座がヨーロッパや北大西洋中心に陥っていることを批判し、アジア・アフリカ・ヨーロッパ世界のなかでも特異な一三・一四世紀の貿易圏を重視することで、世界システム論との違いを出している。[49] 二〇世紀後半になると、サスキア・サッセン（Saskia Sassen）によって、旧宗主国同士が金融の中心として、また移住労働者が搾取される中心として結びついていることが強調された。

世界システム論によれば、資本主義的な市場・生産が周辺社会まで浸透したことで、越境移動は起きる。投資によって人々は土地から引き離され、そこから起きる国内・国際移動には、資本と商品の流れが反映されている。ただし、その流れは逆である。つまり、文化的な理由により（言語・教育・コミュニケーション・交通網）、人の流れは旧植民地から旧宗主国へと向かう。その数を、目的地となる国々は減らそうと試みているが、世界銀行や国際通貨基金の政策――移民送出国で国民の社会保障を減らしている――によって邪魔されている。多国籍企業の投資や利益への脅威が存在する地域では、資本主義世界に属する諸政府が武力介入を行ってきた。しかしその過程で、大規模な国内移動が発生しただけでなく、国境を超えて移動する難民がたびたび生み出されてきた。例えば、独立後のコンゴ・グアテマラ・ペルシア／イランが挙げられる。これらの関連性について、研究者は分析してきたが、それが政治的決断に影響したことはなかった。経済大国は各国から支持をとりつけ、二〇世紀後半から二一世紀初頭にかけて、不平等な貿易の条件を設定した。それゆえ、周辺諸国では抑圧的な状況が生まれ、結果として人の移動が誘発されたり、移動せざるをえなくなっている。経済格差・ヒエラルキー・天然資源は、自分たちの生活を物質面で向上させようとする家族や個人の意識的な決断を左右する。世界システム論の視座は、移民の経済学をグローバルに分析する上での枠組みを提供してくれる。

ミクロレベル：家庭経済

地域経済やローカルな規範を背景とするミクロなアプローチ、なかでも（家庭）経済という考えは、女性学や家族史・ジェンダー研究といった領域で登場した。これにより、人生計画や移動の決断について、計量不可能な感情や精神的なものまで含め、要因を分析できるようになった。家庭経済においては、小規模農家であれ、工場労働者の賃金であれ、消費社会であれ、家族の構成員全員の所得を生み出す能力が、所得の使い方に関する家族戦略——再生産活動、つまり養っている子や高齢者を物心両面でケアする必要性を満たし、かつ、家族の消費パタンに沿っている——と結びついている。例えば、労働力と感情的に「質が高い」時間は、家族内では身内にとって、また家族外ではコミュニティでの立場に応じて、最良の結果に到達できるよう、社会規範にのっとって割り振られる。資源と義務をどう割り振るかは、各メンバーのためになるかどうか、という点から交渉されてきた。最大化したいのは所得なのか余暇なのか、子どもの世話か外で働くか、子どものための教育か賃金労働か、ネットワークを作るのかコミュニティから離れるか。こうした交渉は、平等でもなければ、民主的に行われるわけでもない。そうではなく、家族のライフサイクルで個人がどの段階にいるのか、そして、個人的な人生計画によって、決められる。あるいは、伝統的なジェンダーや世代による序列、そして権力関係にも左右される。もっとはっきり言うと、ほとんどの社会では、家庭経済では、年長の男性が他のメンバーに対して特権的立場を与えられている。また、子どもも同様で、少女より少年のほうが、より多くの特権をもっている。したがって、家庭経済の分析でみられる家庭内の合意という見方は、ジェンダーや世代による序列の観点から、修正する必要がある。さらに、近年の研究では、家族の状況に対して女性がもつ主体性が強調されるようになっている。[50]

　こうした研究とは別に、「労働力の越境移動に関する新しい経済学」が、所得を生み出すための家族戦略について、同時期に研究を始めている。このことは、異なる研究領域間で、交流がまったくなかったことを示唆している。新古典派経済学のアプローチとは異なり、新しい経済学の立場をとる研究者は、ヨーロッパや中国の農村部からの移住に関する歴史学者による実証的な成果を、裏付けている。農村であれ都市であれ、家族戦略では、収入を増やしてリスクを減らすために、越境移動するか否か、親戚など相互関係がある集団内で決断が下される。出身地を離れても、家族の地位がマイナスの影響を受けることはなく、国家レベルで不十分な経済発展や市場の失敗を正すために、必要だとみなされている。世帯収入を生み出す過程で、生産に必要な資源は割り振られ、世帯の収入源は多様化する。また、いずれかから生じる特有の問題に対する予防にもなっている。収入源の多様化としては、送金による世帯収入の増加を期待した出稼ぎが挙げられる。例えば、季節的な労働力の移動もあれば、特定のメンバーを中距離程度のところへ送って働かせたり、あるいはメンバーの一人を遠方へ送ることもある。[51] 地理的な多様化、つまり経済と労働市場の多様化は、ジェンダーによって異なる仕事の多様化を補っている。歴史的にみると、繊維部門が家庭内での生産から工場での大量生産へと移行し、再構築されたことは、伝統的な生産地域における家庭経済の崩壊につながった。今日であれば、「先進国」社会の農村に住む家族は、世界市場や天候が危機的状況にある間、農作物に関する国家補償に頼ることができるだろう。「低開発の」国々では、そのような支援はふつうない。あるいは、資本主義諸国が支配する世界的金融機関の命令により、禁じられている。先を見越して移動し、収入を得られれば、安全策になるかもしれない。保護の戦略も計画もない場合、破滅に向かわないよう、人々は越境という手段をとらざるをえない。[52]

メソレベル：労働市場論

マイケル・ピオーリ（Michael Piore）らによる労働市場の階層化と個別化に関する理論は、新古典派経済学における想定――単一の労働予備軍――を修正し、歴史学者による経験主義的だがあまり体系的ではなかった研究成果と一致した。二重労働市場という概念では、国家経済を構成する主要部門は、成長中・資本集約的・高度に集積されている、という特徴をもち、ここで働けば、よい賃金と労働環境・雇用の安定性・昇進の機会を得られると、提示されている。ただし、こうした職業の大半は、その国で生まれ育った労働者のために確保されている。他方、競争・停滞という特徴を持つ二次的な部門では、非正規雇用や低賃金、不快だったり危険な労働環境が待っている。この不安定さや搾取については、ヨーロッパからアメリカへ来た人々が生活を書き残す中で、描いている。労働市場論は修正され、三次的であったり周辺的な経済、もしくは貧民街の経済――その労働市場はさらに不安定――まで含まれるようになった。そこでは、労働者は極めて柔軟でなければならない。つまり、景気後退の局面では、どのような対応でも受け入れられる人的資源であることを、強要される。さらに、主要産業を批判的な視点から調査すると、技術的な刷新や周期的な経営合理化に関して、問題があることがわかる。一九〇〇年頃、アメリカの鉄鋼産業での雇用は、不安定なものばかりだった。機械が頻繁に故障していたからだ。二〇〇〇年頃、電子産業はブーム・破綻・移転まで経験した。

三層のヒエラルキーを超えて、労働市場は分割され、切り離され、階層化された。労働市場は、職務と技術を基準として分割されている。切り離されると、ジェンダー・人種・新参者か否かで輪郭が決められていた集団は、よりよい仕事を手に入れにくくなる。階層化すると、言語や技術の知識、年齢的な境界値（年功）やその他の仕組みゆえに、昇進に対して一律の障害が生じる。移動や文化変容に関する研究では、不快な労働環境や賃金レベルであっても一時的に受け入れれば、労働市場（と国）への門が開くこと――そうしなければ閉じられたまま――、また、不安定な雇用が移動する前の経験や子育ての方針にどう合致するか、示されている。調査で得られたデータによれば、移住者が一番関心をもっているのは、仕事を得られるかどうかだ。そのため、賃金や賃金格差が同じ水準であっても、景気後退が始まると、移住労働者の流入は減る。[53]

リチャード・エドワーズ（Richard Edward）、マイケル・ライク（Michael Reich）、ディヴィッド・ゴードン（David Gordon）の指摘によれば、農村から都市への移動や国家間の移動は、一九世紀後半に工場労働者の労働市場が均質化・国際化されたことで、促進された。この均質化によって、熟練は不要となった。商業化された農業（ラティフンディアやプランテーション）や採掘では、均質化は早めに進んだ。熟練が求められる職業では、越境移動の頻度は低かった。しかし、ドイツの職人・イングランドやスコットランドの技術者・ウェールズの炭鉱夫、そして職種によっては他の文化の人々も、多くの社会を超えて労働市場へ参入できた。[54]

労働市場の分割に関する分析では、その国で生まれた労働者と移住者が職をめぐって競合することはなく、移住者はスキルの有無に釣り合う区分にのみ参入する、ということが重視されている。労働市場の特徴以上に、他の背景も、移住労働者の参入に影響する。移住労働者にスキルがあっても、受入社会では役に立たないものかもしれない。農村や発展途上国から来た移住者は、組み立てラインでの生産という、普段の仕事のやり方にまず慣れなければならない、と想定している研究もある。しかし、機械が非効率的であったり、市場が変動するために——歴史的には大西洋世界で工業化しつつある地域、今であればメキシコのマキラドーラやフィリピンの「輸出加工区」——、出身地や農村でできあがったかつての柔軟な習慣——ある仕事は別の仕事の代替にいつでもなれる——は、イレギュラーなものとみなされてしまうかもしれない。[55] 一九六〇年代半ば以降、入ってくる移住者に対して厳しい選別（ポイント制、交代制での雇用、特定の労働市場のみ入国を許可するなど）を導入した国では、市場の力や政策が、労働市場論が説明できる範囲を超えて影響し合っている。

3-7　近年のアプローチ――主体、ネットワーク、人的・社会関係資本[56]

移住者自身が日常について綴ったもの・語った話によると、家族・共同体・地方-地域について選択肢があるなかで、人生を左右する意思決定を行うさい、かれらが望んでいるのは、世帯収入の一端に責任をもつことであったり、「自立すること」であったりする。また、抑圧的な規範や伝統的な生活パタンから、自分を解放したいとも思っている。と同時に、目的地の社会規範やパタンに慣れなければならないことも、わかっている。社会学者のアンソニー・ギデンズ（Anthony Giddens）は構造について、主体が準拠する枠組みとして、また社会的行為の産物としてみるべきだと提案している（構造化理論）。われわれはこれを「プロセスの構造」「構造化されたプロセス」と呼んでいる。これらは、ダイナミズムや変化、個人間ないし社会集団間の相互交流、そして文脈を重視する概念である。構造は、ゆっくりであることが多いが、常に変化している。永遠に同じではないのだ。そしてプロセスはというと、無秩序なものではない。パタンに従って進む。移住者が往来するなかで、社会や国家の構造は発展する。また、そのプロセスで、移民は出身社会や受入社会に変化をもたらす[57]。このような主体は、自由意思に基づく行為者というより、社会のハビトゥス（Bourdieu）――配置と習慣のシステム――に埋め込まれている。人々は規範を内面化し、変化する環境のもとで実践することで、規範そのものを発展させたり、規範に挑戦する。（歴史的な）人類学における移動に関する研究は、変わりつつある既存の構造内部において、移動する人々がつくる「主体の空間」を扱っている。[58]

主体の領域は「人的資本」、つまり個人的な資源と「社会関係資本」、つまりネットワークに左右される。ネットワークとは、社会生活に順応する過程で育むのが望ましいとされ、また、青年期や成人してからも広げていくものである。「資源」とは人に備わっている能力であり、「資本」とはそのような能力を目標達成やライフコースにおける計画に投資したいという欲求を指している。人的資本には、社会的スキル・専門知識・言語・感情を処理する能力・戦略的な能力が含まれる。このような資源や知識がとくに重要になるのは、熟知し、経験を積んできた共同体から離れ、異なる構造をもつ目的地――社会的ハビトゥスのパタンをよく知らない――へ入っていく時だ。なかでも、期待や戦略を、予期していなかった目的地の「社会環境」へ適応させていく能力、さまざまな目標・障害・ルートに関する交渉を行う能力が重要である。

「社会関係資本」とは、資源を動員し、構造や制度を利用し、支えあえるような関係性を作る能力を指している。いくつもの要求と選択肢を前にして交渉するには、共同体という文脈のなかで選択する能力、親戚・友人・知人など支えてくれる関係から資源を動員する能力、文化や利益に対する自己の認識を、支援のネットワークを遠ざけずに表現する能力が必要である。社会関係資本は、資源や目標を定めるものとして使えるだけでなく、社会的管理としても機能させられるだろう。社会関係資本を蓄積するプロセスは、個人レベルでも社会レベルでも、帰属と順応・包摂と排除・危機と暴力・セキュリティと経済発展という諸問題に影響する。特定の集団が、社会関係資本を蓄積できない状況に置かれると——例えば若年層の移住者が通える教育機関の不足——、不利な立場に置かれている個人のみならず、さまざまな形で社会の紐帯が脅かされる。社会関係資本の蓄積——あるいは社会関係資本からの排除——と個々人がそれを活用することは、社会変容に影響する[59]。

人は、他者、例えば直近の家族・共同体・社会全体という文脈、つまり関係性のネットワークのなかで、自分の目標や計画を追い求める。移住者であるかどうかは、関係ない。こうしたネットワークは、近隣や民族・文化的な共同体・職場・信仰を基にした集まり・年齢を基準として集まった仲間などで機能していると思われる。移住者にとってネットワークは、出身地の共同体と新しい共同体の双方と自分を繋ぐものだ。ネットワークがあると、距離を縮めたり、計画中の越境移動が何をもたらすか判断するために情報収集したり、国家が決めたより大きい枠組みへ適応したり、入国管理を通過したり、文化変容をうまく調整して乗り切るうえで、助けになる。ネットワークは、移住者の規制という制度的側面を弱めてしまうかもしれない。ただし、かれらはふつう、制度に逆らおうとしているわけではない。移住者が連続してやってくる（「連鎖」）場合、それはネットワークに基づいている。すでに移住した者が、情報を出身国へ送っているのだ。かれらが送るものには、知識や「購入済のチケット」だけでなく、「順番待ちしている移住者」の社会関係資本も含まれている。こうした人々が人的資源をもって移住してくると、前から住んでいる移住者たちの社会関係資本は増える。二〇世紀初め頃、アメリカに到着した人々の九四％は、家族や友人を頼って渡米した移住者だった。こうした現象は、中国人・ポーランド人・レバノン人、そしてイタリア人のディアスポラとして、世界的に研究されている。移住者のネットワークは、特定の移動の「流れ」の連続性や拡大だけでなく、縮小や変更にも影響する。さらに、文化的・感情的な距離の近さに基づく決断もできる。こうしたネットワークがあることで、雇用主は、信頼できる従業員を出身地域に送り込み、さらに人員を採用できる。また、移住者が経験不足であっても、目的地で援助を得られる。ネットワークは、目に見えない内部の論理に従って機能するため、外側からは形が見えにくい。そのため、移動を構造化したり、枠に嵌めようとしたり、あるいは制限しようとする受入社会には、こうしたネットワークの統制や管理は容易ではない[60]。

知識も能力もある移住者は、行政上の境界線を越えて、国内で移動したり、国境を越えて国際的に移動する。移動に関するデータは、こうした国境線上で収集されることが多い。

そのため、移動を研究する歴史学者は、こうしたデータに多大な関心を払ってきた。しかし、政治的な境界線は、移住者が社会的・地理的に辿る道筋にとり、あまり意味がない。かれらは自分たちの精神上の地図を追いかけているからだ。それには、ネットワークや野望・目標が反映されている。そのような精神的‐社会的地図は、出身地というローカルなスタート地点や、世界に散らばる親戚や友人が役割を担うことで、組み立てられている。一九世紀後半にイタリアを離れた移住者は、親兄弟やいとこが、実際はブエノスアイレス・モントリオール・ミラノに住んでいるのに、まるで近居であるかのように語ることができた。何を計画しているかによって、移住者はイタリアこそ「祖国」だと考える場合もあれば、「イタリアに戻る」という見方をすることもある。アンリ・ルフェーブル（Henri Lefèvre）は、場が持つこのような意味について、地理的な場を、認識される空間・想像される空間・生きられる空間へと区別し、概念化した。最初の認識される空間とは、人々が特定の精神的枠組みに準拠し、認識する場を指す。想像される空間は、特定の個人の必要性を満たすために、ありのままの状態を変質させた空間を意味する。そして生きられる空間は、特定の場において人々が生きている、そのあり方を指す。このように、三層になっている精神上の地図には、過去から未来までのスケジュールが入っている。これらの地図には、所得を生み出す活動が可能な地域や、生まれ故郷に残した家族に送金するルートも描かれている。精神上の地図は、ネットワークのように柔軟で、変わりもする。これらは非公式であるため、移動を研究する人々が理解したり、再現するのは難しい[61]。

このような、国の地図とは異なる精神上の地図を把握しようとする概念が、二つある。「ディアスポラ」と「スケープ」だ。「ディアスポラ」はもともと、ユダヤ人やギリシャ人たちの離散や文化的な相互作用を意味する言葉で、(異なる政治領域にある)さまざまな社会を横断して互いに結ばれている、かつ、故郷と繋がっている共同体のことを指す。これらは社会的に相互に依存しているが、空間的には分散している。こうしたさまざまな共同体には、共通の文化がある。あるいは、あると信じられている。分析すれば、「共通の文化」とは構築されたものにすぎないだろう。というのも実際には、ディアスポラ的共同体が存在する複数の社会構造の間で、文化は異なっているからだ。例えば、ディアスポラの中国人の毎日の習慣は、オーストラリア・フランス・スウェーデン・カナダ・南アフリカで違っている。ディアスポラは、異なる場にいる文化的集団を、現実での繋がりや想像上の繋がりを通して、マクロな地域・半球・地球といったさまざまな空間を超えて結びつける[62]。

移住者の出身地と実際に生活している場について理論化するために、ホミ・バーバ(Homi Bhabha)は、「第三の空間」という言葉を造った。移住者は、文化変容の過程で、出身地の文化を複製するわけでもなく、目的地の文化に溶け込んで消えていくわけでもない。むしろ、融合させるのだ。新しい第三の場、あるいは空間として。より柔軟な方法として、アルジュン・アパデュライ（Arjun Appadurai）は、物理的・政治的な地理（「場」）のみを指す呼称を避け、社会的「空間」という概念を、意味で満たされている社会空間へ広げることを提唱している。こうした社会空間を、「スケープ」とかれは呼ぶ。例えば、大陸、という言葉。アフリカでもヨーロッパでもどちらでもいいが、この言葉には、「空間・領土・文化編成の間の永続的な関係が、明らかに安定している特定の配置」という意味が暗に含まれている。しかし実際には、それは特定の視点から、また特定の利益関心に基づき、近年構築されたものに過ぎない。広大な大陸という伝統的なカテゴリーでは、動くことのない地理的な大陸と変化する社会が、同じものとして扱われている。対照的に「スペース」は、物理的環境と国家・社会制度の総体を指しており、日々の実践や個人間の関係性によって創り上げられ、変化するものとして捉えられている。スペースという言葉を用いることで、「スケープ」という言葉が生まれてくる。家族のスケープ、民族文化的スケープ、メディア・スケープなど。「ディアスポラ」は、特定の集団とその出自を指すが、「スケープ」は集団だけでなく、かれらが現在置かれている複数の文脈を指す。それには将来的な選択の方向性――望ましい生き方は、ひとつだけではない――も含まれている。「スケープ」は柔軟で、動き、通り抜けることもでき、境界線を動かす。また、特定の人や集団の視点からの見方である。さらに、さまざまな愛着や消費者の好みをも、統合していることもある。[63]

複数のスペースとスケープは重なり合い、相互に影響し合う。世界に広がるフランス語圏の国からヨーロッパのフランスに移り住んだ留学生たちは、公共サービスが十分行き届かない、特定の郊外《バンリュー》に住むことが多い。かれらは、民俗文化的スケープの一部である。それは、年長者に強要されることもあれば、フランス社会の一般的な考えに従った結果の場合もある。かれらのなかには、カリブ海―ラテンアメリカで生み出される音楽――日本生まれのソニーのようなグローバル企業が媒介する――にまで広がっている音楽的スケープで、ほっとする人もいるだろう。かれらはまた、グローバルにコミュニケーションをとれるようなテクノ・スケープにも住んでいる。現代社会における移住者の場所‐地域‐空間を理解するために、アレン・F・ロバーツ（Allen F. Roberts）は、特定の移住者集団が自分たちの「領域」をどのようにみているのか、「スペース」と「プロセス」という概念を応用し、考えた。「プロセスのなかにある地理」においては、出身地が位置する大陸は、居住地として、複数の民族的スケープが融合されている。また、スペースとスペースが結ばれたネットワークに転じる、国家を横断する小規模なさまざまな動きも融合されている。例えば、ムリッド教団という小さな集団をみてみよう。なかには、インド洋の島・モーリシャス出身で、アジアに祖先のルーツがあり、セネガル人のイスラーム神秘主義者の信仰体系に従い、ロスアンジェルスのような遠方に住んでいる人もいる。「スケープ」という概念により、近隣・地域・国家、またグローバルな広がりのなかで、移住者のコミュニテイ・家族・個人を柔軟に理解できるようになる。[64]

3－8 トランスナショナルな分析とトランスカルチュラルな社会研究

対照的に、二一世紀を迎える頃、越境移動はマクロレベルで概念化された。それは、「トランスナショナリズム」という概念で、ラテンアメリカの移民を研究しているアメリカの人類学者・社会学者により、一九九〇年代初頭に再び紹介された。ニーナ・グリック・シラー（Nina Glick Schiller）とリンダ・バッシュ（Linda Basch）、そしてクリスティーナ・ブラン・ザントン（Cristina Blanc-Szanton）による『越境移動に関するトランスナショナルな視点の構築に向けて』（*Toward a Transnational Perspective on Migration*）という影響力のある著作と、これに続いて世に出たアレハンドロ・ポルテス（Alejandro Portes）らによる研究で、この言葉は研究でも公の場でも、越境移動やグローバリゼーションを議論する際に広く使われるようになった。ナンシー・フォナー（Nancy Foner）は、このアプローチにおける現在中心の見方を批判する中で、「トランスナショナリズムは、長期にわたって存在している。過去と比較することで、今日のトランスナショナルな結びつきにみられるパタンやプロセスの新しさを評価できるようになる」と述べている。キラン・パテル

(Kiran Patel) は、ボーンが一九一六年にこの言葉をつかい始めてから、どのように用いられてきたのか論じ（本章3－3参照）、ピーター・キヴィスト (Peter Kivisto) は批判的な評価を加えた。[65] 越境移動の調整で、国民国家が重要であることに変わりはないが、トランスナショナリズムという概念は、一九世紀最後の数十年間に、国境線の厳格化が進んで以来、どのような展開があったのか考える視点を与えてくれる。トランスナショナルとは、物理的に離れていながらも、何らかの交渉をしている関係（国際《インターナショナル》関係）や、商制度のために配慮すべき明確な法規制がある関係（国際《インターナショナル》貿易、多国籍《マルチナショナル》企業）ではない。トランスナショナルは、移住者の経験における連続性を指している。複数の文化的状況で同時に生活していること、送金という、社会も家族も越える経済的な結びつき、二つ以上の文化的空間に分かれて住む家族間の感情的な絆が含まれる。「人や思想、制度には、はっきりとしたナショナル・アイデンティティというものはない。むしろ、人はさまざまな文化のかけらを翻訳し、寄せ集めているのではないだろうか。何かをはっきりとアメリカ的［ないしドイツ的、中国的、ブラジル的、ケニヤ的……］と判断するのではなく、それぞれの要素は別のどこかで始まっていたり終わっていると、想定できるのではないか[66]」。

しかしトランスナショナルなアプローチは、今後も基本的な単位として領土に依拠せざるをえないだろう。アパデュライなどには批判されたが。ネーションという概念を批判する人々は、そのような構築された単位はもはや、アイデンティティを与えてくれる運命共同体ではない、と強調する。[67]サスキア・サッセン（Saskia Sassen）らは、世界の大都市の重要性を指摘し、移動を研究する歴史学者たちは、地域的な帰属を強調する。ランカスター出身の移民が故郷を去る時のアイデンティティや経験は、サセックス出身の移民と異なっているし、フィリピンのルソン島でも、マニラとその他地域では異なる背景があり、移動が起きる。トランスリージョナリズムは、人間の移動を理解するうえで、経験的にはより妥当な概念であり、国家による入国規制の重要性を低く見積もるようなこともない。

社会全体だけでなく、地域やローカルな空間でどのように生活が営まれているのか理解するために、ホーダー（Hoerder）は「トランスカルチュラル」という概念を導入した。ある社会から別の社会への移動をトランスカルチュラルなアプローチで分析することで、領域の広さに関わりなく、人々が生活し、相互に関連し合っている複数のスペースや、政治的（「民族文化的」とも言える）境界線を越えるスペースを結び付けられる。トランスカルチュラルな社会研究では、言説を基礎に置く伝統的な人文学と、データを基礎に置く社会科学、ハビトゥスに着目する行為論的アプローチ、法・倫理・宗教といった規範学問・生命科学・環境科学などが統合され、学際的領域となっている。このような総合的なアプローチは、移住者の生活を総体として扱ううえで、必要だ。トランスカルチュラリズムによれば、移住者には、二つ以上の異なる文化で生活し、その過程で、トランスカルチュラルな空間を創造する能力がある。その空間は、変わりゆく出身地という空間へ戻ることも繋がることもでき、他方では、やはり変わりゆく目的地の空間に参入することも可能で、他の空間と結びつき、そして混交・融合・交渉・闘争・抵抗といった日々の実践を可能にするような場である。トランスカルチュラリズムを戦略として構成するには、複数の文脈で人生計画を立て、行動し、選択する能力が必要だ。文化変容の過程で、個人や社会は、多様な生活様式を統合し、流動的で新しい日常の文化を創る。それにより、自らも変わる。そして、その後も互いに影響し合うことを通し、この新しい——また、うつろいやすい——文化も変わっていく。[68]

参考文献

包括的かつ歴史記述の編纂という点からこの領域を評価するものや、世界中の越境移動への理論的アプローチの概要で広く一般に受け入れられるようなものは、まだ出版されてない。

Lucassen, Jan, and Leo Lucassen, eds, *Migration, Migration History, History: Old Paradigms and New Perspectives*（Bern, 1997; rev. edn, 2007）and Dirk Hoerder, Jan Lucassen, and Leo Lucassen, “Terminologies and Concepts of Migration Research: An Introduction,” in Klaus J. Bade, Pieter C. Emmer, Leo Lucassen, and Jochen Oltmer, eds, *Migration – Integration – Minorities since the Seventeenth Century: A European Encyclopedia*（forthcoming: Cambridge, 2009）. これらはヨーロッパの越境移動について、史料編纂というより理論的にアプローチする研究をまとめている。

“Forum on New Directions in American Immigration and Ethnic History,” *Journal of American Ethnic*

History 25.4（2006）, 68-167 は、アメリカに関して史料編纂及び新しい視座に取り組んでいる。より社会学的な志向が強い文献としては、次の詳細な文献が挙げられる。*Handbook of International Migration: The American Experience*, ed. Charles Hirschman, Philip Kasinitz, and Josh DeWind（New York, 1999）. Caroline B. Brettell and James F. Hollifield, eds, *Migration Theory: Talking Across Disciplines*（London, 1999）.

Berry, J. W., and J. A. Laponce, eds, *Ethnicity and Culture in Canada: The Research Landscape*（Toronto, 1994）は、カナダに関する史料変遷と新しい視座に取り組んだ。Wsevolod W. Isajiw's *Understanding Diversity: Ethnicity and Race in the Canadian Context*（Toronto, 1999）はカナダに着眼しているものの、多くの社会で参考になる。

Massey, Douglas S., et al., "Theories of International Migration: Review and Appraisal," *Population and Development Review* 19（1993）, 431-66, and "International Migration Theory: The North American Case," ibid., 20（1994）, 699-752; Dirk Hoerder, "Changing Paradigms in Migration History: From 'To America' to World wide Systems," *Canadian Review of American Studies* 24.2（1994）, 105-26. 以上は、一九九〇年代初めのこの領域の状態を、欧米の視点から反映したものである。

西欧世界以外の地域を理論化しようとする試みは、次の文献に現れている。Ronald Skeldon, *Population Mobility in Developing Countries: A Reinterpretation*（New York, 1990）, 27-46, which provides a summary of theoretical approaches, and Mike Parnwell, *Population Movements and the Third World*（London, 1993）.

越境移動を体系化しようとする他の試みとしては、次の文献が挙げられる。James T. Fawcett and Fred Arnold, "Explaining Diversity: Asian and Pacific Immigration Systems," in Fawcett and Benjamin V.

Cariño, eds, *Pacific Bridges: The New Immigration from Asia and the Pacific Islands* (Staten Island, NY, 1987), 453–73; A. L. Mabogunje, "Systems Approach to a Theory of Rural–Urban Migration," *Geographical Analysis* 2.1 (1970), 1–18; J. J. Mangolam and H. K. Schwarzweller, "General Theory in the Study of Migration: Current Needs and Difficulties," *International Migration Review* 3 (1968), 3–18.

第4章　移住者が辿る道への体系的なアプローチ

地域や社会という枠組みにおける主体や、移住者が社会から社会へ移る道筋は、複雑である。これを理解するために、歴史家たちは、「体系的なアプローチ」を発展させてきた。[1]これは、要因・結果――因果関係がわかっているもの、偶発的なものとある――や複数の合理的な見方を統合した、包括的な理論的―方法論的な枠組みである。体系的なアプローチは、「移動システム」とは別だ。「移動システム」は、経験的に立証できる大規模で長期にわたる移動と目立たない移動を区別するため、ジャン・ルーカッセン（Jan Lucassen）が導入した用語である。ルーカッセンが着目したのは、一八―一九世紀の北海でみられたシステムで、これはオランダを中心としつつ、地域を越えたものだった。このシステムは、レスリー・ペイジ・モック（Leslie Page Moch）によって一八世紀以前の西ヨーロッパにおける移動に適用され、それ以降はどの地域にも当てはめられるようになった。[2]

体系的なアプローチにおいては、（1）局所的・地域的・国家全体の枠組みに位置づけられた出身社会での移動の決定とパタンが、（2）各時代の交通手段・コミュニケーションの手段を前提とした実際の移動を経て、（3）再びミクロ・メソ・マクロ—地域的な視点で、目的地の社会（複数の場合もある）と、（4）移住者が一定期間を過ごした共同体及び過ごしている共同体の関係へ結びつけられている。体系的なアプローチでは、異文化社会に関する研究の学際性を活かすことで（3－8参照）、構造・制度、送出・受入社会という多面的な枠組みが、包括的に分析されている。これらはとくに、特定の土地や地域で異なる。例えば、工業化・都市化・社会の階層化・ジェンダー役割と家庭経済・人口の特徴・政治的な状況や展開・教育機関・宗教などの価値体系・住人がどの民族文化に属しているのか・短／長距離移動のどちらが習わしになっているのか、によって差が生じている。学際的なトランスカルチュラルなアプローチでは、生きた文化が重視され、相互関係にある経済・社会・政治・技術的な影響が、どのように文化的ハビトゥス（Bourdieu）、つまり生活全般のありよう（Raymond Williams）へ集約され、空間を越える移動のきっかけとなるのか、示唆されている。[3]

体系的なアプローチでは、越境移動が家族や送出社会に与える影響や、移住者の流入が共同体と受入社会に与える影響が分析されている。数百万に上る奴隷化されたアフリカ人の強制的移動や、今日数十万にのぼる女性がフィリピンから移動することは、当事者である各家庭（ミクロなレベル）・送り出す地域（メソレベル）・そして社会全体やさらに広大な地域それぞれのレベルで、どのように影響したのか。一九世紀後半のヨーロッパや二〇世紀後半の中国、いずれにしても、住人の流出は、農村だけでなくそこを含めた農村地帯全体にとり、どのような意味があったのだろうか？　プランテーション社会は、移動を強いられた労働者なしに発展できたのだろうか？　ヨーロッパやアメリカの中心は、ヨーロッパの周辺、つまり農村からプロレタリア化しつつある労働者が流入しなくても、産業化できたのだろうか？　移動する人々は、文化の変化や避けて通れない調整と、どう折り合いをつけたのだろう？　今日、先進国にバングラデシュやメキシコ出身の女性労働者がいなかったら、家族はいったいどうやって子どもや高齢者の面倒をみるのだろう？　社会も経済も、いくつもの国に散在して暮らす家族のメンバーを通して、グローバルに結ばれている。数百万人にのぼる人々が移住の決断を下すことで、生まれ育った共同体や国は変わっていく。また、一時的、ないし終の棲家を構えようと決めた移住先の共同体と社会も、同じくらい変わっていくことになる。

体系的なアプローチは、構造的な制約のもとに置かれる移民の主体を基本としている。そのため、自発的ではない移動に関しては、修正が必要だ。例えば、難民や、強制／年季奉公／奴隷労働のための移動など。このような場合、出発時点で主体性を奪われている。ただし、移動した後に生き残れるか、社会へ入っていけるかは、厳しい制約が課せられている状況下でも、自身の選択次第だ。奴隷の文化変容は、南北アメリカなどでは、アフリカにルーツを持つ文化を生んだ。難民は、香港のヴェトナム人であろうと、一九三〇年代のトルコのドイツ系ユダヤ人であろうと、労働市場へ入っていかねばならない。強制労働の場合、ナチス・ドイツ、スターリン体制下のロシア、南アフリカのどこであろうと、まずはただただ生き残るために戦わねばならなかった。そして解放後は、生活を立て直さねばならなかった。

越境移動は、二つの社会の間での移動として扱われることが多い。本書でも、複雑な要因への理解を深めるために、そのようなものとして議論している。しかし、移動に乗り継ぎが必要なこともあるだろう。当初の目的地から他の社会へ移ることもあるだろう。しばらくしてから出身社会へ戻ることもあるだろう。新たに移動するたびに、新たに調整しなくてはならない。そして出身国に戻る場合には、自身が不在だった間に発展・変化した共同体へ、再び入っていかねばならない。

4-1 構造と主体——移動の決断を文脈から考える

人が移動しようかどうか考え始める頃には、親戚・地域・国家といった共同体を支える年齢に達している。成長しながら社会化を進めていく人生の形成期に当たる時期、つまり、家庭で過ごす子ども時代や社会・教育で青年期とされる時期は、すでに終えている。このプロセスにおいて、若者は、年配者や社会全体の習慣や価値観を学び、内面化する。ただし、それは地位・階級・ジェンダー、社会によっては人種により、異なっている。また、地域固有のものでもある。人々は、特定の訛りで話したり、特定の食べ物を食べたり、特定の風景のなかで行動する。そのような空間は、民族の文化や人種だけでなく、階級やジェンダーに応じた意味が付与されている。労働者階級と中産階級が、同じ区画に住むことはない。農家と大地主は、違う目的で土地を使う。女性は、移動に関して男性と異なる制約を受ける。さまざまな人種が住み、階層化された社会では、子どもはもしかしたら、人種主義的な考えに染められていたり、かれらの方が劣っていると幼少期から聞かされて育っているかもしれない。それぞれの集団にとり地理上の風景は、特定の「社会的スケープ」となる。それは、開かれている時もあれば、境界線が引かれている時もある。居続けるのか、離れるのか、その決断がなされるのは、こうしたスケープにおいてである。

社会化と意志決定が起こる過程の構造に、もっとも集中的に関わっているのは、ミクロレベル、つまり家族や共同体である。文化的な習慣と経済的機会は、地域によって異なるため、こうしたメソレベルも、移住者の決断に影響を及ぼす。国全体の制度というマクロレベルでは、出国制限・旅程を組む手続き・目的地での入国制限を、移住者は考慮しなければならない。一九世紀、セイロン（現在のスリランカ）のプランテーションへ向かうタミール人の労働者は、独特の文化的・経済的特徴をもつ英領インド南部から出発した。ロンドン出身のイギリス人の移住労働者は、ブリストル出身の人々と違う。サセックスの田舎から来た人々は、工業化したランカシャー出身者とは違う。二〇世紀、コンゴから来る移住者も、その他大勢と同様、民族文化や、出身地が都市／農村で違っている。しかし、目的地の社会では、かれらの新しい隣人はこのような文化的差異を区別することはできない。そのため、移住者は、イギリス系アメリカ人、タミール系インド人など、総称でレッテルを貼られた。

社会化によって、人は人的資本、言い換えれば個人的な能力を得る。また、ジェンダーや地位に固有の社会環境により、人は社会関係資本を得る。つまり、人脈や社会的資源が手に入る。人的資本と社会関係資本が組み合わさるなかで、人はスケープ（Appadurai）を作り出す。すなわち、個人や集団に固有の社会的風景が生み出される。若者が構築するスケープは、大人とは違う。女性のスケープは男性とは違う。そして、定住してものを生産する人々は、移動する貿易商とは異なる方法で市場を認識し、生活する。

これから移住する可能性がある人々のミクロな環境、つまり家族（拡大家族であろうと核家族であろうと）や近隣のネットワークは、世界観や情報から成る網の目に埋め込まれている。世界観については、現世で満足し、来世で報われるのを待てと教える宗教もある。そういう場合、選択肢を増やすうえで、信者は願望や希望から宗教的要素を取り除かねばならない。その方法は、生まれた社会の改良を目指して闘うか、個人の暮らしをより良いものにするか、である。後者の場合、別の社会へ移り住み、そこで共同体を形成することになる。どれを選んだらいいか。それを決めるには、情報が必要だ。かれらが実際に暮らしているミクロなスケープは、親戚や友人が行った遠くのミクロなスケープと繋がっている。そして情報はたいてい、先に移住したなかでも、信頼できる人々から回ってくる。すでに移住した人々による手引き、仲介者の宣伝、政府の求人は、怪しいと思われることが多かった。というのも、将来移住するかもしれない人々は、こういったもので信頼を築くどころか、手引き・宣伝・求人の作り手に、何か利益があるのではないかと推測してしまうからだ。例えば、一九世紀にベルリンへ国内の他地域から移り住んだ場合でも、二〇世紀にソマリアからローマに移り住んだ場合でも、都市の中産階級の家庭で働いている女性であれば、情報網とネットワークを築いている。この情報網とネットワークがあるからこそ、移住を考えている人は、頭の中で地図を描けるし、選択肢を適切に評価できる。

移住者の資金は限られているため、試しに何かするなどできない。だから、慎重に情報を判断し、選択肢を比較する。それは、行き先がどこでも同じだ。常套句の「限りないチャンス」に惹かれて一九世紀アメリカを目指して出発しようと、二〇世紀の工業化したシンガポールやカナダへ向けて出発しようと。問題が生じるのは、異文化や異国から届いた情報を、自分の社会的・心的枠組みで解読できない場合だ。例えば、一九世紀後半のことだが、アメリカでは列車が鳥のように家の屋根を飛び越えて移動する、というニュースがあった。それはまるで、技術が秘める無限の可能性を表しているかのようだった。しかし実際には、ニューヨークやシカゴの高架鉄道に過ぎなかった。同様に二〇世紀後半、「豊かな西洋」、ボリウッドで見られる南アジアの都市部、上海にそびえ立つ高層ビルといった、ラジオやテレビが伝えるイメージには、わずかな技術や収入しかない移住者では得られない、中産階級や上流階級の生活水準が反映されている。こうしたまばゆいイメージに、労働市場の統計や差別が映し出されることはない。移動する可能性がある人々は、年齢を問わず、人生でもっといい選択ができるかもしれないという情報やイメージに左右され、自分たちの環境改善のために努力しないことは、家族・子ども、そして自分自身にとって正しいことではない、と考える。

移動に関する研究では、どのような選択がなされるのか、調査されている。将来的に移動するかもしれない人は多くいる。そのなかで、実際に移動する人や家族は、どのように決断に至ったのか？　あるいは実際に移動する特定の個人・家族は、自分たちをどのように選ぶのか、あるいは選ばれるのか？　選ばざるを得なかったのか？　選択においては、社会構造・個人の人的資本・家庭経済、そして社会関係資本が、影響を与える要因となる。構造的な要因には、遺産や持参金・結婚費用の相場・誕生と死に際しての贈答品に関する習わし・若者にとっては近い将来の兵役が含まれる。こうした年齢に関連する要因は、仕事や土地・選択肢・安定した収入が全般的に不足している以上に、移動の決断に密接にかかわっている。家族内では、兄弟姉妹の順番や、文化的に課せられている役割、例えば年老いた両親の介護などが、さらに要因として加わる。伝統が支配的な社会では、規範を破る行為や問題がある個人的な関係があれば、移動する確率は高まる。例えば、親が認めない交際、不毛な恋愛、婚外子、法律違反が挙げられる。[4] 一般的には、親が死亡したり、配偶者に先立たれた親が再婚すると、気持ちの面で関係を再構築せねばならず、そうすると移動する可能性は高まる。ジェンダーの影響という点では、母親の死や新たに義母ができることは、父親の死や出奔より、越境移動に影響を及ぼす。移動する人々の大多数を占める若者の場合、故郷を離れる決心にだんだんと影響してくるような変化を何度か経験している。例えば、子どもから大人への移行、自立して家庭を築く力、兵役や国内での軍務ゆえに近い将来訪れる断絶が挙げられる。

選択肢がほとんどないような地域では、今も昔も移住は習慣、いやそれどころか、必須の生き方である。心理的な地図において、越境移動は「普通のこと」として受け入れられている。現代社会では、暮らしはますます個人中心になってきているため、家族という文脈の重要性は下がっている。それゆえ、意思決定では個人的な面が増えてきている。しかしそれでも、意思決定が社会的ネットワークや情報の流れと繋がっていることに、変わりはない。

自分にとって利益になりそうなことを最優先に行動する場合でも、その状況は自ら作ったわけではなく、歴史的な展開や、現実の権力構造が規定する諸条件のもとでの行動だ。移動を強いられた人々の主体性は、生存するための闘いにまで切り詰められる。難民の場合、生存のための努力や、中断されてしまった人生の再設計というレベルまで、主体性は弱められる。自発的に移動する場合でも、行動は社会全体の枠組みのなかで起こる。その枠組みとしては、例えば、世代の違いから生じる問題や、ジェンダーに応じた役割・家庭経済・4－1で論じた共同体への帰属に加えて、工業化された都市の労働市場・人口統計と階層化・政治体制が独裁的か誰でも参加可能なのか、といったことが挙げられる。さらに、教育の機会や規範システムもある。短距離・長距離問わず、移動する慣習の有無に加えて、社会を構成する人々の民族的文化や階層も、移動の可能性に影響を与える。

4－2 送出社会

体系的なアプローチでは、支配・発展・依存というグローバルな序列のなかに、社会は位置づけられている。人が去って行くような社会では、生計を立てるための十分な選択肢が経済的になかったり、厳密な階層化により、自分の人的資本を広げることができない。

移動は、抑圧的な体制や過去を重視する社会的・政治的構造によって誘発される。こうした構造では、特定のジェンダーや年代だけでなく、宗教的な慣習や、民族の文化が標的として狙われる。雇用創出につながる投資は、その国で優勢な民族的文化に属する集団、あるいは民族‐宗教的集団（複数の場合もある）に有利にはたらくことが多い。女性であれば、目的地の社会のほうが制限が少ないという理由で、出ていく決心をすることもあるだろう。未婚の場合、非生産的な社会のお荷物とみなされ、追い出されることもある。一九世紀後半の大英帝国や中国の一部地域のように。

いわゆる人口転換が起きている時、人口増加と経済成長が合致しないと、家族や若者は大量に出ていく。幼児生存率や成年の寿命が延びても、夫婦一組当たりの出生率は減少し、労働市場も拡大しない。生計を立てられる見込みがない若者の割合は、増えてきている。このような人口転換は、一九世紀後半のヨーロッパで起こり、現在では、アラブ・アフリカ・アジアの多くの社会で起きている。こうした人口‐経済の不均衡は、移動――生活手段を探す人で溢れかえっている空間から、もっと多くの労働者が求められている空間へ――によって、修正される。こうした移動、つまり「移動による移行」のなかで、需要と供給・選択と資源のバランスが、地域間あるいはグローバルな規模で図られる。[5] 移動はふつう、国家間で生じる前に、地域間や州内での農村‐都市で起きるのが、ひとつのパタンである。出身社会の労働市場が拡大し、賃金労働の選択肢がじゅうぶん与えられるようになれば、人口流出の割合は減る。

階層の上昇を妨げる階層化や厳密な階級構造は、人口流出――あるいは闘争心を、助長する。生まれた社会を改良するための戦いと、そこを離れることには、異なる戦略が反映されている。なかには、満足できない出身地の現状を、他のメンバーと一緒に改善するために、労働組合や政治政党など、改革運動に参加する人々もいる。他方、もっといい選択肢やより柔軟な構造をもつ社会へ移動し、自分や家族の環境を改善させようと、個人的に努力する場合もある。このような構造は、研究では数で表すことができ、友人や親族に感想や意見を伝えるなかで、移住者は値踏みしている。例えば、勤労と成果が重要、求職者だからといって卑屈になったり賄賂を渡す必要はない、自国民のほうが待遇がいい、雇用主は不満の原因を解消しようとする、など。期待はいつも満たされるとは限らない。今日、西アフリカからフランスに来た移住者や、中国農村部から都市に移住した農民の新参者は不満を抱えているが、その点では、一九世紀後半に東ヨーロッパからアメリカへ来た移住者も同じだった。

移動する伝統が昔からあると、住人の流出は後押しされる。というのも、移動するかもしれない人々が頼みの綱とする情報があるからだ。手引き書まで用意されていることもある。香港からサンフランシスコやバンクーバー、ブレーメンからニューヨークやガルベストン、フィリピンからペルシア湾岸地域へと移動する人々は、明確に区別されたルートを辿る。それは印がつけられていることもあれば、口頭で教えられることもある。新たに生まれた情報を簡単に入手できるがゆえに、移動システムの魅力は自ずと増えていく。移動する、と決める上で必要なのは、皮算用ではなく、どのくらい離れているのか、文化が似ているのか、定期的に帰国できる見通し（と費用）、スキルと求人の一致である。

移動はつねに、社会的な取り決めやプロセスから影響を受けている。その中でも、国家の役割は、流出の管理から流入の管理へと劇的に変わった。一九世紀半ばまで、王朝を擁する国の多くでは、国外への移動は規制・禁止されていた。中国や日本では、この期間はもっと長い（また、共産主義国では一九八九年まで）。全国的な出国規制は、国内の労働予備軍と賃金水準を安定させるため、施行された。また、税収や、男性であれば軍役、女性の場合は独立した意思決定という脅威と関係している。今後移動する予定があれば、出発のための許可を申請せねばならなかった。ジェンダーに特有の決まりごとは、男性の移動よりも女性の移動を形作っている。今では、女性による送金を財政政策へ結びつけようとして、女性の国外移住を家庭内労働やケアワークに絞っている国もある。

一九世紀以前は、労働者を商品として獲得するために、植民地国家は植民地社会に移動を強制していた。つまり、「本国」での国外への移動の管理は、植民地からの強制的な移動と並行して行われた。大西洋世界では、教育制度を国営化することで、若者が選べる選択肢を国が管理した。こうした制度は民族主義的であり、特定の訛りや「マイノリティ」

文化の人々にとって構造的に不利な場合には、移動する確率は高くなる。

人の流出の管理から流入の管理に最初に切り替わったのは、一九世紀後半の大西洋世界だった。「パスポートの発明」（Torpey）により、旅に必要な書類は、国への帰属と忠誠を示す道具になった。入国する場での通過許可証ではなく、異質な文化や異なる肌の色を持つ人々を、排斥する道具となったのだ。[6] このような管理が完全に実施されるまで、何十年もかかった。一八八〇年代には、アジア系の移民が北米で排斥された。ヨーロッパ人に対する規制も厳しくなったが、排斥に近いものが実施されたのは、ようやく一九二〇年代になってからだ。米墨国境線のパトロールは、アメリカ市民の「茶色化」を防ぐため、一九二〇年代半ばに始まった。ヨーロッパでは、パスポートに関する法律は他の地域より早く運用されるようになった。予想外だったのは、一九三〇年代、こうした法律ゆえに、独裁国家からの逃避が難しくなったことだ。というのも、パスポートを持たない難民は、入国を拒まれたからだ。入国管理に関する厳しい法律やビザの手続きは、二〇世紀後半に新たな段階へ入った。対策の多くが、イギリス・フランス・ポルトガルやアメリカの植民地支配から独立した国に住む、肌が白くない人々を対象とするようになったのだ。

植民地化を進める帝国（一九世紀半ばから）の活動が進むなか、農地や工業の中心地・原材料がある地域の軍事的征服だけでなく、国家が支援する投資も増えた。このように、国が機会をとりなしたことで、採鉱・石油抽出・その他のどの部門であれ、各国国民による占領地への移動が奨励された。イギリス資本のグローバルな輸出、満州における日本の鉄道建設、カリブ海地域へのアメリカの投資、フランスによる西アフリカの支配は、「国民」の国外移動を誘発しただけでなく、投資家である植民者に奉仕する労働力として、「現地の人々」を動員した。その結果生じた中心―周辺という序列と生活水準の違いは、意図せざる帰結を招いた。つまり、従属国から中心とされる国への移動である。

国外への越境移動の割合が高い国や社会は、結果として変化する。人口や越境移動の移行段階では、労働市場への圧力は人口流出によって減少し、賃金も生活水準も上がり、社会はより安定する。ところが、政策立案者や行政官たちは、税収・軍人のなり手・国のために出産する女性が減るのではないかと、危惧することが多かった。他方、人口流出によって出身社会が被る損失については、その頃議論されていなかった。家族や社会は、子どもの養育と教育に「投資」する。この時点では、子どもは世帯収入や税収に、まだ貢献していない。税金を払う年齢に達すると、この新しい世代は「被扶養者」、つまり若者や高齢者のケアに必要な費用を負担する役割を負うことで、家庭や社会がかつて行ってくれた投資に報いる。この「世代間での約束」は、国外への移住によって義務――高齢者である親や次世代を支える義務――が放棄されると、反故にされたままになってしまう。労働年齢に達した移住者は、蓄積してきた自分の資本や、社会関係資本と一緒に移動する。そうなると出身国は、社会がかれらの養育・教育にかけたコストを回収できない。他方、目的地の国家には、移住者が収める税金や生産性という恩恵がもたらされる。さらに、訓練や教育を受けた人々を、「無料で」獲得できる。この影響は、より貧しい社会からより経済発展した社会への「開発援助」と呼ばれている。

国のなかには、「望ましくない」とみなされる人々、例えば政治的・宗教的反乱分子や、「貧困層」、つまり失業中のプロレタリア、その他の理由により欠陥と烙印を押された人々を、一掃しようとするところもある。事例には事欠かない。例えば、ロシアからシベリアへの反体制派や犯罪者の強制送還、西ヨーロッパからアメリカ・オーストラリアへの貧困層や犯罪者の流刑、未婚女性と孤児を追い払おうとしたイギリス、一九二〇年頃のアメリカで、「赤の恐怖」（あるいは「白い恐怖」）の間に起きた社会主義者や革命家と推定された人々の国外追放、今日の中国における反体制派の国外追放が挙げられる。国や経済のエリートたちが、制度化された労使関係において、まともな労働環境や賃金を提供しないがために、国外移住を余儀なくされることもある。例えば二〇〇〇年頃、メキシコにおける不平等の比率（人口の下位一〇％の所得と上位一〇％の所得の差）は三二・六倍だった。これに対してアメリカでは一六・六、カナダでは八・五だった。同様に、一八八〇年代以前は、ヨーロッパにおける不平等の比率はアメリカよりかなり高かった。このような場合には、階層化がそこまで進んでいない社会へ人々は移る。

国民が国外へ移住すると、もっとも活動的でもっともダイナミックな人口を国家は失うことになる、とこれまで論じられてきた。この見方が正しいか証明することは難しいが、その前提にあるのは、ダイナミックで有能な人々しか、社会間の移動から生じる変化のプロセスを舵取りする能力がない、という思い込みである。しかし、既存の移動ルートに沿えば、簡単に移ることはできるし、移動に必要なハビトゥスを育てることはできる。生活環境が住人の多くにとって受け入れがたいような国では、専門職の訓練を受け人々だけでなく、それほど活動的でないとされる人々でも、国外へ移住する割合が高くなることが多い。一九八〇年代のラテンアメリカやアフリカの独裁政権が、いい例だ。

要するに、送出社会における発展は、均等に起きているわけではない。その結果国外移住が起きることで、送出社会は変わる。人的資本が部分的に失われるからだ。その資本は、発展段階を考慮すると、使い道がないことも多いが、仮にそうであっても、社会は変わる。国外移動により、雇用創出の必要性や、抑圧的な構造を改革する必要性が減る場合もある。移住者は送金することで、家計だけでなく、国の外貨準備高にも貢献している。一九世紀のイタリアから二〇世紀後半のフィリピンに至るまで、移住者を送り出してきた国のなかには、国家予算の大部分を移民の送金に頼っている国が、今も昔もある。経済学者や政治家のなかには、こうした送金で得られる投資のチャンスを激賞する者もいる。しかし、送金を受け取る家族からすれば、こうした資金が必要なのは、消費パタンが生存基準以下へ落ち込むのを防ぐためだ。ややましな環境であれば、消費量や地位を上げるために、送金を使う。それでも、耐久消費財の輸入が必要な場合を除き、このような送金により、国家の収支は向上する。移民はまた、コミュニケーションを通して、あるいは本人の帰国に伴い、アイディアを持ち帰ることもある。その結果イノベーションが起きて、停滞していた経済が上向くこともあるだろう。しかし、旧態依然とした状況から恩恵を受けているエリートたちにより、新しいアイディアや習慣の流入が反対されたり、完全に妨害されたりすることも多い。ファシズムの時代以来、近代国家は全体的に、難民を生み出す装置になっている。政治エリートは、エルサルバドルやピノチェト政権下のチリのように、社会の大部分から信頼されていない。コンゴのように、経済的に脆弱であっても資源が豊かな国は、グローバルな投資家の餌食になる可能性がある。そうなると、社会的に環境を保護する、持続可能な体制を失う。このような最悪のシナリオでは、国外脱出は生存戦略となる。対照的に、自発的な移民の場合は、人生計画に人的資本・社会関係資本をよりよく投資をするための戦略であることが多い[7]。国と社会は、持続可能な生活を可能にする制度的－文化的環境を提供せねばならない。

4－3 旅路——延長・圧縮・遅延

昔であれば、移住者が心のなかで描く地理に合わせて、徒歩・二輪馬車・鉄道・船のいずれであれ、毎日進む距離や行く場所が決められた。今日重要なのは、空の旅にかかる費用と通過するタイムゾーンの数だ。出発により、人は生まれ育った共同体から精神的に引き離される。つまり、親族や友人と別れる。出発までに、目的地に関する作り話や情報は、個人的な希望・期待の塊へと姿を変えている。実際に地域や社会を越えて移動するには、障害と誘惑が伴う。

障害には旅費が含まれる。これは、旅費を貯金するのに何日・何か月・何年働かねばならないか、ということに関連している。旅をするということは、その間――昔はもっと時間がかかった――無収入になる、ということだ。出国規制も障害になるだろう。入国規制に至っては、どうしようもない障害だ。一九世紀後半、アングロサクソン系のアメリカやヨーロッパの社会では、アジアや他の「肌の色の人々」に対して、人種差別的な障害が設置されたことで、入国が難しくなった。北米では、人種に基づく排斥がヨーロッパより長く続き、一九六〇年代になって撤廃された。しかし、それはいまだに、日本の入国規制の特徴であり続けている。一九世紀の契約労働者に職を斡旋するブローカーのなかには、いい加減な業者もいた。二〇世紀後半からは、入国許可をもたない移住者も女性も、人身売買という問題に直面している。

越境移動を誘発するものの一つに、先に移住した人が購入し、送ってくれたチケットがある。アジア系で年季奉公する移民の場合は、帰国旅費が契約で保証されていることも挙げられる。ほかにも、旅に関する正確な情報や、到着後に収入を見込める職がどれくらいあるか、などがある。最後に、過去に移動の経験があれば、ルートや交通手段を探したり決めるうえで、役に立つ。一八九九―一九一〇年にアメリカに到着した全ヨーロッパ人のうち、一二%は、それ以前にアメリカに来たことがあった（つまり、八人に一人の旅人が、他の移住者の案内ができたことになる）。

先に移動した人々が送ってくれた情報を基に、また、共同体の案内役に協力してもらい、旅は手配される。移住が始まって間もない頃は、船乗りや遠距離貿易を行う商人、一八三〇年以降であれば、鉄道会社の職員に頼らなければならなかった。数世紀も前から、今でいうところの「旅行代理店」が、パッケージツアーを組むようになった。イェルサレムを目指す中世の巡礼者であれば、ヴェネツィアへ進み、地中海を渡る船をそこで予約するだろう。お膳立てされた巡礼は、他の信仰でも珍しくはない。ムスリムの「ハジ」は、最たる例だ。巡礼のように長期に及ぶ旅では、アイデンティティや自己認識、共同体としてのまとまりは、変質し、社会から切り離されたり、再び社会と結びつけられる。[8] 帆船の時代、一五世紀初頭のアジア海域やインド洋でも、一九世紀中頃の太平洋・大西洋横断でも、旅は長期に渡ったが、その行程で、移住者たちは、船上での食事や大勢で共有する相部屋に慣れなければならなかった。船の上では、目的地に対する不安・希望・人生設計が分かち合われ、議論され、修正され、膨らむこともあれば、萎むこともあった。若き移住者たちは、船で「兄弟」「姉妹」の共同体を形成した。

旅は、一八三〇年代に鉄道、一八七〇年代に航海に適した蒸気船が導入されると、加速度的な速さで普及した。一九世紀半ばからヨーロッパ全体で、移住者たちは、遠隔地へ運んでくれる船会社や鉄道会社と繋がっている、地元で信頼がおける仲介業者と契約を結ぶようになった。インドや中国の契約労働者であれば、労働者を募集している業者が旅の世話もしてくれるので、そこと交渉した。列車の乗り換えや積み荷は、こうした仲介業者の職員の監視のもと行われた。このような旅は、今日の団体旅行と同じくらい組織化されていた。一九五〇年代半ばには、航空機での旅が導入され、移動時間はさらに短縮された。一例を挙げると、一九七〇年代にガイアナからカナダへ移動する家事労働者たちは、不慣れな空港での手続きを通過する時にだけ鋭い観察力を発揮すれば、その数時間後には、トロントでの生活が待っていた。

なかには、はじめは資金があまりないため、とりあえず行けるところまで行く、というように、段階的に動く移民もいる。例えば、仕事がみつかりそうな都市まで、というように。理想的には、いずれ旅立つことを見越して、港か空港がある土地が望ましい。次の旅程に必要な資金を稼がねばならないぶん遅れることは、できれば避けたいと思う人もいるが、他方では、滞在中に最初の調整をできるため、歓迎する人もいる。旅の経験や気持ちをうまく処理できるかは、人によって異なる。移動する人々に求められていることをきちんと理解するには、次のことを念頭に置かねばならない。つまり、一九世紀、多くの移住者は、汽車にしても船にしても、実際に乗り込むまでは見たことすらなかった、ということを。同様に、二〇世紀の移住者の多くは飛行機に乗ったことがないし、また、ヴェトナム人難民の「ボートピープル」や、北・西アフリカから地中海をボートで渡ってくる移住労働者も、船旅をしたこともなければ、泳ぎ方も知らなかった。旅とは常に、国境のフェンスで気づかずに急停止させられてしまう人生を加速化させることであり、また、数週間から数か月ゆっくり待つことでもある。さまざまな物語には、おおらかな自信と戸惑いの両方が反映されている。

二〇世紀末以降、国家の領土の境界線の意味と位置付けは、変わってきた。国境線は、国内のどこかにある空港の地下で、国外ではビザの発行・拒否を決める領事館で、障害として経験される。大国であれば、国境線から遠く離れた防御線で、管理する仕組みをもっている。例えば、香港・トロントの空港にアメリカが設置した、領土外の検問所が挙げられる。大国は、国境線を国外に引けるのだ。例えば、EUは、西アフリカから北方へ向かう越境者たちの管理をアルジェリアの南側の国境線で、アメリカは、ラテンアメリカから来る越境者の管理を、メキシコの南側の国境線で実施することを求めている。このような管理システムが設置されたことで、かつて習慣としてあった局地的な越境移動は中断されている。そして、経済活動も中断されてしまったことで、さらに多くの（たいていは非白人）人々が、排斥を実施している――暗黙の了解として、白人の――第一世界に向けて、移住せざるをえなくなる。

国家間の境界線や、国によっては――例えば今日の中国――都市へ入る許可をもらうためのルールが重要になるのは、第一に、こうした許可をもたない人々である。第二に、ルール上では許可されそうな立場にあるものの、厳密には適用外となるため、抑留や尋問が長期に及んでしまう人々である。一九世紀後半に人の流入の管理を始めてから、入国手続きは、却下される恐怖を孕むようになった。アメリカのルールは、アジア系には一八八〇年初頭まで、ヨーロッパ系には一九一七年まで寛大であったにもかかわらず、移住者側の視点からすると、そのアメリカすら、折り合いをつけるのが難しかった。というのも、行政上の変更が頻繁にあり、正確な情報もなく、時には虐待のような扱いを受けたからだ。一九一四年以前、ヨーロッパ系でアメリカへ入国しようとする人々のうち、アメリカのルールによって入国を却下された人々は五％に満たなかった。しかし、家族の一部のみ入国が認められ、他は送還されるケースもあり、そういう場合、家族は引き裂かれた。こうしたルールに対し、多くの人々は困惑し、また、ジェンダーによって異なる形で影響を受けた。例えば、女性が一人旅をしていると売春婦だと勘違いされたり、出発前に食い扶持を稼ぐために職場を決めてきた男性でも、契約労働者ということで入国許可が下りないこともあった。

二〇世紀後半になると、ほとんどの国では、移民を受け入れている国ですら、入国のルールはかなり制約が増えた。例えば、経済的に自立できない人々、トラウマを抱えた難民、つまり政治的迫害から精神的な傷を負った人々は、入国を拒否されるようになった。こうした拒絶は一九三〇年代、難民が発生している全体主義国家が、難民受入を拒否する民主主義国家に包囲され、孤立した時に始まった。冷戦が始まると、西側陣営は、共産国からの難民は歓迎した。しかし、右派の独裁政権や第三世界から来る難民には、入国を許可しなかった。それ以来、「グローバルなアパルトヘイト」体制のもと、大量の難民に入国の扉は閉ざされたままである。ヴェトナム、チリ、アフリカ諸国のいずれかからであっても。こうした人々のやむにやまれぬ事情による旅は、先延ばしにされているのだ。かれらは遠くの収容施設――数万人に上る人々が「収容」されたり「倉庫」に押し込められている――で列をなしている。また、過去に何らかの問題を起こし、さらに生活手段がない人々が旅をしても、境界線は閉ざされたままである。

より多くの人々にとり、非正規での入国は、最後の望みの綱である。しかし、海を渡ることは――一九七五年以降はヴェトナム、一九八〇年代はハイチ、今日では北・西アフリカから――命取りになることが多い。生き残ったとしても、逮捕されれば出身社会へ強制送還――ルフールマン――される。それでも、数百万の人々が、移動に必要な書類を持たずに、北半球の国々へと入ってきている。そして、不法滞在者、つまり「書類がない非正規」の立場でひっそり暮らすことを強いられるか、一九九〇年代にアメリカでまことしやかに言われていたように、「不法移民」として犯罪者扱いされる。こうした人々には、書類はないが、熱意はある。そしてたいていの場合、一生懸命働く意志があり、「希望と呼ばれる境界線で」生きている。[9]

前世紀、希望と戦略を抱いて入植したヨーロッパ人たちは、自分たちが入り、併合し、搾取し、乗っ取ろうとしている社会で通用する書類を持たずにやってきた。これは、覚えておく価値がある。もし、プリマスロックの「巡礼者たち」、あるいはアヘンの輸入に携わる香港の英国人が、マサチューセッツのネイティブアメリカンの族長や広東の行政官から入国許可を得なければならなかったら、どうなっていただろうか?

4-4 受入社会――経済的に入り込むこと・文化変容・政治・新しい帰属

体系的なアプローチにより、受入社会に関する分析は、「エスニック集団」という昔の物語から、複雑な構造とプロセスにおける移住者の主体性の分析へと変わった。[10] 一九〇〇年代頃、民族主義的な政治家や研究者たちは、新たに流入する移住者は、「アメリカ化」

「ドイツ化」「中国化」の名のもと、あるいは似たようなプロジェクトやプログラムにより、再教育されると思い込んでいた。このようなイデオロギー的な立場は、一九三〇年代に文化移植についての理論が登場して以来、疑問視されるようになった(3-3を参照)。同化というアプローチを弱体化させている過ちは、主流、つまり受け入れる側の民族的な文化が、単一で不変だと仮定していることである。「我々のようになる」ことを命じる国家は、今でもある。しかし、一九九〇年代の人口構成に関するデータが示唆することを、忘れてはならない。つまり、世界中で、最大エスニック集団――いわゆる民族――が人口の九〇%以上を占めている国は、世界中でわずか五分の一に過ぎないのだ。およそ三分の一の国では、主導権を握っている集団は、人口の四分の三すら占めていない。したがって、受入社会における文化変容のパタンは、一つではない。移住者は、社会が受け入れてくれるようなジェンダーによる位置付け・社会的地位・地方の特性・法的枠組みを鑑みて、選択しなければならない。

「人種」は、文化変容の道筋を複雑にする。というのも、白人の北大西洋社会では、肌の色が白くないと、対等な存在として、一般的に受け入れられてこなかったからだ。日本では朝鮮半島出身の人々、インドでは肌の色がより濃い人々が、同様の状況だ。普遍的な美しさを備えているとされる「白」は、「白人」という言葉のように、単に色素に由来する白さと思われるかもしれない。しかし、このようなすべての遺伝的な色による特徴づけは、特定の文脈で、特定の利益に基づき、時間をかけて構築されてきた。「白人」社会の差別的な構造や態度により、白人以外の移住者たちは、白人とは異なる、不平等な立場に追いやられてきた。一九六〇年代、カナダやアメリカでは、人種を考慮した移住者の受入基準を廃止した。しかし他方では、アメリカにおける人種主義の歴史は長いため、アフリカ系アメリカ人だけでなく、新たな移住者でもアフリカから来る場合には、選択肢は限られている。ヨーロッパ諸国では、旧植民地や南半球から移住者が流入したが、総じて、新たな人種主義が生まれる結果となった（あとの5－1を参照）。

どのような肌の色・ジェンダー・階級であっても、目的地に到着する時には、完全に社会化されている。こうした人々は、移民や第一世代と呼ばれる。[11] かれらの子どもたち、つまり第二世代は、「エスニック」と呼ばれることもある。「民族的な文化」を背景にもっていたり、「移動してきた人」、という意味だ。例えば、イランから難民が出国した時のように、家族全員で出身国を離れるケースもある。その場合、社会化の途上にいる思春期の子どもたちは、受入社会で引き続き教育を受けることになる。この特殊な集団は、「一・五世代」と呼ばれている。移住者の孫世代は、「第三世代」として数えられる。文化変容は三代に渡って進む、と多くの研究で示されている。教育を受けた国際的な中産階級、あるいは国際志向の労働者階級の移住者は、もっと短期間で文化変容を完遂する、と指摘する研究もある。対照的に、人種差別を受けたり、差別とまではいかなくても、周辺化されている集団の場合、数世代、あるいは数世紀にわたって、主流社会の一員となるのが阻まれる。例えば、日本にいる朝鮮半島出身の人々、ドイツのトルコ人、アメリカのアフリカ系アメリカ人が挙げられる。社会の片隅に追いやられるのは、個人の能力が足りなかったり、劣っているからだ、と多数派はいう。しかし、出身地が同じ移住者を対象とした比較研究——例えば、ドイツ・イギリス・アメリカにいるトルコ人——は、移住者が社会へ入っていく体制が決定的役割を果たしていると、示唆している。つまり、構造的に開かれているのか？　閉ざされているのか？　参加にあたっての選択肢を左右するのは、民族的な文化の「特性」や好みより、こうした問題である。

移住者は通常、国家・民族・政治システムに自覚的に入っていくのではない。むしろ、自分たちの文化、特に言語的な類似性に照らして、チャンスがあると気づいた方へ向かう。起業したり投資したりする移住者以外、ほとんどの場合、到着時には資金がほぼないため、経済的な居場所を見つけることが、自分たちにとって最優先の目標だと思っていた。移住者が自分の能力、つまり人的資本に相応しい場を労働市場で選べれば、理想的である。しかし実際は、仕事を獲得できる確率は高くても、地元の労働者（「国民」）たちからの需要が低い分野へ入っていくことの方が、ずっと多い。なぜならそういう仕事は、賃金が低く、労働条件が悪いからだ。日々の生活の手段や必需品を確保できれば、次の段階だ。この段階では、住んでいる場所や地域の社会生活と、折り合いをつけるようになる。次の第三段階が最終で、この段階では、ほとんどの人が政治のことを考え始め、国家規模の制度に関心を示すようになる。

「文化変容」は二重のプロセスである。移住者が一歩ずつ、新しい社会であったり、そのなかの特定の部分へ近づきつつも、社会化をすでに経験した文化については、多少保ちつつ、部分的に修正したり、または捨ててしまったりする。他方、受入社会は、不承不承、移住者より遅れて、かれらに適応していく。「居場所を見つける」とは、経済的な（あるいは他の側面でもいいが）ニッチで移住者が機能していることを指している。そのニッチから、受入社会という新しい環境をもっと冒険できるかもしれない。「適応」と「調整」は、文化的習慣のうちいくつかが、受入社会との接触を増やすために、折り合いをつけるなかで変化することである。なかには、そのまま維持される習慣もある。「文化変容」という概念は、移住者の経験を理解するのに適している。これは、出身地の文化だけでなく、職場・学校・近隣といった特定の場で差し迫って体験する、受入社会の共同体で獲得した考えや習慣に、絶えず折り合いをつけていくことだ。場を分けたうえで文化変容のプロセスを論じれば、対立・問題・排斥が起きている場と、参加が簡単に達成されている場を、容易に見分けられる。統合がうまくいってない場については、問題を生み出している構造や態度を分析せねばならない。一九八〇年代以降、特定の社会では、特定の移住者グループの子どもたちのみ、達成度や技術習得が予想外に低い結果になっている。これは、学校教育を利用できる機会という観点から、分析が必要だ。また、労働市場での実績が悪いのは、背景に脱工業化があるかもしれない。脱工業化が進む過程で、労働市場で移住者向けだった区分が、すべて消滅してしまったのかもしれない。

移住者が到着後に働くような経済的領域では、労働市場は分割・階層化・隔離されている（3－6参照）。ビジネスや投資を目的とした移住者は、居場所をみつける過程で、自分の能力や資本がもっとも有効活用できそうなセクターを探す。家事労働へ参入する移住者は、流暢なことばだけでなく、家庭生活という親密圏に早く慣れなければならない。とくに、仕事が世話や介護の場合には。「成功」とはふつう、アメリカ式の立身出世の神話とは対照的に、まじめに働いて所得を得られる、ということだ。この所得があるから自立が可能になり、家庭経済に貢献することができる。したがって成功とは、その資産を考えると、個人の好みに応じた慎しい生活を送ること、である。

経済的領域では、受入社会の利益と、新しくきた人々の利益が、合致する。受入社会からすると、労働力不足が起きている部門で移住者に働いてもらいたい。移住者からすると、生計を立てたい。このように利益が合致するからこそ、閉ざされていたはずの国の門戸は開かれ、また、移住者は、自分で選んだ状況ではなかったにしても、目標をいくらか達成できる。隔離しやすそうな集団が入国する場合には、入国規制があるために、人種によって分断された環境で、雇用主は移住者を搾取できるかもしれない。

移住者は新しい社会環境で冒険するが、まず対象となるのは近隣一帯だ。たいていは、都市のなかでも家賃が低いエリアか、さまざまな文化的背景をもつ人々が住む郊外か、同じエスニシティの人々が集住する地区だ。時間が経つにつれて、移住者による冒険は、より大きな都市や地域へと到達し、ともすると、社会全般の制度や慣習まで対象になることもある。一般論だが、移住者が目的地を決めるとき、幅広い選択肢のなかから一都市に絞るわけではない。むしろ、知人・親族がすでに住んでいる地区が、錨を下ろす地点となる。そこで知人・友人は、新旧二つの文化のあり方に介在し、翻訳し、伝えてくれる。連続して起きる越境移動では、経済基盤を強化するため、稼ぐ能力のある親族や友人が、まずやってくることが多い。誰が移動するか？　これを決める時には、感情的な繫がりを重視してはならない。なぜなら、社会関係資本が少なく、貯蓄も足りなければ、幼児や高齢の親を支えられなくなってしまうからだ。連続して起きる越境移動のパタンは、ジェンダーによって異なる。男性の場合、移動の連鎖を構成するのは、圧倒的に男性である。女性の場合、姉妹や女友達を呼び寄せる傾向にある。越境移動により、家族は長期に渡って別れ別れになることが多い。そのため、トランスナショナルな家族関係が登場する（5－3参照）。

経済的・社会的領域の両方で、移住者は頻繁に差別を経験する。その要因として、人種と文化は重要ではあるが、住人である国民にとって移住者は、一般的に粗野だったり、常識に欠けるようにみえる場面が多いことも挙げられる。というのも移住者は、感情や関心を自分たちのはなし言葉やボディランゲージで、さらに異なる音域で表現するからだ。つまり、他の「みんな」のように意思疎通ができないように見えてしまう。双方が二言語を理解できれば、このような対立を生みやすい無理解はなくなるだろう。受入社会の言語を知っていれば、かなり有利になる。だからこそ、フランス・オランダ・イギリス各国がかつて植民支配していた地域から、旧宗主国への移動が起きている。雇用する側の人事担当者が二カ国語以上操ることができれば、企業側だけでなく、到着して間もない求職者の利益にもかなうような、移住者の雇用が進むかもしれない。

移住者は、人数を増やし、数の上での影響力を増大させ、さらに組織化することで、交渉力を強化できるだろう。したがって、居場所を見つけたり、文化が変容したりする過程は、ある程度、集団の規模と新しい社会に住んでいる長さに左右される。組織を作っていくなかで、助け合いも生まれる。越境移動という文脈では、同郷の共同体との繋がりであったり、文化的習慣に適応するうえでの支援がある。労働組合が移住者の採用を行っている受入社会もあれば、移住者を（人種的に）劣っていたり無学だとして、労働組合が排斥する受入社会もある。移住者の共同体と受入社会は、職場や教育機関、他の諸制度において、相互に影響しあっている。このような相互作用は、時が経つにつれて——数年単位、あるいは数世代——密になる中、人々はじょじょに、しかし確実に、反応し合うようになったり、互いの文化を受け入れるようになる。

相互作用の発展や強度を左右するのは、受入社会で与えられている参加の選択肢、その選択肢を利用したり、広げるために戦おうとする移住者自身の意志である。世代をまたぐ視点でみると、とくに重要なのは、教育機関だ。学校は、移住者の子どもたちが利用できる制度になっているだろうか？　移住者の子どもにとって意味があったり、助けになるような授業内容のものはあるだろうか？　移住者である親自身は、子どもたちに教育を受けてほしいのか？　となると、家計を喰う要因になる。あるいは、働いて、世帯収入に貢献してもらいたいのだろうか？　文化変容は一世代で終わらず、世代を超えて進む場合もある。そうなる理由として、家族の戦略や受入社会の教育制度、そして参加型の政策が挙げられる。研究では、成人した移住者が伝統的に強調されてきており、異文化・多文化的環境に身を置く若年層の研究によって、補われている。[12]

女性によるネットワーク形成や、ネットワークへの参加が活発であればあるほど、よその移住によって失われる繋がりは大きく、また、到着後のコミュニティ形成や近隣との付き合いでの役割は、とくに重要になるだろう。多くの移住者を惹きつける社会では、ジェンダー特有の役割から生じる束縛に、女性が遭遇することは少ない。そのため、出身地へ戻る確率は、男性より低い。女性が選べる教育上の選択肢が増えたり、労働力としての参加が増えると、女性の教育機会や賃金労働が制限されている社会に対し、経済的に依存している人々と対価を得て働く人々の比率という点で、受入社会は比較優位を得られる

（5－2参照）。

移住者自身、インタビューや手紙、他の生活記録で明らかにされているように、二つ（あるいはそれ以上）の社会を比較・分析している。それによれば、目的地として選んだ受入社会には、より多くの選択肢があり、また、階層化がそれほど厳格ではないという特徴がある。ただし、移住者——国内での「マイノリティ」に似ている——が一生最下層に組み込まれ、逃げることができないような社会もある。このような階級と民族的な文化の交錯は、研究者によって民族－階級体制と呼ばれている。

移住者は、発展を遂げている社会で、より高い生活水準を手に入れられる、と想定されている。例えば、昔のアメリカや現在の韓国のように。しかし、これには慎重な分析が必要だ。この仮定は、より高い賃金水準を前提として成り立っており、労働市場の中で賃金が低い部門へ隔離されることや、より高くつく生活費は織り込まれていない（前述3－2参照）。複雑な研究では、経済的・社会的制度を考慮しなければならないし、賃金と生活費に加えて、社会サービスや休養の機会も比較しなければならない。一九世紀後半、低賃金ではあるが、社会サービスは許容範囲だったイギリスを人々は去り、高賃金だが社会サービスはないアメリカを目指した。移住者が農民の場合、小さいながらも衛生的な村の家を出て、満州・アルゼンチン、あるいは北米の草原地帯へ移住し、最終的に掘っ立て小屋や丸木舟に行き着くことは珍しくなかった。多くの場合、越境移動は生活水準の下降を意味した。それが上向くのは、何年も身を粉にして働いてから、あるいは第二世代になってからだった。都市部の移住者は、ヨーロッパ・アジア・アフリカの安普請のアパートを出て、ナイロビ・ニューヨーク・パリ・モスクワ・上海の貧しい地区へ向かうが、公共サービスが行き届かない荒れた地区という点では、移住前と変わっていない。リオ・デ・ジャネイロの貧民街やイスタンブールのゲジェコンドウで暮らすのは、選択肢を増やすための一つのステップだと思っているからだ。しかし実際は、生活水準が下がる。グローバルな景気循環で下降傾向がいつまでも続くと、このような生活水準の低下も数十年続くことが考えられる。

文化変容の第三段階である、国全体にかかわる政治への関与という点では、移住者が住んでいる地域で、自ら組織を立ち上げることが、参加の第一歩となる。身近なところでの活動を出発点とし、都市や農村へと参加の輪が広がり、国全体を巻き込むレベルに達することもあるだろう。諸制度が体制として開かれていれば、移住者の包摂や参加は促される。諸制度が閉じられていると、結果的に移住者は、ゲットー化・疎外されたり、対立するかもしれない。構造ゆえに、移住者の将来進む道や計画が逸脱してしまうような場合には、移住者をそうした道へ追い込む社会そのものが「逸脱」だと断じる行動が、生じてしまうだろう。研究によると、政治的意思決定へのアクセス、つまり参加という形で関われることとは、移住者の統合や帰属意識という点で、受入社会が文化的違いを遠巻きに「敬遠」したり、単に「許容」するより、効果的である。参加を通して互いに影響し合うが、参加に当たっては、移住者の関心や生き方を住人が理解し、そして移住者自身は、受入社会の諸制度と折り合いをつけねばならない（6－2及び6－3参照）。

ミルトン・ゴードン（Milton Gordon）は、一九六〇年代の人種と人種化に関する議論を背景とし、経験に基づいた、アメリカ特有の統合に関する理論を提示した。かれは、人種と異人種間結婚・宗教・人種－民族の出自だけでなく、偏見や差別の不在についても論じた（受入社会の側における、受け入れる側としての態度や行動の同化）[13]。カナダの社会学者ジョン・ゴールドラスト（John Goldlust）とアンソニー・リッチモンド（Anthony Richmond）は、より差異化され、変数も多い移住者の適応モデルを試した。ノルウェーの人類学者フレデリック・バース（Fredrik Barth）は、「エスニック集団」と、かれらのものと想定されている文化に注目した。そして、境界線や組織的な相互作用に従った折衝を通して、集団がどのようにアイデンティティとイメージを作り、また、作り直しているのか示した[14]。多面的で、変化している社会へ入っていく過程では、三つの現象が起きる。第一に、上記で論じたような、部分的な文化変容。第二に、アクセス・意思決定への平等な参加・制度と（プロセスに関わる）構造の適応という二重の構造的文化変容。第三に、移住者が自分たちを社会の一員だと思い、またそう思われている、という意味でのアイデンティティの文化変容である。移住者は受入社会へ入っていく時、人的資本・社会関係資本、そして貯蓄や投資といった資本も一緒に持ってくる。一番簡単に場所を移せるのは、最後の貯蓄や投資だろう。人的資本は、個々人の一部として移されるが、新しい社会的・経済的状況ではおそらく役に立たない。社会関係資本、ネットワークや資源を利用する手段は、移転が非常に難しい。そのため、ネットワーク間で次々と起こる越境移動は、文化変容にとって非常に重要な意味を帯びる。

自分が誰であるか認識することは、共同体・社会習慣・制度に自分が「埋め込まれていること」を意味する。「帰属」という概念は、平等・繋がり・参加を前提としており、周辺化・人種化・分断を所与のものとして受け入れている政治理論に拮抗する。この概念ではまた、国家や社会はつねに変化しており、適応可能なものとして考えられている。[15]

タリク・ムドゥード（Tariq Modood）とファイト・バーダー（Veit Bader）は、国民国家の境界は領土の境界線と一致する、という伝統的な政治理論の欠点を認識したうえで、ジェンダー・民族文化・人種・階級に関係のない、人権に基づく市民権を強調した。そのなかで、既存の構造に移民を結び付けようとするだけでなく、トランスナショナルな空間とそこに住む人々を繋げるような社会編成のモデルを提唱した。すなわち、歴史における多様性と構成員全員の平等に基づく社会的・政治的統合の両方を基本とし、「世俗化が徹底した国家より、適度に世俗的な国家」における「民主的な制度的多元性」により、さまざまな文化をもつトランスナショナルな移住者の承認・統合――そして最も重要なことだが

——参加が可能になるだろう、ということだ。また、かれらの精神的な拠り所を受け入れ、共同体として生活することも可能になるだろう。制度上「差異に目を瞑る、という中立性ゆえに、（中略）、マジョリティとマイノリティの間にある既存の構造的（経済・社会・政治的）・文化的ないし象徴的不平等は固定される（傾向にある）」。制度的な多元主義——理想的には「協同民主主義」としての——により、「マイノリティ集団としての自立と個人の自立の間で、建設的なバランスを見つける」ことができる。個々人にとってそれは、「本当に退出する（権利だけでなく）選択肢を発展させることであり、数多くの連帯を横断しているメンバーシップに基づくものである」。「承認の政治」によって、「個人的な信条と、公権力の制度上の分離」は解消されねばならない。なぜならば、「厳密な公的／私的区別は、歴史的に従属させられた、あるいは新たに移住してきた人々を犠牲にして、歴史的に『統合してきた』民族の文化の特権的地位を補強する可能性があるからだ」。この点について、代表的な例を使って説明しよう。フランスという国家は政教分離を前提としている。そのため、ムスリムの少女たちは、公立学校でのヒジャーブ着用を禁じられてきた。しかし、国はキリスト教の祝日を認め、強要している。中立というレトリックにより、キリスト教徒であるフランス人がもつ特権は、覆い隠されてしまう。[16]

　このような理論化は、移住者の歴史的な位置づけと国の構造に関する認識、そして、文化的な相互作用や経済的枠組みに基づいており、複雑な社会に対して学際的かつ体系的なアプローチがとられている。これにより、狭義の政治学はお払い箱にされる。なぜなら、そうした政治学では、「民族」と呼ばれる、とくに権力を有する主流集団と、その中心的組織である「国家」が研究対象とされているからだ。複雑で変わりゆく政体への体系的なアプローチは、二つの（あるいはそれ以上の）社会に限定される話ではない。複数の社会が移動によって結ばれるということは、異文化間の繋がりも続いていくということになる。

4-5 グローバルな相互依存と異文化が融合する日常

一つの国の枠組みを越えること、もっというと、一つの文化の枠組みを越えることは、地球上のあらゆる社会で日々経験されている。多くの文化が存在する社会で、人々は境界線を越える。例えば、一〇―一二世紀のイベリア半島におけるムスリム―ユダヤ教徒―キリスト教徒の社会や、一〇世紀の南アジアのムスリム―ヒンドゥ教の社会が挙げられる。一五世紀のインド洋世界では、商業目的で移動する人々によって港は接続されており、どこに寄港しても、自分たちで管理できる区画があった。一四―一七世紀のオスマン帝国は、民族・宗教的にかなり多岐に渡る人々を抱えていたが、文化を超越した政治制度と慣習を通じて、共生を制度化させた。このような社会では、共同体ごとに境界線が引かれていた。

しかし、それは通過することができる境界線で、他の共同体との繋がりは強かった。このような境界線を越える繋がりを把握するため、歴史家たちは、領土と政治に関する規範を、以前より重視しなくなってきている。そうすることで、地中海世界や、インド洋世界、伝統的なディアスポラといった相互に連結されたシステムを知ることができるからだ。ディアスポラとは、例えば、中国人やユダヤ人のディアスポラ、より最近だと、スコットランドやイタリア、ポーランド、レバノン出身の人々のディアスポラが挙げられる。経済史の研究者たちは、例えば綿と織物や穀物のグローバルな生産体制をいつの時代も扱ってきたが、そのなかには、生産者——どの地域に住んでいようと、自発的な移住者であろうと、奴隷のように移動を強制された人々であろうと——も含まれていた。

一九世紀、大西洋・インド洋・アジアの海域・太平洋を横断した移動には、出身社会の人々と受入社会に（すでに）定住した人々の間の長期的な繋がりが関係していると、認識されてきた。家庭や共同体が大海を挟んで営まれている状態は、いわゆる国民国家の時代でも当然のことだったのだ。なぜなら、移住者の九〇％、あるいはそれ以上の人々が、先に移住していった親族なり友人なりを追いかけて、加わっていたからだ。一九〇〇年頃、年間で数千万通に及ぶ書簡が、アメリカから移住者の出身地であるヨーロッパへ送られ、情報を提供した。アジアと太平洋を横断する契約労働システムで、共同体を結び付けていたのは、移住者の帰国と複数回にわたる移動だった。送金は、海を越えて家族を繋いだ。

同様のことはよく見逃されてしまうが、移住者の出身社会から移住者となった子どもへの遺産相続に関してもいえる。一八七〇年代初頭まで、アメリカから送られる資金より、アメリカへ送られる額の方がずっと多かった。移住者たちが出身国に欲したのは、花や野菜の種だった。種があれば、自ら選んで移り住んだ土地で、出身地の景観や食卓を再現できるからだ。当時の生活記録には、このような一つの文化を超えた連続性だけでなく、こういったものが次第に弱体化していったことも記されている。[17]

異文化間の繋がりは、強制的な移動では一見したところ不可能か、厳しく制限される。しかし、奴隷を所有する主であっても、奴隷が目的地まで運んできた内面化された文化を、人間の特性から奪うことはできない。奴隷と自由なアフリカ人により、黒い大西洋の多くの社会は結ばれた。インドや中国の地方出身の年季奉公人により、世界中のプランテーションで、固有の生活様式が生み出された。強制的に移動させられた人々が文字の読み書きをできないことは珍しくなかったので、手紙などでの交流は限定的だった。しかしその分、口承文化では、文字に頼らずに記憶する術がかなり発達した。ただ、歴史家がそれを追いかけるのは、楽ではない。

「国境を越える」繋がりが登場したのは、文字通り、国民国家の誕生後である。アメリカでこの概念を支持する人々は、こうした繋がりは実際のところ、一九八〇年代以降の現象だと考えている。他方、イギリスの研究者たちは、同じ繋がりを論じる場合でも、ディアスポラという、歴史的に古い概念の方を好む。この一五年間の研究では、「歴史的には、国境を越える繋がり・文化・共同体は『普通のこと』だ。この性質は普遍的であるにもかかわらず、比較的最近、国民国家が近代化を遂げている時期に、一時的に見えなくなってしまった」と示唆されている。超国家組織は、制度化された宗教であろうと、営利企業であろうと、地域を超える移住者の共同体であろうと、職人の組合であろうと、領土の境界線が引かれた国民国家の登場に先んじて、存在していた。[18]一九世紀末の労働運動や女性運動、二〇世紀末の環境保護などのような社会運動は、国境線を越えて広がることで、国境線内部に変化をもっともたらそうとした。地域を越えることが強調されるのは、アイデンティティは地域レベルで多様であることを、わかっているからだ。

研究によっては、国境と文化を越える交流を、近年加速度的に増えている遠隔通信と関連付けている。以前は、接続できてもタイムラグがあったが、今ではリアルタイムでのやりとりができるようになった。電子で送信する言葉には、写真を添えられる。祝い事は、ビデオを繋げてバーチャルに参加する形で実施できる（スカイプ）。低コストで空の旅ができるため、家族は簡単に距離を克服できる。旅費や技術上の費用が家計のやりくりの範囲に収まるなら、インド出身の中産階級の移住者とインドにいる親族は、家族行事――結婚・誕生・葬式――の席に、どの大陸に住んでいても参加できる。低所得の移住者、例えばフランス在住の西アフリカ出身の移住者にとり、出身地への乗り継ぎは、それほど厳しくはない。しかし、一九世紀の移住者は、文通――写真も添えられていることが多かった――を通して、結婚相手をみつけた。タイムラグがあっても、文通が家族の繋がりを邪魔することはなかった。異文化間での生活は、移住者の歴史の一部である。

国家を越える空間は、帰属という問題を提起する。トランスナショナルな移住者は、一九五〇年代に研究者がつかっていた言葉を用いるなら、根を持たないのか？　あるいは宙ぶらりんでどっちつかずの状態なのだろうか？　さまざまなアイデンティティ（複数形！）は関係のなかで培われ、そのなかでも個性・価値観・集団の文化といった局面にスイッチが入るかどうかは、文脈に左右される。この点を認識することで、帰属意識は複数あっても共存できる、ということがはっきりした。実際、社会関係資本を発展させ、利用するためには、帰属が複数ある方が望ましい。アイデンティティは絶対的なものではなく、柔軟性がある。特定の文脈で作動し、妥当性を帯びる。国家を構成する人々と「その他」、という二項対立は、国民国家によって強制されてきた。しかし、この対立は理論上解消されつつある。また多くの国では、市民権が人権――この概念が生まれた時から、グローバル志向であり、肌の色に依存しない――と結びつくなか、実践の上でも解消されつつある。しかし、新自由主義の経済的信条を追い求めているような国では、諸権利が剝奪されている労働力が生み出されることもある。こうした労働力は、隔離され、肌の色で識別された人々から構成される。例えば、アメリカのメキシコ人や、ペルシア湾岸諸国のバングラデシュ人が挙げられる（第6章）。

このように、特定の社会と国家、そして、それらが、国境を越える人の移動・資本の流れ・商取引・思想・価値観を通して互いに結びついている状態を体系的に考察するアプローチは、異文化融合の分析において「空間を超越する」ことで、広まってきている。海や陸を横断するだけでなく、国・地域や局所的な場を越える、つまり「グローカルな」空間として理解する、ということだ。境界線は人を隔てるが、その境界線には穴が開いており、通り抜けることができる。したがって、異なる文化が融合する空間の一つの側面を構成している。

参考文献

越境移動の歴史や研究の発展を反映させた包括的な理論的著作や論文は、存在しない。システム理論は、たいていは学際的な研究が目指されるなか、複数の領域で発展してきた。それぞれの領域で違いはあるものの、社会の発展を理解するには、専門的に掘り下げるアプローチより、全体的なアプローチが適しているとしている点で一致する。

Brettell, Caroline B., and James F. Hollifield, eds, *Migration Theory: Talking across Disciplines* (New York, 2000).
Cohen, Robin, *Global Diasporas: An Introduction* (London, 1997).
Faist, Thomas, *The Volume and Dynamics of International Migration and Transnational Social Spaces*

(Oxford, 2000).
Harzig, Christiane, and Danielle Juteau, with Irina Schmitt, eds, *The Social Construction of Diversity: Recasting the Master Narrative of Industrial Nations* (New York, 2003).
Hoerder, Dirk, "Changing Paradigms in Migration History: From 'To America' to World-Wide Systems," *Canadian Review of American Studies* 24.2 (1994), 105–26.
Isajiw, Wsevolod W., *Understanding Diversity: Ethnicity and Race in the Canadian Context* (Toronto, 1999).
Mahler, Sarah, and Patricia Pessar, "Gendered Geographies of Power: Analyzing Gender across Transnational Spaces," *Identities* 7 (2001), 441–59.
Morawska, Ewa, and Michael Bommes, eds, *International Migration Research: Constructions, Omissions, and Promises of Interdisciplinarity* (Aldershot, 2005).
International Migration Review（一九六六年創刊）は、理論的な考察や実証研究を議論するうえで最適である。二〇一〇年、人種・エスニシティ・文化変容を扱う専門誌の数は膨大になり、多くの国で出版されている。

第5章　研究への挑戦としての移民の実践

いつの時代も、越境移動する人々の生活でもっとも重要な問題が、移動に関する研究の中心にあるわけではない。どのような領域の研究でも、独自の研究動行が自ずと創られるものだ。また、研究対象からわりと距離がとられていることが多い。ただし、人類学・地理学・社会学の研究課題のなかには例外もある。第3章で示したように、研究者たちが着目したのは、特定の国への移民、あるいは、かなりまれではあるが、特定の国から流入する移民だった。他方、移民とその家族たちは、特定の国や帝国が線引きし、規制する国境線を越え、経済的に助け合ったり、感情の結びつきがあるような関係を築き、維持した。研究者には、移民を問題としてみなす傾向があった。しかし移民本人は、当然そのように思っていない。

一九九〇年代、グローバリゼーションとトランスナショナリズムの理論（3－8と4－5を参照）においては当初、国民国家の弱体化は歓迎されていた。同じ頃、仕事を探したり、友人・親族に合流するために移動を希望している――わりと短い距離での移動のこともある――人々の間では、不満が鬱積していた。それは、外国人の増加が領土に与える影響を国民国家が恐れたため、官僚主義的・法的・物理的障壁が悪化したからだ。移動を希望していた人たちが実際に動いた時、その多くは望まれていなかったばかりか、見つかってしまう恐怖に怯える「非合法」な移民や労働者になっていた。引き続き、国民国家は移民にとり、力ある存在に思えた。研究者、とくにアメリカの研究者によって、移住経験における人種の重要性がますます注目を浴びるようになっていくなか、また、多様性の称賛が多文化社会――とくにオーストラリア、カナダ、アメリカ、ヨーロッパ各地――で当たり前になっていくなかで、越境する人々の間では、人種への関心は以前より低くなり、人種・文化が自分たちと異なる人と、結婚するようになった。その結果、新旧の故郷の文化は混ぜ合わさり、文化が新たに融合した。こうして、かれらは新しいアイデンティティと家族をつくった。そしてこれにより、人種と境界線が引かれたエスニック集団という、学術界や国が基本としているカテゴリーは、否定されるようになった。

本章の目的は、移民にとって長い間重要で、また、近年研究者にとっても重要性を増してきている諸問題を検証することである。そこで問いの中心となっているのは、人種とジェンダーという二つの現象だ。さらにもう二つ、越境家族の重要性と国家の役割については、研究者は遅れを取り戻すべく、移民がながらく抱いてきた視点や経験――それらは移住によって得られた帰結である——を統合しようとしている。グローバルな分析に取り組む以上、労働市場がこれまでそうであったように、研究者は、管理・指揮する国家側の体制について、複数の国・地域に関わるものとしてみなし、分析せねばならない。

5–1 人種と移動

一九世紀後半に越境移動に関する研究が始まった当初、人種はたびたび着目され、また、人種主義的な「科学」に影響されてもいた（3–1参照）。人種に関する学術研究の多くは、北米と大英帝国に関する研究を背景に行われてきたが、[1] 越境移動との関連で人種が注目を集めるようになった背景にあるのは、英語圏での奴隷制や年季奉公、人種主義的な科学——いわゆる科学的人種主義——の遺産だけではない。人類の歴史のなかで長きにわたり、地理的な範囲を広げながら移動を繰り返してきたこと、これについての研究は、重要な問題を提起する。すなわち、人種差別という経験が、個々人及び集団のアイデンティティに及ぼす影響、文化的差異を特定の人種に結びつけること、移動する人々に関する近代的な理解は、時間的・地理的にどこまで適用できるのだろうか？

人々を人種、つまり、肌の色や遺伝的な違いとされている表面的な差異により、社会的・法的に識別することは、近代になって始まった現象のようだ。[2] 初期の研究でいつも比較されるのは、王朝や共和制的組織を有するギリシャや中国、その他「文明化された」農村社会と、住むところが定まらない、流浪の「野蛮な」隣人たちだ。このような文化的序列について、一九世紀の「科学的人種主義」の理論家であれば、人種的差異から生まれたもの、またダーウィン後の理論家であれば、適者生存の歴史的結果とみなすだろう。しかし、「文明化された」中国が「野蛮」な隣人と出会うような複雑な境界領域では、集団を識別するものは、どのような家に住み、どのような衣類を纏うのか、また、日常の文化や宗教など他の印であり、外見の特徴ではなかった。[3] 土地と資源の管理・使用をめぐって起きる戦争・略奪・暴力を伴う対立は、今日のものと比べて、期間は短く範囲も狭いかもしれないが、激しかった。しかし、世界のどの境界領域でも、双方向的な改宗・なりすまし・文化変容の事例は比較的普通にあり、問題視されなかったようだ。にもかかわらず、一九世紀、工業化と貿易によって、かつてないほど多くの人々が農村部から都市へと惹きよせられていくなか、ヨーロッパとアジアの広範囲で、農民や牧畜を営む人々の移動が、王朝の支配者や帝国によって厳しく監視される時代が続いた。都市は、その文明の次元の高さが自慢であり、また、土地に依存して生活する農民という後進的存在と都市のライフスタイルが対比された。

最近の研究の多くが注力しているのは、ヨーロッパの「白い人種」が、アメリカ・アフリカ・アジア各大陸で支配を確立するために、肌の色と結びついた人種という思想をどのように利用した——一五世紀に始まった——のか、という問いだ。世界中の人々が、白人と呼ばれる人種かその他、つまり「有色」人種として、はっきり峻別されるようになった。この区別は、人間の文化の起源・分類・評価に関する科学的——当時はそう思われていた——知見を、ヨーロッパの研究者たちが統合するなかで、広まっていった。大西洋での奴隷貿易や、南北アメリカ・アフリカ・アジア各所においてヨーロッパ人が欲した土地で原住民を征服することは、人種的差異に関する理論の開花なしには考えられないし、切っても切れない関係である。こうした理論は、仏独はじめヨーロッパの思想家によって、一八世紀に最初に提示された。新たに生まれた国のなかでも、民族的な文化が住民間で共有されている王朝が前身の場合、その多くは、定住者の誘致や、外国人が帰化して市民になれる条件を決めるに当たり、生物学上の人種に依拠した。[4] このような知見は、帝国が労働者を調達する体制や、アフリカ・アジアの土地をめぐるヨーロッパ列強の争い、南北アメリカ・アフリカ・太平洋各所で原住民を強制的に追い払って従属させる——時には徹底的な殺戮——うえでの根拠となった（2‐5参照）。中国系やその他アジア系労働者が南北アメリカやヨーロッパの労働市場へ入ってくるのを制限したり、阻むような政治的動きがあったため、こうした人々の「黄禍」としての人種化はいっそう進んだ。そのような恐怖の矛先が、人種的に劣っているとみなされた南・東ヨーロッパの白人——一九世紀後半に北米に移民しようとしていた――に向けられるのに、時間はかからなかった（2－7参照）。[5]その帰結は、二〇世紀初頭の人種理論に基づく厳しい制限と排斥だった。そうはいっても、世界中を見渡してみると、人種に関する知見はさまざまであった。例えば、国家社会主義ドイツ労働者党（ナチス党）がヨーロッパのユダヤ人を虐殺したいっぽう、他方では、アフリカ人・ヨーロッパ人やカリブ海・中央・南アメリカ各所で、移動する人々の間で混交や生物学的な混血が進み、新たな民族が誕生し、異文化に関する理論が登場したことが示唆している（2－6参照）。

　第二次世界大戦後にファシズムが崩壊し、ヨーロッパの帝国が解体されるなか、科学的人種主義に対する批判は優勢になった。そして新しい研究では、人種的差異には科学的根拠のかけらもないと主張されるようになった。[6]ポストコロニアルな状況では、植民地時代と逆の移動、つまり、旧植民地からヨーロッパへの移住が起こり、北米・オーストラリアでは、人種差別的な移民受入基準が撤廃され、南アフリカではアパルトヘイトが終焉を迎えた。そのため、かつての「白人」社会は多人種社会へ変貌した。それは以前、「黒」や「茶色」だった社会が、植民地化の過程でヨーロッパから来た移住者を通し、多人種社会になったのと同様である。そして一九七〇年代以降、「ホワイトネス研究」や「サバルタン研究」が登場するようになった。[7]「人種」は社会的構築物として理解されるようになり、多様な人種が白黒二元論へ単純化されることもなくなった。今日の陳腐な表現に反して、

「黒」は否定的なものとしてのみ、認められてきたわけではない。例えば、「雪のように白く、黒檀のように黒い」(西ヨーロッパ)、「雪のような白さ、漆器のような黒さ」(中国)という表現に、好意的な姿勢が表れているのではないだろうか。

とはいえ、世界の他の地域、例えばインドでは北部と南部の人々、中国人と日本人、ラテンアメリカ各国の人々の間では、肌の色による区別と人種化は、甚大な影響があった。[8] 大英帝国のなかでも、白人の植民者がかつて住んでいた国々では、文化的差異や多文化主義に関する議論において、人種に対する古い知見が浸透していることが多い。さらに、人種差別に基づく排斥や恐怖の痕跡は、移住者としてのアイデンティティと、現地生まれの人々との日々の交流のなかに、今なお残っている。このアイデンティティは、昔の移民政策において、移住者が国境線上で経験した人種差別に対抗しながら、形成されたものである。また、現地生まれの人々が外国人に抱く恐怖は、人種の混交に対する懸念により、悪化しうる。こうしたことが特に該当するのは、人種混交の禁止や現地生まれのマイノリティ——例えば、アメリカの元奴隷やオーストラリアのアボリジニ——を人種的に望ましくない存在として、物理的隔離を長く行ってきた国である。移住者は、人種的差異という非合理的なものに対し、ことさら敏感なことが多い。そして中には、受入社会の人種に関連する習慣を、表立って批判するようになる者もいる。なぜなら、かれらは多様性というものを、そして、人種を識別することの原点が、科学的というより文化的であることを、出身社会で経験し、知っているからだ。

5-2 ジェンダーと移動

いくらか似た例を挙げよう。移動する人々の間で、ジェンダー関係はどのようになっているのか。この点が認識されるなか、これまで女性の移住者の表象や活動に対する理解が乏しかったこと、移動自体が性別によって異なる経験であることに対する理解が不足していたことに、注目が集まってきている。一九世紀、大西洋を横断する移動では、女性は全体の五分の二を占めた。一九三〇年代以降は、半数よりやや多いくらいだ（2-9参照）。かのじょたちは、自分のネットワークを使って動くことが多かった。しかし、未婚男性が結婚のためにパートナーを連れて行くこともあった。文通で結婚に至ることもあった（「メール・オーダー・ブライド」）。太平洋を横断する移動では、文化の影響により、女性の割合は特に低かった。日本やフィリピンからの移住者は、家族を形成した。時には、写真の交換だけで結婚することもあった（「写真花嫁」）。中国から来る移住者がつくったコミュニティでは、男性が圧倒的多数を占めていた。というのも、帝国と入国関連の諸法により、女性の移動が制限されていたからだ。

今日、国連のデータによれば、女性は男性並みに国境を越えて移動している。多くの場合、仕事を求めての移動である。[9] 世界には、労働力を海外から輸入している地域があるが、そうした地域へ流入する移民の大多数は、女性である。その背景には、サービス部門の発展や、電子機器産業と「軽」工業の興隆がある。豊かな社会では、女性は職業上の平等にある程度達しているいっぽう、国家の資源が不十分なため、若年層・高齢者・病人にじゅうぶんなケアが提供されていない。それどころか、ネオリベラリズム的イデオロギーのもと、削減されている。そうした社会では、国内で「助け」を求める声は急速に大きくなってきているだけでなく、需要も、清掃業からケアの提供へと変わってきている。幼児や小さい子どもを育て、高齢者を介護するのは、異なる文化的背景を持つ女性の移民だ。[10] 受入社会の家庭で、かのじょたちは重要な役割を果たしている。こうした存在は、一つの国への社会化は自動的に進む、という考えに疑問を呈す。海外で稼いだ賃金が送金されることで、国の経済だけでなく、「故郷」に残る家族も支えられている。例えば、フィリピンやバングラデシュ、ラテンアメリカ諸国などが挙げられる。

今日、移動する人々の男女比はもっと均衡がとれていることは、研究者も認めている。と同時に、一九世紀以前、移住者の間でのジェンダー関係については、ほとんど知られていない。パトリック・マニング（Patrick Manning）が発表した類型論では、時代・場所を越えて（2－1参照）、異なる共同体を行き来する人々の間では、男性が優位、とされている。マニングはこうした移動を、世界史において対立や和解を駆り立てるもの、つまり、変化の原動力としてみている。こうした考えは物議を醸したが、一九世紀にE・G・ラヴェンシュタイン（Ravenstein）がした主張を彷彿させる。つまり、イギリスの国勢調査の結果から、短距離に限っては、男性より女性のほうがより移動していることを暴いたのだ（3－1参照）。ラヴェンシュタインにとっても、男性は長距離移動にとくに長けた存在ということになる。この主張が当てはまるのは、国境を越える長距離移動に関してのみ、ということは明らかだ。なぜなら、アメリカやブラジルのように領土が広大な国では、女性は男性同様、非常に長い距離を移動する傾向にあるからだ。

3－4では移動の類型を提示したが、それが性別によって異なることを、どのように理解したらいいのか？　この点について、研究者が検証を始めたのはもっともなことだ。女性、とくに子どもの場合、多くの社会で、移動に際して男性以上に制限されることは、確かである。それゆえ、自由に移動する、というわけにはなかなかいかない。流入・流出する人々に対する国の政策には、ジェンダーに関する社会的理解が往々にして反映されており、女性が移住者として他国へ移動する権利が制限されていることもある。[11] データによれば、難民が発生する危機的状況では、女性と子どもが大勢含まれる越境移動が起きることが多い。というのも戦争は、ほぼ男性専門のものだからだ。政治的暴力に特有の死亡率の高さも、同様だ。さらに最近では、同伴する大人がおらず、子どもだけで危険地帯から自力で逃げざるをえない。[12] これは、第一次世界大戦とそれに続く内戦で、ロシアの家庭が壊滅状態にされた時と同じである。これまでの越境移動において、また、移動の連鎖や国／地域を越えて形成される家族において、男女比がどうなっていたのか、移動が家族単位で行われていたのか、それとも個人で行われていたのか、そしてその比率に対し、いっそう注目していくことが、とくに重要だ。

実際、多くのフェミニストの研究者たちは、ミクロからメソ、そしてマクロなレベルに至るまで、人の移動をジェンダー化された経験として捉えることを求めてきた。[13] 研究者たちは、家庭や家計におけるジェンダー関係の変化にかなり前から注目していた。そのうえで、家庭内での意思決定や義務がどのように移動の流れを作っているか検証し、越境移動の目的地を選ぶうえで、ジェンダーが重要な要因になっていると、指摘してきた。しかし、選択という範囲を超えて、ジェンダーは越境移動の構造を連綿と作り続けている。女性に特別な制約が課せられるような送出社会では、女性はそこから逃げたくなる。例えば、強制的な結婚が挙げられる。また、女性が移住先の社会について、賃金獲得・結婚・教育の点で、より多くの選択肢があると想像したり、実際にそうであることを知っている場合。ジェンダー比率はまた、移住者を受け入れる地域の文化をも変える。移住者の大多数が男性で女性が少ない場合には、結婚やセックスの相手を探す場は、自分たちの文化の外側になる。それゆえ、混交したアイデンティティが生まれ、外国人のコミュニティと現地のコミュニティの間で、調整や和解が始まる。このような状況では、どちらの共同体でも、女性は富や権力を確固たるものにする計画を遂行しつつ、文化的仲介者にもなりえる。多くの研究者の主張によれば、男性のみの越境移動では、コミュニティ形成はうまくいかない。似たような背景をもつ女性が到着してはじめて、定住化や文化適応、コミュニティの諸制度の形成が始まるのだ（皮肉なことに、出版のように男性が独占してきたような制度でも）。男性や女性が大挙して国外へ移住することが社会にもたらす影響・旅程の計画・越境を管理する国境線やルールの重要性は、経済的・文化的・社会的適応のプロセス・政治参加・個人や集団の新たなアイデンティティ形成と並んで、ジェンダーによって経験が異なる可能性があるものとして、研究できる。[14]

とくに越境移動する人々は、人種のカテゴリーが文化によって異なること、また、人とやり取りするさいのエチケットも人種ごとに違っていることに、気付いていることが多い。同様に、移動する人々は性別問わず、ジェンダーに関するイデオロギーや習慣が違うことを、身に染みてわかるようになる。その違いは、親密圏や公的生活に影響する。その範囲は、交際や子育ての決まりごとから、特定の賃金労働で業務をもっとも効果的かつ効率的に「自然と」こなせるのは男女どちらか、という期待にまで及ぶ。男女どちらでも、去った社会が規定するジェンダーのあり方にしがみつくこともできれば、新しい社会の習慣に適応することもできる。どちらにするかは、結婚・家庭・教育・キャリアを自分の力で作るにあたり、有利かどうかに左右される。移住者が流入する国の多くでは、賃金労働は移動する女性にとり、解放を意味していた。と同時に、こうした女性は恐れも抱いている。労働目的で故郷を後にしたため、家庭のなかで母として・食事を提供する者として振るえた権力を失ってしまうのではないかと。

結婚という古い習慣と、それよりは新しいロマンティック・ラブというルール。性別問わず、子どもが自分の力で家庭を築きたいと願っている時、どちらのほうがより多くの安心と喜び、あるいは力をくれるだろうか。いずれの場合でも、移住者の家庭において、ジェンダーと世代から生じる緊張をほぼ必ず生み出している。定住するより移動する人々のほうが、ジェンダーに関するイデオロギーの要素や、二つ以上の文化の習慣を観察・実験・拒否・適応・混ぜ合わせることができる。同様に、近年の研究で明らかになったことだが、文化的境界線を越える移動により、人間の性に関する習慣が自然かつ生物に由来すると称されていたことだけでなく、男女というカテゴリーそのものが疑問視されるようになった。[15] 容赦ない対立と途方もない差異、そして創造性は、移住者の経験の一部であることは確かだ。しかし、送出・受入社会のゲイ・レズビアン・バイセクシュアル・トランスジェンダーあるいは「クィア」のコミュニティにおいて、移住経験がある運動家たちが、日常でのこうした経験に注意するよう呼びかけるまで、研究者はほとんど検証してこなかった。

5-3 国を越え、地域を越える家族

一九九〇年代の大半をかけて、社会科学者はトランスナショナリズムの新しさを主張し続けた。しかし、歴史学者からは反論され、抗議の声はますます大きくなっていった。歴史学者によれば、今日のグローバル化時代と、一九世紀末から二〇世紀初めにかけてのグローバル経済・越境移動・情報と商品の流れには、類似性がある(3-8と4-5を参照)。携帯電話や衛星、インターネットなど、新しい技術の形によって、愛する人々と離れて暮らす移住者のコミュニケーションや、移住者のアイデンティティ、政治的忠誠心は、大きく変わったのだろうか? この問いは、検証に十分値する。同様に、手紙・新聞・送金など、昔のコミュニケーションの形態と移住者とネットワークを結び付けるイメージも、検証すべきだ。少なくとも、国を越える結びつきの意味や、強度について疑問があがったり、議論されている以上、社会科学者と歴史学者の間で学際的な対話を行うことが重要なのではないだろうか。

これがもっとも当てはまるのは、越境移動と人間誰しもが負う義務——結婚・出産・育児を通して再生産を行う親密な集団を形成する——の関係性を理解しようとする時だ。越

境移動は往々にして、誰でも選択できることではない。そのため、移動の結果、家族や家計がバラバラになることもある。だからこそ、コミュニケーションをしようという気になるし、社会の絆の基本となる家族や、愛情に基づく絆、そして経済的交換・団結・相互扶助を通して家族という形を存続させるために、さらなる越境移動が起きることもある。家族を構成する母・父・息子・娘・兄弟姉妹・いとこ・甥や姪・叔母・叔父・祖父母・孫の視点からみると、越境移動に伴う感情的・社会的別離は、グローバル化時代の今日と比べ、一九世紀の方が新しいというわけではなかった。それでも、こうした別れであったり、遠く離れていても家族の絆を維持しようとしたり、再生産しようとする営みのすべてを、トランスナショナルなものとしてみなす、というわけにはいかない。なぜなら、こうした営みは、国民国家が世界中で人間の生活や地理を支配するようになるずっと前から、存在していたからだ。ギリシャ古典時代の都市国家や近代初期の頃のマレーシア、あるいは一八世紀のジェノヴァから生まれた商人のディアスポラが栄えることができた大きな理由は、このディアスポラが、経済的・社会的・文化的・感情的に結ばれた親族のネットワークだったからだ。こうしたネットワークは、長距離かつ長期に渡って、続いていることが多い。このような家庭で個々人は、いくつもの社会のルール・言語・期待に影響されながら、生活を営んだ。ただし、必ずしも王朝や国民国家が影響を及ぼしていたとは限らない。

越境移動がとくに影響を及ぼすのは、親子関係と夫婦関係だ。遠方に住む父親は、子どもたちにとって、他人になってしまう。今日のように多くの母親が移動する場合、残された子どもたちの世話をするために、親族関係が数十年のスパンで再編成されうる。父親や夫は、他国へ行った母親が残した家庭内の役割と、「母として育てる」という感情的な役割を果たせるかもしれないし、駄目かもしれない。[16] 移動した娘や姉妹、義理の娘の代わりに、祖母や親族の女性が子育ての主な担い手になることもある。また、例えば今日のフィリピンでは、越境移動した親が父・母のいずれかにより、子の経験は異なってくる。目的地の社会でも、移住者の価値は、ジェンダーによって、異なる観点から評価される。そのなかで、子育ては親の責任として評価されることもあれば、されないこともある。今日の移住者の大多数は女性と子どもであるという発見は、米労働省によって公にされた。さらに、労働経済学者たちはこのデータを、アメリカへ移動する人々の「質」が低下している根拠として解釈し始めた。[17]

ほとんどの社会では、働き口の紹介・経済的生産・消費の基礎となる単位を成しているのは、家族や世帯である。その家族の理解や対立は、移動に関する決定に反映されていることが多い。何をめぐる理解・対立かというと、資源・賃金・ビジネスチャンスを遠方で探すうえで、誰であれば、家庭の日常から離れても支障が一番少ないか、という点についてだ。時として、それは独身の娘か息子に託される。替えが簡単に見つかりそうだからだ。あるいは、成人した大人の場合もある。たいていは父親だ。なぜなら、移動先で一番稼げそうだからだ。経済的な観点からすると、こうした人が移動するのが、もっとも賢い選択だ。性別と年齢により、想定されている労働や、適切な仕事は異なる。これは、家族と離れて誰が移動するのか、また、残された側として誰が別れを経験するのか、ということに甚大な影響を及ぼす。[18]たいていの場合、移動していった人が担っていた労働については、残った人々が時間とエネルギーをこれまで以上に費やして、穴埋めをしなければならない。実際のところ、移動する人々が解決するなり、手配するなり、やっておかなければならないことは、複雑だ。財産の管理や高齢の親族の介護、出発すらしていないのに、金銭的援助や帰国の約束をすることもある。家庭内におけるジェンダーと年齢をもとにした優先順位――親が子にかける期待、子どもの賃金のお零れに与かりたいという父親の願望、結婚の持参金に関する娘の希望――は、出発のタイミングや選択、パタンを大きく左右する。例えば、短期なのか長期なのか、戻ってくるのか永住するつもりなのか、遠方か近場か、など。別の方法として、家族ごと移動する決断を下すこともある。ただし、移動に伴うコストは確実に増える。しかし、目的地に着いてから農業（個人よりも家族の労働を必要とする典型）で生活するつもりであれば、家族での移動が、海外で生き残る唯一の道になるだろう。

今も昔も、越境移動が家族にもたらす経済的影響は広く認識されている。金やモノは、故郷を去った者から、故郷へ残してきた人々へ流れることが多い。これは、越境移動の流れと逆である。こうした「送金」があるからこそ、将来の移動や、目的地の社会で家族が再統合するための資金が集まることも多い。時には、送出社会に残された子どもたちの結婚や将来の家族計画を確かなものにするための投資として、送金されることもある。送金された現金の一般的な使い道としては、土地・小規模なビジネス・よりよい住環境への投資が挙げられる[19]。送金により、消費はさらに増えるかもしれない。とくに、移住者が帰郷するか、家族が住む地域の共同体では手に入らないような商品の情報や入手方法を提供している場合には。したがって、送出社会における衣食住に関する考えは、相当離れているかもしれない地球上のどこかで、消費に影響する可能性はある。

家族と越境移動に伴う別れを研究するためには、研究者は経済や労働に関するやりとりに注目するだけでなく、感情や感性・セクシュアリティが、移動する人々にとって複雑な重要性を帯びていることを認識しなければならない。昔の家を恋しがるにしても、新しい家を作ることに感情をつぎ込むにせよ、ディアスポラ的アイデンティティの形成の基盤となるだけでなく、国家／地域を越えるネットワークが家族を通してゆっくり、そして数世代にわたって再生産されるうえでの土台となる。離れ離れになった者同士のコミュニケーション手段は、初めは、移住者が帰郷に伴って個人的にメッセージを伝えていた。それから手紙へ、電話へ、Eメールへと変わってきた。そのなかで、越境移動の戦略として、愛情を表現したり求めたりすることも、変わってきているかもしれない[20]。移動するか否か決めるうえで影響があるホームシック・現金の送金・将来の移動に備えた資金集めについては、研究があまりされていない。配偶者・恋人・他国に住む母や父、あるいは子どもを恋しく思う気持ちは、移動した人々の海外での暮らし方や、送出社会に残り、移動しなかった人々の暮らし方を大きく左右する。送出／受入社会のいずれかへ、国民として、また政治という点で忠誠を誓えるようになるか否かは、感情に懸かっている。戦争が起きていれば、移動した人々のなかでも特に男性は、兵士となり、自らの命を賭して戦うことで、忠誠心を証明せねばならない。忠誠心の有無はこうした時、はっきりする。そのような場合には、流入あるいは流出した人々を多く抱える国の政府が、家族の安寧と「名誉」を守るという比喩を使って援助を求めていくのは、言うまでもない。感情と国民形成は切り離せないこと、そして移動する人々は、自らナショナル・アイデンティティや国籍の変更を戦略的に決めていることについて、研究者はこれまで以上に注目すべきだろう。[21]

5-4 国家再考

個人的なことと政治的なことのこのような関係は、次のことを示唆している。すなわち、時として、国際移動を専門とする研究者より、移動する人々の方が、政府を深く認識――

そして恐れも抱いている――しており、影響力があると考えている。越境移動の研究は、移動する人々を分析することから生まれた学問領域である。移動する人々を分類・規制し、影響を与えようとする政策が起源にあるのではない。そうはいっても、人の移動という普遍的現象に直面している政府としては、政策を発展させねばならなかったし、研究者たちも、「流入する移住者」「流出する人々」「難民」を研究するなかで、国民国家の視点を選ぶ（そして国が生み出す膨大なデータを用いる）傾向にある。研究者たちは、国境を超えるディアスポラ的な、あるいは広大に広がる移動する人々のネットワークを検証することで、国ごとに境界線が引かれる研究の「専制」から逃げようと、模索してきた。そのなかで、国家が越境移動に対して長きにわたって行使してきた権力を、軽視することもあった。このような権力は、移動する人々のカテゴリーの増殖から、明らかである。人の移動という複雑な現象を管理・統治するため、国家は次のように区別していることがある。旅行者・移民・「ゲストワーカー」・留学生・戦争花嫁・「不法移民」・難民・亡命希望者・住む場所を失った人びと・「在留期間を超過して滞在する人々」や「不法滞在者」・永住者・デニズン・旅行者・外国籍の者など。これらは、移動する人々に付けられたレッテルの、ほんの一部分にすぎない。

政府の役割は、近代世界においてもっともよく理解されている。とはいえ、第2章で説明した通り、一七〇〇年よりかなり以前の段階で、都市国家・王朝を擁する政府、そして古典的な帝国においてすら、今日であれば移民政策と呼ばれそうなものが発展していた。こうした政府は、征服した土地で、大量の労働者を動員したり、奴隷を探したりした。そして、自ら支配する領土以外でも影響力を広めたり、労働者を捕まえるため、商人・冒険家・征服者たちに資金を与えた。また、住民と貿易品を確保するため、外交官を送り込んだ。中国の万里の長城は、遊牧民の侵略を防ぐために建設された。国家はまた、マイノリティが盾突けば、追放した。エルサレムの第二神殿の破壊で始まったユダヤ人のディアスポラは、このような人間の大量脱出の一例に過ぎない。

人の移動に対する規制は、過去一五〇年にわたり、国民国家がとくに関心を寄せてきたことである。[22] 国民国家は次のような前提に基づいてできている。すなわち、文化的な集団、つまり民族は、自治し、自民族の土地を占有している状態でこそ、もっとも平和に暮らすことができる。にもかかわらず近代世界では、ほぼ至る所で、領土に二つ以上の文化的な集団が住んでおり、互いにやりとりがあるのが常である。国民国家が統治のために、同質的な集団を作ろうとする時には、エスニシティ・宗教ないし「人種的」マイノリティや大量移民に反対する政治的キャンペーンを、何度もしかける。この現象は今日、場合によっては「民族浄化」と呼ばれている。しかし、自分たちにとっては妥当な文化的実践を行っている「他者」集団を追放したところで、社会は「よりきれい」になるのだろうか？ 一九一〇年代、多くの文化が混在するオスマン帝国が、単一の文化のみ擁する近代国家、つまりトルコ・ギリシャ・バルカン半島諸国へ解体されるなか、大量の「人口移動」が起きた。一九四七年にパキスタンとインドの間に国境線が引かれたことは、二つ目の例として挙げられる。また近年、中東やアフリカでの国民国家形成と、国家建設に伴ってたびたび起きる政治的暴力により、両地域では難民が突出して多く発生している。さらに、難民が避難・保護を求める場としても目立っている。

グローバリゼーションが進むなか、実際のところ、国家は人口確保のために競う[23]。しかし、人口への欲望は、移動を奨励するだけでなく、抑制もする。そのため、移動を希望する人々が直面するハードルは、下がるというより、上がってきている。一九世紀、多くの国、例えばロシア・中国・ドイツの諸国家では、流出する人々に課税したり、越境移動を犯罪・反逆・背信行為とみなす法律を制定したりして、国外への移動を防ごうとした。同時に、南北アメリカで生まれた新しい国民国家は、新たに到着した外国人が比較的簡単に帰化する、つまり国籍を選べるようにすることで、人の流入を奨励した（着目すべきは、「帰化する（naturalize）」という言葉が前提としているのは、国籍獲得前の移住者は、「不自然な存在（unnatural）」ということだ）。このような国々では、それぞれの領土で生まれた外国人の子どもに対し、自動的に国籍を与えるのが一般的である（出生地主義と呼ばれる国籍付与の原則）。同じ頃、一九世紀に国際移動する人々の割合が増えるにつれ、ドイツ・イタリア・中国のような国々は、国籍ないし市民権の法律を変更し、祖国を後にした人々（と往々にして国外で生まれたかれらの子孫）に対し、出身国での国籍を維持したり、再請求することを認めるようになった。領土外にいる自国民に手を伸ばさんがための国の主張であり、上からのトランスナショナリズムともいえる。血統主義（血統による帰属）の場合は、国外へ移動しても、出身国の国籍維持が認められていた。あるいは、維持を強要されていた。今日、膨大な数の国民が流出している国、例えばイタリア・メキシコ・中国なども、「自国からの移住者」との関係を維持しようとしている。方法としては、政府が資金提供する文化的・政治的プログラム、不在者投票の実施などが挙げられる[24]。そのため、ドミニカ共和国で選挙に出馬する候補者は、ニューヨーク市に住む自国出身の移住者向けに、政治キャンペーンを定期的に行っている。他方、国家はますます統合されていく世界経済において、二重国籍――国籍や越境移動に関するルールが変更になる際、二重国籍が採用されることが多々ある――が脅威と利点のどちらになるのか、思案している。

一九世紀までに、多数の外国人を受け入れていた国では、越境移動の人種的・社会的・文化的影響が疑問視されるようになっていた。そして、国境線管理どころか越境移動の制限すら、国家主権の基本だと主張し始めた。越境移動の制限と規制としては、例えば、中国人労働者・無政府主義者・重婚者・身体に障がいのある人々に対する入国禁止が挙げられる。こうした制限・規制は、オーストラリアからアルゼンチンに至るまで、移住者受入の長い歴史がある国で、急増していった。どの政府も、入国希望者が健康状態と経歴に関する検査を受けることを、必須とするようになった。また、パスポートやビザも求められるようになった。こうした制限は、第一次世界大戦後に最高潮に達した。そのようななか、政治的・民族的・宗教的抑圧から逃げようとする人々は、亡命先の選択肢が、かつてないほど少なくなっていることに気がついた。第二次世界大戦後になると、労働者たちは国境を越え、西ヨーロッパ諸国や、恵まれた石油産出量で新たに豊かになったペルシア湾岸諸国へ移動できるようになっていた。ただし、帰国が要件となる短期ビザのみで。こうして、今日の近代世界でもっとも忌み嫌われる存在、つまり、「不法移民」「不法労働者」「いわゆる亡命希望者」が、生み出されることとなった[25]。かれらは、戦略だったり、命の危険ゆえに、移動を規制する法律を破る。複雑かつお役所的になりすぎた越境移動のルールについていけず、さまざまな条件や要件を満たせなかったり、移動先での生活に必要な書類一式の所在がわからなくなってしまった人々だ。

国民国家から構成される世界において、越境移動は国際関係でますます焦点になってきている。一九世紀を通してアメリカは、外交手段を繰り返し使い、出国を禁じる法律を廃止するよう、世界各国に呼び掛けていた。できたばかりの国際連盟（一九二〇年代）も国際連合（一九四〇年代後半以降）も、複雑な問題に対処するうえで模範となるような実践を検証・提案するために、新しい専門機関を創設した。問題とは例えば、国境線変更により無国籍状態になってしまった人々への対応や、難民・亡命希望者の定義、移動する人々の

「人権」概念などが挙げられる。時として国民国家は、必要な輸入品と引き替えに（イタリアであれば石炭）、労働者を雇用・あるいは「配達する」よう、他国とじかに交渉することもある。例えば、一九四〇年代初頭のアメリカとメキシコ、一九四〇年代後半のイタリアとベルギーのように。同様に、国籍・帰化に関するデリケートな問題についても、協議が何度か行われている。

一九四八年の国連の世界人権宣言では、帰属していた国を離れる権利・戻る権利が謳われている。しかし、離れる権利に付随するはずの、他国の領土へ入る権利は作られなかった。そのため、離れる権利は事実上、国境線のフェンスで終わっている。入国は、国家主権を構成するものとして残ったのだ。そして今日、世界中のほとんどの国において、外国人を領土へ入れる条件は慎重かつ綿密に決められている。とくに現在、経済的グローバル化が進んでいるなか、男性労働者・女性労働者への需要が急速に変わってきており、欧米からほかの地域への生産拠点の再配置が進んでいる。その結果、非合法かつ不安定な状態で暮らす人々が数多く生じており、増える一方である。また、人身売買・搾取・「文明の衝突」に関し、世界中で議論がなされるようになり、ますます白熱している。ほとんどの国民国家が模索しているのは、移動する人々の「問題」を一方的に解決することである。入国や外国人の権利を規定する法律は、二カ国間条約や国連本部で決められるのではない。各国の首都で決定される。ＥＵ設立により、加盟国間は自由に移動できるようになった。

他方、別の地域でEUに相当するような国家連合、とくに北米自由貿易協定（NAFTA）のもとで認められたのは、人の自由な移動ではなく、商品と資本の自由な移動のみである。メキシコ人の労働者のなかには、アイオワで育てられたトウモロコシの輸入によって、農村で居場所を失った人々もいる（トウモロコシは、在米メキシコ人労働者たちの腹を満たすべく、トルティーヤとして再輸出されることになっている）。こうした人々に認められるビザは、年間わずか五〇〇〇件だ。一九九〇年代には、NAFTAが掲げる「自由貿易」の帰結として、アメリカへの不法入国者が急増することとなった。越境移動に関しては、暗黙のうちに足かせが嵌められているが、「自由貿易」というスローガンのもと、多くのものが輸出されている。そのため、輸入する側の社会では、多くの人々が強制退場させられている。結果として、将来の移民予備軍が飛躍的に増えることになる。

移動する人々の視点や生活に正面から切り込むことは、人種とジェンダーの重要性、そして国民国家の巨大な権力に焦点を合わせることにもなる。そしてこの二〇年、こうした問題はそれぞれ、幅広い研究で取り組まれてきた。移動する人々が、生きていくうえで何らかの選択をする時、グローバルな視点に立って決断することは、ほぼいない。しかし、かれらが出会うことになる国家権力は、違う。グローバルに考えているだろう。実際のところ、社会や国が相互に繋がるなかで、越境移動のいくつかの体制が緩やかに共有され、変化を重ねていくことは、さまざまな場面で想像できる。こうした体制は、移動する人々によってのみ、大まかに把握されえるものかもしれない。しかし、グローバルな歴史や世界史の研究者たちは、より注目するようになってきている。政治学では、主権を有する国民国家――越境移動の管理を通して国境を今日守っている――という、現在の国際的な体制が焦点化されてきたが、過去の越境移動の体制について、まったく取り組まれてこなかったわけではない[26]。

参考文献

Fredericksson, George M., *Racism: A Short History* (Princeton, NJ, 2002).

Gabaccia, Donna, Katharine Donato, Jennifer Holdaway, Martin Manalansan, and Patricia Pessar, eds, "Gender and Migration," special issue of *International Migration Review* 40.1 (2006).

Green, Nancy, and François Weil, eds, *Citizenship and Those Who Leave: The Politics of Emigration and Expatriation* (Urbana, IL, 2007).

Hirschman, Charles, Philip Kasinitz, and Josh DeWind, eds, *The Handbook of International Migration: The American Experience* (New York, 1999).

Liu, Haiming, *The Transnational History of a Chinese Family: Immigrant Letters, Family Business and Reverse Migration* (New Brunswick, NJ, 2005).

McKeown, Adam, *Melancholy Order: Asian Migration and the Globalization of Borders* (New York, 2009).

Palriwala, Rajini, and Patricia Uberoi, eds, *Marriage, Migration and Gender* (New York, 2008).

Sharpe, Pamela, ed., *Women, Gender and Labour Migration: Historical and Global Perspectives* (New

York, 2001).
Torpey, John, *The Invention of the Passport: Surveillance, Citizenship and the State* (Cambridge, 2000).
Zolberg, Aristide, *Nation by Design: Immigration Policy in the Fashioning of America* (Cambridge, MA, 2006).

第6章　二一世紀のはじまりにみえてくるもの

越境移動の歴史は、ますます学際的な領域になりつつある。こうした研究では、社会学や人類学の研究が、経済情勢や政治体制と接合されている。政治学者たちによる市民権についての論考は、どんどん増えてきている。より直近では、「帰属と定着」、包摂と排除、パスポートと入国法についての考察も、ますます多く発表されている。そこで分析されているのは、多元性・多様性・多文化的な相互関係、そして、さまざまな文化を適応させている構造である。こうして、包摂と平等に関する新しい調和的な見方が、政治思想の領域で発展し始めている。他方では、新自由主義的な市場のモデルが、経済学者によって社会全体に押し付けられるなか、持続不可能な経済体制ゆえに、大量の越境移動が起きている。二〇〇八年初頭に始まった食料危機は、まさに代表的な例である。食料価格の急激な高騰ゆえに暴動を起こすくらいなら、一時的、あるいは永久に他国へ移住することを考えるだろう（考えざるをえない）。もし、国や国際金融機関の管轄になっている経済組織からの援助がないのであれば。人文学では、詩や小説・音楽・その他芸術の多義性について研究が進むなかで、分析方法が鮮やかに一新された。研究や分析は、一つの領域を超えるようになってきている。その背景にあるのは、多様性が称揚されていた時代が、異文化間での結婚・メディア、その他の表出に見られるような融合の時代へと移りつつある、あるいは補完されつつあることだ。また、マイナスの側面としては、外国人を狙った暴力や排他的な活動が近年増えてきていることから、ガバナンスのさまざまな問題が明るみになってきていることが挙げられる。

労働力の流動性と並んで、難民の越境移動に対する世間の関心は高く、研究でも注目度が上がってきている。難民研究は、独立した領域になりつつある。[1]というのも、避難中にトラウマを抱えた人びと——女性であれ、子どもであれ、男性であれ——に移住後必要な対応は、自発的に移動した人々が必要とする対応とは異なるからだ。また、ほとんどの国では、難民受け入れの法的枠組みが、自発的移民を受け入れる場合のルールとは異なっているためでもある。政治経済学者や批判的な立場に立つ経済学者たちは、豊かな国と発展途上国の格差が、世界中でますます開いてきていることを分析している。この格差拡大は、肌の色によって世界中の人々が分断されていることにも表れている（6－1参照）。移住者を受け入れている社会では、文化の多様化が進んでおり、差異に対する敬意だけでなく、規範と価値観に関し、共有できる枠組みを作るための方策についても議論されている（6

―2参照）。移動する人々は、大人も子どもも、出身地・受入先のどちらの文化でも、他者との関係を結ぶなかで、自分探しをせねばならないという問題を抱えている。支配的な規範や習慣はかつて、ナショナル・アイデンティティを身に着けることを求めた。かれらは、こうした時代遅れのマスター・ナラティブに従うというより、複数の自己意識と帰属に折り合いをつけようとしている。それは、これまでの移住者が、異なる政治・ディスコースの枠組みのなかで行ってきたことと、同様である（6―3参照）。

6―1　現代におけるジェンダー化・人種化された労働と難民の移動

移動する人々の大多数は、豊かな「北」の国へ向かう、と過激な政治家や多くのメディアは示唆しているが、実際は異なる。世界の越境移動について、われわれは次のように区別している。（1）発展途上国間あるいは「周辺」間での越境移動、（2）豊かな世界のなかでの越境移動、（3）豊かな国と発展途上国という広大な地域を横断する越境移動。ただし、両国はグローバルな経済システムにおいて統合されている。越境移動が起きる主要地域（2―9参照）では、経済発展が偏っているため、地域内での移動が起きる。例として、北アフリカのフランス語圏やヨーロッパ南部・南東部からヨーロッパ西部・北部への移動、十分な財力のある退職者によるアメリカのサン・ベルトやメキシコ・カリブ海諸国への移動、貧困に喘ぐジンバブエから南アフリカへ逃げるための移動、東アジアの農村地帯から「四頭の虎」と呼ばれる国、例えばシンガポールや韓国などへの移動が挙げられる。インド・中国・ブラジルといった新興工業国の社会では、国内での農村‐都市間、都市間での移動が高い割合でみられる。これまでと同様、人々が移動していくのは、固有の人的資本・スキルの有無・言語・日常的な習慣の折り合いがついて、所得に結びつくような、あるいは少なくとも、食うに困らない立場が得られるような経済・文化がある社会だ。はじめのうちは、その国の住人が労働市場で避けているニッチにしかない場合であっても。

グローバルな格差は、かつてないほど広がっている。その主な理由は、豊かな国や世界的な影響力をもつ金融機関が強要する、グローバルな貿易の条件である。こうしたなか、越境移動が起きる可能性は高くなる。世界銀行のデータを基にした国連の『人間開発報告書』によれば、世界人口のうち、最も豊かな上位五分の一は、もっとも貧しい五分の一より、六〇倍も豊かな暮らしを送っている。この差は、一九六〇年代と比べて二倍になっており、開き続けている。[2] 人で考えてみると、毎日四万人の子どもと大人が、飢え死にしている。工業国のペットのほうが、貧しい国の子どもたちより、いい食事を与えられているのだ。アメリカだけでも、四〇〇億ドルがペットに費やされている。同じような状況に置かれた親たちは、この数世紀にわたり、越境移動を選択してきた。[3]

労働市場へのアクセスがグローバル化し、速い移動手段を簡単に利用できるようになったことから、二種類の移動パタンが派生した。第一に、生産設備が、豊かな国から低賃金の国へと移った（昔のように、労働者を生産設備に縛り付けるというのではなく）。第二に、労働・技術の移転における始点と終点で、個人ないし家族で製造に携わっている人々は、製造業が衰退している土地を去るか、新たに投資されている地域に移動するか、いずれかを余儀なくされている。資本家たちが企業をグローバルに稼働させる体制をとることで、労働者たちは各地で職を奪われている。こうした人々は、流入する移住者たちが視界に入るがゆえに、自分たちの鬱憤を晴らす対象としてしまう。そして、「視界に入ること」は、新たな人種化を示唆している。しかし、学際的で包括的な研究は、ほとんど行われていない。政治経済学では、こうした構造が研究されている。社会学・人類学では、人がどのように考えるのか、検証されている。ソーシャルワーカーは、こうした帰結に対処するため、データを集めようとする。一九世紀後半のヨーロッパのように、世界中場所を問わず、家族経営の農場はどこも経済的に立ち行かなくなっていることもあり、世界の至る所で労働予備軍は変化している。そのため、生産者たちは土地を追い出されている。また、大量の難民たちも、収容キャンプを去るとすぐ、労働市場に参入している。

移住労働者の大多数が希望する仕事は、昔であれば、工場労働だった。こうした仕事は、性差が反映された「世界観」や社会的感覚では、男性の仕事とみなされていた。現在では、生産技術が輸出されている。これは、人種という点でも変化をもたらした。「非白人」社会から「白人」社会への男性の流入が減ったのだ。[4] ところが、サービス部門の仕事は輸出できない。例えば、高齢者の介護・看護・家庭内労働・子どもの世話などだ。世界中どこでも、世話や介護は女性の仕事とみなされるがゆえに、女性がこうした仕事に低賃金で雇用されている地域が多い。[5] 女性による若者・病人・高齢者の世話や介護は、家庭生活の一環として親密圏で行われるが、工場で働く男性労働者より、社会的なやりとりが発生する。というのも、男性の場合、作業現場で孤立していても問題なく、労働市場は分割されていて、民族・文化を同じくする人たちと固まっていられるからだ。工場労働の輸出がもたらす影響は、ジェンダーによって異なっている。一つの帰結として、事務・会計・コミュニケーション（「コールセンター」と呼ばれたりする）といったサービスが生まれる可能性がある。こうした仕事は、低所得国の女性に選択肢を与え、国内移動を惹起する。研究にも性差が反映されている。サービスにかかわる越境移動については、女性の研究者や運動家が中心となり、研究が発表されている。他方、「新しい奴隷」への古典的な労働史からのアプローチは、男性によって続けられている。[6]

越境移動の歴史では、長期的視座に立ち、二〇世紀前半のヨーロッパにおけるエスニック集団の国外退去と難民の大量発生が、次の時期に起きた広範囲での難民発生と比較されている。（1）大東亜共栄圏を築く、という帝国主義的な企みを日本が達成しようとしていた頃（一九三〇年代～一九四五年）と（2）一九五〇年代以降、世界的に脱植民地化が進んだ時代、この二つの時期である。包括的な移動・難民研究では、移動を余儀なくされる次の三つの主要なプロセスに関して、政策上重要なデータや助言を提供することが目指されている。

第一に、望まない移動。その背景には、戦争、国家による一部の国民に対する迫害、民族内部での闘争をはじめとする各種暴力がある。例えば、脱植民地化後の多くのアフリカ社会や右翼政権下――軍事政権が多い――のラテンアメリカ社会、戦争で疲弊したヴェトナムや旧ユーゴスラヴィア、原理主義的な宗教集団が生活を支配しようとしている地域が挙げられる。たいていは、アメリカやソ連／ロシア、ヨーロッパの旧植民地勢力などの帝国主義的国家がいまだに関与している。同様の事例は、カンボジア・アフガニスタンから、ルワンダ・ブルンジ・イラクにまで及ぶ。独裁政権下では、ジンバブエ・エルサルバドル・ミャンマー（ビルマ）のいずれでも、多くの人々が近隣諸国へ避難せざるをえない。このように発生した難民には、より豊かな地域へさらに移るための十分な資金がない。

避難や脱出につながる第二の要因は、自然環境の荒廃だ。以前であれば、火山爆発や津波など、自然災害が含まれていた。しかし現在では、人間、というよりおそらく男性によって創りだされている。地球温暖化や、サヘル地域で続く干ばつが、その証左である。地域全体が人間では住めない状況になれば、家族はそこを離れるしかない。数珠つなぎのように脱出していく場合が多い。一九九〇年代半ばには、環境が要因となって発生した難民は、二五〇〇万人に上った。同じ頃、それを上回る一億三五〇〇万人の人々は厳しい砂漠化の脅威に晒され、五億五〇〇〇万人は慢性的な水不足の中で暮らしていた。今後は、海抜の上昇により、数千万、いや、数億人もの人々が、住む場所を奪われるかもしれない。

難民が生まれる第三の要因は、都市開発や大規模なインフラ建設プロジェクトである。これは多くの場合、意図しない結果として難民発生を惹起している。代表例としてよく言及されるのは、発電施設や、灌漑に必要な水を供給する貯水池の建設である。これらが建設される土地に住む人々は、一般的に貧しく、抗議するにも政策立案者に簡単に接触できないため、住む場所を失ってしまう。同様に、都市の急速な拡大が隣接する農村地帯に及ぶなかで、農家は追い出される。[7]

一九五一年に国連で採択された難民条約と一九六七年の難民の地位に関する議定書によれば、「人種、宗教、国籍、特定の社会集団の構成員であること、あるいは政治的見解」を理由に迫害された「伝統的な」難民だけが、亡命する権利を有している。ジェンダーを理由とする迫害は、一九九〇年代になってようやく追加された。[8]主権国家に関する政治理論に基づき、党派的な争いや「内」戦、あるいは独裁政権で生じた国内の難民に、この条約は適用されない。場合によっては、国家機構全体が、領土内の国民の信頼を失うこともある。難民研究では、誰が難民であるのか、という定義に「犠牲者化」が潜んでいると批判されている。迫害されてから、つまり、問題が起きてから国を脱出する犠牲者のみが、保護を与えられている、ということだ。悪化していく状況を分析し、問題が起きる前に自力で去って行く人々は、保護の対象外となる。先回りして動く人々も精神的なショックは受けるものの、その傷は一般的に小さく、また、資産を移しておくことも、場合によってはできる。そのため、受入社会に入り込みやすい。難民の多くは、アフリカ・ラテンアメリカ・アジアで発生していることもあり、ヨーロッパや北米社会での受け入れとなると、肌の色という問題が生じる。受け入れ方針が人種ごとに異なっているケースは、珍しくない。結局、今日の難民の多くが行き着くのは、住めなくなった出身国や「故郷」の社会のすぐ外側に設置された収容施設である。境界線は、グローバルな規模での人種隔離を招くが、人種という点で穴だらけのところも多くあり、越境移動や移民政策で、引き続き重要な論点である。

6-2 包摂という戦略——国籍と帰属

すでに論じたように、一九世紀末にかけて、民主主義的な構造を（部分的にでも）有する国では、国籍制度が発展していった。そのなかで、当該国以外の文化に属する住人は、

「マイノリティ」へ降格させられた。また、新たに入ってくる移住者たちは、入国に関する方針に従わねばならなくなった（2－8、5－4参照）。こうした方針は、行政でかなり厳密かつ複雑に扱われるようになっていたが、自由裁量に任されていた部分も、まだあった。フランス、アメリカ、両国以前にはスイスで体系化されていた市民という地位は、一八世紀後半、革命において初めて登場し、政治的主体となる人々に適用された。適用においては、民族の文化と国の文化、どちらに属しているかは問われなかった。ただし、共和制の諸制度を受け入れる、ということが条件だった。これをもってして、人権が初めて――政治的に――生まれた、と言われてきた。しかし、法律が作られていく過程で、女性ははじめから、あるいは一転して、除外されることになった。というのも、女性の地位は男性――父であれ夫であれ――から派生する、と仮定されていたからだ。また、財産をもたず、国家となんの利害関係もない人々も除外されていた。さらに、奴隷や肌の色が白以外の人々も、すべて排除された。一九世紀初めまでに、こうした参加資格をめぐる制度は、文化的含みをもつようになっていた。つまり、すべての権利がゆるされるのは、国家の一員、言い換えるならば、その国家における最大多数かつ／あるいはもっとも権力をもっているエスニック集団の一員と認められた男性のみ、ということだ。こうして、包摂の手段であった国籍は、排除の手段となった。また、特定の人々を周辺化し、その権利と社会的資源へのアクセスを制限する道具になった。一九世紀後半以降、国民国家の成員資格は、文書による証明が必要になった。文書とは身分証明書であり、国境を超える場合にはパスポートであった。また、成員資格は血統、つまり遺伝的な伝達に由来し、ナショナル・アイデンティティという形で表現される、と想定されることが多かった。国民国家の歴史についての語りは、科学に基づく人種主義と同様、公的記憶に移住者が入ってくることを拒んだ。

国民になるための成員資格は不変である、というパラダイムでは、移住者の暮らしは見落とされる。大西洋世界は、この成員資格の制度が行政上はじめて確固たるものになった地域で、そこだけで移住者は五〇〇〇万～五五〇〇万人ほどいた。ある研究者によれば、「独立し、かつ閉鎖された政治的集合体――それは主権を有する領土に対し、完全な管轄権をもつ――へ編成されている空想上の世界に、誰もが信用を置いているということは、想像を生み出す国家の力を証明している」[9]。想像が作られるプロセスは、一九八〇年代になってようやく、ベネディクト・アンダーソン（Benedict Anderson）やエリック・ホブズボーム（Eric Hobsbawm）、テレンス・レンジャー（Terence Ranger）、アンソニー・スミス（Anthony Smith）をはじめ多くの研究者により、分析されるようになった。ただし、繰り返しになるが、第5章で論じたように、こうした研究では、生まれ落ちた国家以外の国を選択した人々が直面した問題については、まったく触れられていない[10]。

国内で階級による階層化が進んだことや、大恐慌が引き起こした貧困化の衝撃（一九二九〜三九年）は、国籍の再定義へとつながった。人権の第二の型である社会権により、危機にさいして、あるいは生計を立てられない時、物質的な保証が維持された。例えば、子どもであれば無償教育、労働年齢に達し、成人してからは傷病手当て、老いてからは年金がある。越境移動した人々の立場は、社会権からも影響を受けた。かれらは新参者であるがゆえに、社会保障制度になんの貢献もしておらず、恩恵を受けられなかった。一九六〇年代に経済成長を迎えるなか、多くの社会では、こうした排除が不当とみなされるようになり、外国人にも社会保障の権利を認めるようになった。労働力拡充のために、是が非でもかれらが必要だったからだ。しかし、国家とは、国民とは何か、について古い見解が残っていたため、政治に参加することはできなかった。こうした立場の人々は、「デニズン」と呼ばれている。[11]

こうしたことが一九・二〇世紀の大西洋世界で起きるなか、各国を代表する国連総会は、一九四八年一二月に世界人権宣言を採択することで、権利と人間の尊厳という概念を、世界中へ広めた。一九六〇年代以降、越境移動を通して社会がいっそう多様化し、また、国民と国家という（ヨーロッパ的な）概念の組み合わせが研究者によって批判される――組み合わせが愛国主義的な場合には、国家規模の暴力や難民発生、「民族浄化」計画による国外退去につながった――なか、人権の第三の型が追加されることとなった。文化的表現と結社の権利だ。この場合の文化とは、民族的文化・宗教・階級・ジェンダー・人種のどれでも構わない。これにより、多元的であることが再び正当化されるようになり、また、移住者の文化が包摂されるようになっていった。ただし、忠誠心と言語という二つの問題は、いまだに議論されている。「忠誠心」には、以前であれば、国のために戦争で死んだり、将来の戦士を生んだりする義務が含まれていた。しかし、国家の構造と変化を受け入れること、と再定義されるようになった。言語とコミュニケーションに関しては、単一言語主義、つまり単一の「国民」の言語──「祖国」で話されている「母語」──を主張する人々も、まだいる。そのような国民ないし多数派の言語は、しかし、地域によって違いがあり（方言）、また、階級や世代に応じて単語の使い方が異なり（社会方言）、さらに表現の仕方がジェンダーによって違う。さらに、ほとんどの国家では、二つ以上の言語が使用されている。インドの公用語はヒンディー語である。ただし、英語と広く知られている二一の言語によって補完されている。イギリスで英語が公用語になったのは、ゲール語が制圧された後のことだ。社会で使われている言語は、歴史上複数ある。この認識は、移民にも言語に関する権利があることを理解する上で、重要である。

二一世紀を迎えるにあたり、市民権は（1）個々人と、その人たちが住んでいる国家との関係、（2）個々人と国家内部の共同体との関係を示すものとして、理解されている。加えて、（3）移住者が以前住んでいた国家との関係も、市民権の実践の一部になってきている。特定の文化的実践に対する人権が認知されるようになるなか、多元性は規範（慎重を期すなら目標）となったのだ。また、複数の文化を対等なものとして認識することは、法の前の平等と同等と考えられるようになった。多元主義の帰結は、個人の選択の自由である。文化的集団——民族・宗教・その他どれであれ——は国のように、成員の退出も、新参者の進入も阻止しようとする。しかし、成員が他の集団に参加することを止めることはできない。対照的に、共同体主義の立場では、包摂を決定するうえでより強い権限が、共同体には与えられている。一つまたはそれ以上の文化的集団へ自発的な参加は、社会的にますます受け入れられるようになってきている。「多様性は、われわれの力」は、一五世紀以降、東南アジアの都市部の社会では習わしとなっている。また今日では、世界の旧宗主国の特徴でもある。ある移住者が自ら選んだ社会について述べたように、「この国に来て、好きなように生きる可能性をもらった。だからこの国が好きだ」。

このように、市民権とは、基本的な人権が憲法によって各人に保証されている社会へ、参加することを意味している。そこに、ジェンダー・年齢・社会的地位・ライフサイクルでどの段階にいるか・性的嗜好・文化的素養・地域的属性は、関係ない。人々は、共同体の他の成員の権利を侵害しない限りにおいて、好きなように生きることが許されている。こうした人々は、共同体内部における成員の平等な立場に関する自分たちの価値基準を、再検討しておかねばならない。また、受入社会では、暗黙の裡に特定のもの、例えば信仰——歴史的に多数派のもの——が優先されていることを、いま一度検証せねばならない。

他人の人権を侵害しない限りにおいて、移住前の文化に埋まったままの状態を維持することも、権利として選択肢に入っている。法の下での機会の平等や、社会制度や社会的資源へのアクセスにおける平等が達成されているか否かは、結果の平等をもとに判断される。こうした平等を達成するための制度的枠組みについては、タリク・ムドゥード（Tariq Modood）とファイト・バーダー（Veit Bader）（4-4参照）が議論を重ねてきた。また、政治理論の領域では、この問題の骨組みを作ろうとしている。例えば、カナダではウィル・キムリッカ（Will Kymlicka）とチャールズ・テイラー（Charles Taylor）、オーストリアではライナー・バウベック（Rainer Bauböck）、アメリカではヤスミン・ヌホグル・ソイサル（Yasmin Nuhoğlu Soysal）とサスキア・サッセン（Saskia Sassen）が挙げられる。国によっては、申請すれば、比較的短期間——三—四年——で市民権を付与しているところもある。カナダがもっともよく引用される事例だろう。個人の自由に任せるというより、権利として認められている。これにより、その社会で活動できるようになる。また、こうした市民権をめぐる実践や価値観に対し、敬意を払おうとする意志が存在する。市民となった元新参者たちは、制度の改善に参画することがゆるされ、また、望めば交渉もできる。このプロセスでは、選択した社会の諸制度・価値観・コミュニケーション手段について、精通していることが求められる。[12]

違っていることに対し敬意を払うという心構えや、制度へのアクセスという考え方は、問題視されていないわけではない。一人当たりの国民所得が比較的高い国々——北大西洋文化圏・ロシア・日本はじめ、いくつかのアジア諸国——では、アンチ移民の語りが一九九〇年代半ばから表面化している。反ムスリムのレトリックはとりわけ過激で、二〇〇一年九月一一日以降、現実のものとなっている。[13] 従来は、製造関連の労働者が供給過多になっている地域と、労働者が必要な地域で、越境移動を通してバランスがとられていた。しかしこれは、強力なアンチ移民の語りや法律、そして実在するフェンスや壁により、中断されたままだ。世論調査によると、移住者の流入に反対する人々は、いま現在の移住者数を多く計算しすぎている。モスクワの中国系であれ、アリゾナのメキシコ系であれ。時には、一〇〇%以上ということもあるそうだ。これが、「文明の衝突」の自称預言者に、もっともな根拠を与えている。

6-3 二一世紀のはじまり——越境移動する人々は自分たちをどうみているのか

越境移動する人々は、複雑な家族関係や社会から離れ、同じくらい複雑ではあるが、選択肢が多そうな社会で自分自身の人生を切り拓こうとする。出発の決断を左右する一連の理由は、移住する人々が受入社会とどう関わるか、影響する。例えば、故郷の抑圧的な体制を変える活動を行うための一時的な避難所、あるいは、長期的に働いて賃金を得られる環境、もしくは、家庭を作ったり、起業のチャンスを狙って死ぬまで暮らす場所とみなすのか。越境移動する人々の生活様式は、剝奪できるような「文化的に邪魔なもの」ではなく、心と体に合うように社会化されている。この枠内で、第二の社会化を進めながら、新しい社会と折り合いをつける。

伝統的には、国民国家は単一の文化のみ有すると考えられてきた。この観点からすると、上記のような相互作用から、二つに分かれたアイデンティティあるいはハイフン付きのアイデンティティが生じることになる。例えば、中国系ｰアメリカ人やイタリア系ｰオーストラリア人。また、強制的な隔離が起きるような非友好的な社会では、在日コリアン、ウガンダのアジア系、ドイツのトルコ系が挙げられる。社会科学における越境移動の歴史を紐解けば、長年、あるいは数世代にわたって文化適応が進むなかで、移動した人々が住人へ変容していったことがわかる。これは、ヨーロッパでユグノーが、トリニダードでインド人が、漢民族のなかで客家が経験したことである。受入社会の主流もまた、マラヤ／マレーシア・EU・満州のいずれでも、変わっている。

越境する人々は、心情という点では、出身社会と受入社会を両方同時に生きており、複数の文化のなかで暮らしている。かれらのネットワークは大陸をも越え、広がっている。ブルジョワ・コスモポリタニズムと労働者階級のインターナショナリズムという概念では、階級文化が過度に強調されている。他方、「カルチャーショック」という概念は分裂を強調しすぎているし、「グローバル・ビレッジ」という概念は文化の特殊性を無視している。問題が生じてしまうのは、移動する人々に対処能力がないからというより、人種主義と排斥があるからだ。一九九〇年代、あるバングラデシュ出身の移住者は、こう述べている。「インターネットでなら、世界中のあちこちを見ることができる。私には家族がおり、それぞれアメリカとオーストラリアから電話してくる。でも、自宅の玄関を出て、外出するのは怖いんだ」。この人は、人種による住み分けがされた、ロンドンのある地区に住んでいたのだ。[14]

第4章では、越境移動する人々の「文化変容」について、人を中心に据えた視点から論じた。社会‐政府の視点からすると、このプロセスは「社会への編入」と呼ばれている。これには三つの段階がある。新たに来た人々が社会構造へアクセスできる段階、その文化を構成する一部となり、貢献もする段階、新しい社会と自らを同一視し始める段階である。柔軟な構造や主体は、このような編入の両面を構成している。経済的・制度的領域における「垂直」、つまり構造的な編入には、仕事と政治において、あらゆるレベルの地位にたどり着けることが含まれている。これには、受入社会が変化に対して開かれていることが、反映されている。差別が横行している社会では、新たにやって来る人々（や住人）は、特定の社会的立場や層――階級やカースト、あるいは「垂直なモザイク」――に閉じ込められてしまう。この「垂直な」社会編入は、私的・公的な日々の暮らしにおける「水平の」文化変容を伴う。人が越境移動する時、確固たるアイデンティティ（「中国人」、「アメリカ人」、「セネガル人」）があって、目的に到着するわけではない。というより、特定の社会環境において、また目標を達成するための戦略の一環として、他者に対し自らを提示する。隣人が自分たちを理解してくれるよう、また、自分たちの利益を最大化できるよう、周りの社会に同調する。このような自己認識は、自己を提示するという意味でも、「一体感」、つまり帰属している感覚という意味でも、両方の点で、環境に左右される。相互のやりとりは、片方の、あるいは双方、またはそれ以上の社会規範・価値観・習慣へ「埋め込まれる」ことになるが、無批判に受け入れられはしない。「埋め込む」には調整が必要なこともあるし、参加型の制度では、必要な変化について議論せねばならないかもしれない。

民族的な文化に基づく集団が形成され、深く根付いている文化的習慣が——初めに——保護されることで、日常における自己認識は中断されることなく、自ら決心し、新しい社会の日常生活へ入っていく土台ができる。共有されるものとして社会が構成されることと、自由に構築されること、集団の権利と個人の権利、こういった理論的矛盾は、社会の多元性と個人の選択によって、実際に経験するなかで橋渡しされる。越境移動した人々は、自分たちの経済基盤をいったん確保し、文化の再生産にとりかかると、社会全体の規範や態度に向き合うことになる。それらは、部分的に国全体で制度化されているものもあれば、地域・階級・ジェンダーに特有の部分もある。しかしこれらはすべて、絶えず変わっている。文化は、静かで動かないものではない。文化を静的と仮定してしまうのは、ナショナリズムの致命的な欠陥である。文化は、相互に影響し合うものである。アイデンティティは他者との関係性の中で表現されるが、時間が経つにつれ、さまざまな形をとるようになり、やがて、再定義されるのかもしれない。例えば、ムスリム（クリスチャンでも仏教徒でもいい）で、子どもが1人いる女性の移住者を想像してみよう。コミュニケーションの相手に応じて、どうやって自分を定義するか――エスニシティ・宗教・母であること・ジェンダー・ひとり親としての責任・年齢・稼ぎ手・出身社会の文化・移住後の市民権――は変わってくるだろう。異なる環境では、注目される側面も変わり、それが中心になる。これは勿論、越境移動しない人々にも当てはまる。それでも移動する人々は、異なる環境の間を行き来するがゆえに、こうした柔軟性に、より自覚的であることが多い。

多文化社会の教育制度において、若者は、複数あるいは異なる文化を横断する社会関係資本を発展させる。それには次の四つの特徴がある。

1．差異――人種・社会階級・ジェンダー・宗教・性的嗜好・能力／障がいなど、どれに基づくものでも、――の承認・受容・理解が含まれている。上から目線の「寛容」は「敬意」に変わり、互いに認め合う関わり方になる。

2. 文化的文脈がいくつもあるなかで、敬意を超えて、相互作用や主体性を可能にする社会的スキルが、教育によって磨かれる。これは「融合」——“mixte”、metissage、mestizaje——につながる可能性がある。

3. すべての人が平等である、という基本方針が共有・合意されている。これは、出身・特定の特徴・必要に応じて物質的・感情的・精神的援助を受ける個人の権利に左右されない。

4. 最後に、社会に参加し、他者と文化的・物質的資源を共有する責任感と熱意が挙げられる。自己実現の権利の基盤になっているのは、公平な社会制度に自分は貢献できる、という認識である。公平な社会とは、資源に平等にアクセスすることができ、また、民意に基づいて変革を起こす機会が平等に与えられているような社会である。[15] 集団の文化というものが、過去にもたらした功績は知っておくべきだろうが、だからといって、特別な地位は正当化されない。

越境移動する・しないに関わらず、人生計画を立てるうえで、取捨選択と道筋は必要だ。そのなかで、移動する人々は、複数の場所を選ぶだろう。あるいは、場所を超越することを、選択するかもしれない。ロイド・L・ウォン（Lloyd L. Wong）いわく、「国民国家では、忠誠や愛国心の決定的な中心にあるのは、排他的な市民権である。これは、重なり合ったり、浸透し合ったりする、さまざまなアイデンティティのあり方とは対照的である。そしてこうした国の主張は、社会的アイデンティティが特定の土地から切り離されていくなか、疑問視されている」。生活し、帰属する場として、国家は、都市空間――「国際色豊かな都市同士繋がっている」――の二の次になってきている。つまり、「国家より狭い地域に基づくアイデンティティや、国家を超越するアイデンティティが急増している」(Cohen)。一九九〇年代半ば以降、あるいは二一世紀最初の一〇年の分析に基づくと、世界人口の半数以上が、都市圏に住んでいる。新しいタイプの政体――バーダー(Bader)やムドゥード(Modood)が提起したような(4-4参照)――により、人々が互いにやりとりし合えるような制度的枠組みと、共通の価値観が与えられている。これらは処方箋になるというより、これらを通じて、関係性のなかに埋め込まれていく。また、権利や政治的・市民的参加のための選択肢、そして資源――教育・社会保障・労働市場・精神的な体験――へ平等かつ簡単にアクセスできる制度を有効にする。[16]

文化的アイデンティティをもつことや、文化に帰属することは、個人的かつ集団的なプロセスであり、家庭・社会における「近隣」・共同体・地域・国家・宗教・超国家的組織のなかでみられる事象だ。例えば、文化的環境によって人々は、ベンガル人・パンジャーブ人、もしくはカリフォルニアの人・ボストンの人であることが明確になる。地域の境界線や国籍というハコを超えて均質化が進んでいくなか、多様だったカテゴリーは、インド人・アメリカ人――そのような者として経験を積み、生まれながらとされるアイデンティティをもち、多層的な忠誠心を有する――へと変わっていく。自己認識が、他者との関わり合いにおいて発展していくなか、類似性は強調される一方、異なる習慣・慣習・規範・価値観をもつ集団間では、境界線が引かれるだろう。自分が何者であるか定義する。これは、アイデンティティ形成の一環だ。しかし、「他者」に定義を押し付ける力は、往々にして、差別の道具となる。若い人々のなかには、レッテルを貼ってしまわないよう、二一世紀を迎える頃になると、自分自身を認識するうえで、特定の文化的な習慣に依拠するより、「人間」や「世界市民」と自らをみなす人々も現れた。[17]

他方では、多文化的なさまざまな生き方は、軋轢を生むかもしれない。だからといって、それを懸念することは、「他者」を非人間的に扱ったり、異質で危険な存在としてレッテルを貼ることにつながりかねない。文化的な差異は搾取される。それは、旧ユーゴスラヴィアやルワンダ、ブルンジのような極端なケースだけでなく、教育制度における移住者の子どもに対する差別にもみられる。現状維持なのか、変化なのか。これは、個人の心のなかでも、家庭経済においても、社会集団においても、争点だ。異なる信仰をもつ隣人たちが物質的に豊かになるのを目の当たりにしたり、遠くの豊かな社会を想像しても、ものともせず、特定の精神的な文化に拘るには、個人が世俗的な進歩を拒まなければならない。同様の例をいま一つ挙げよう。女性は母親として子育てをし、子どもたちに民族で美徳とされていることを植え付けるべきか？　あるいは労働市場へ参加し、子の世話をしてくれる外国人労働者――親の民族の文化を教えられない――を雇うべきか？　この問いによって、伝統を守りたい人々と変革を求める人々は、分断される。「デメリットを伴わず、文化的多様性への真の寛容を養い、花開かせることはできる。ただし、社会と政治が民主的で平等な場合に限る。具体的には、人々が（移住者・外国人・女性、いずれの立場でも）差別に抵抗し、自分自身を危険に晒したり、人と人との連帯を脅かすことなく違いを育めるようでなければならない[18]」。

ここに、ひとつの華人の一家がある。かれらはディアスポラ的空間に住み、特定の領土から切り離されている。また、民族や国家というハコはすでに捨てている。マレーシアのペナンで事業を展開したが、ニュージーランドのオークランドへ移住した。マレーシアのクアラルンプールでは、資産を削って、子どもたちの大学教育に投資した。この投資から得られる人的資源は、他の経済圏や社会空間への道を開いていく。かれらはニュージーランド国籍を取得したが、マレーシア国籍も引き続きもっている。「二つの道のどちらも歩める人間に、どちらかを手放す理由など、あるだろうか？[19]」。

参考文献

Bauböck, Rainer, Bernhard Perchinig, and Wiebke Sievers, *Citizenship Policies in the New Europe* (Am-

sterdam, 2007).
Burnet, Jean, Danielle Juteau, Enoch Padolsky, Anthony Rasporich, and Antoine Sirois, eds, *Migration and the Transformation of Cultures* (Toronto, 1992).
Held, David, *Democracy and the Global Order: From the Modern State to Cosmopolitan Governance* (Stanford, CA, 1995).
Isajiw, Wsevolod W., *Understanding Diversity: Ethnicity and Race in the Canadian Context* (Toronto, 1999)［この社会学的研究の発見は他の社会にも当てはまる］.
Manning, M. Lee, and Leroy G. Baruth, *Multicultural Education of Children and Adolescents* (1991; 3rd edn, Boston, 2000).
Naerssen, Ton van, Ernst Spaan, and Annelies Zoomers, eds, *Global Migration and Development* (London, 2007).
UNFPA, *State of World Population 2006, A Passage to Hope: Women and International Migration*, http://www.unfpa.org/swp/2006/english/introduction.html
The Centre for Refugee Studies (York University, Toronto) は、世界中へのリンクが充実している。
http://www.yorku.ca/crs/Resources/internet_resources.htm
European Research Center on Migration and Ethnic Relations [Europe]: http://www.ercomer.org
Migration Policy Institute [United States]: http://www.migrationinformation.org/datahub/
Refugee Studies Centre, Oxford University: http://www.rsc.ox.ac.uk/
UNESCO Migration Research Institute: http://databases.unesco.org/migration /migwebintro.shtml

原注

第2章

1 本章は三つの調査に基づいている。これらは、特定の地域・時代・移住者の類型に関する研究で、参考になりそうな著作に言及している。Jerry H. Bentley, *Old World Encounters: Cross-Cultural Contacts and Exchanges in Pre-Modern Times*（New York, 1993）; Dirk Hoerder, *Cultures in Contact: World Migrations in the Second Millennium*（Durham, NC, 2002）; Patrick Manning, *Migration in World History*（New York, 2005）.

2 このテクストと一緒に使う地図として最適なのは、Dorling Kindersley World History, Atlas, gen. ed. Jeremy Black（2001; rev. edn, London, 2005）。フランス語では、*Atlas historique: L'histoire dumonde*, ed. Georges Duby（1987; rev. edn, Paris, 1994）が同じくらい役に立つ。専門的な地図としては、Aaron Segal, *An Atlas of International Migration*（London, 1993）、Gérard Chaliand, Michel Jan, and Jean-Pierre Rageau, *Atlas historique des migrations*（Paris, 1994）、Chaliand and Rageau, *The Penguin Atlas of Diasporas*（orig. French edn, 1991; New York, 1995）が挙げられる。

3 研究者によっては、アジアでもう一つ別のホモ・サピエンスの初期タイプが出現した、と論じる者もいる。

4 Merritt Ruhlen, *The Origin of Language: Tracing the Evolution of the Mother Tongue*（New York,

1994); Steve Olson, *Mapping Human History: Genes, Race and our Common Origins* (Boston, 2002).

5　近代の移住者の類型については、第３・４章参照。

6　Greg M. Dening, "The Geographical Knowledge of the Polynesians and the Nature of Inter-Island Contact," in Jack Golson, ed., *Polynesian Navigation* (3rd edn, Wellington, NZ, 1972), 102–53.

7　この研究の先駆者である考古学者のゴードン・チャイルド（Gordon Childe）は、オーストラリアからエディンバラ、そこからさらにオックスフォードへ移り住んだ。かれの『文明の起源』（*Man Makes Himself* 1936年）では、物質的条件と人間の主体性が強調されている。

8　ヨーロッパ中心主義的な研究では、地中海東部の人々（アナトリア、ナイル川渓谷、パレスチナ、メソポタミア）が農業で果たした役割が過大評価されていたのに対し、ニューギニアの人々の役割は軽視された。

9　一九二〇年代から一九三〇年代には、ロシアの植物学者であり進化論的遺伝子学者であるニコライ・ヴァヴィロフ（Nikolai I. Vavilov）により、大陸全域で行われていた初期の農業について、先駆的研究がなされた。

10　ジャレド・ダイアモンド（Jared Diamond）と他の研究者たちによれば、こうした新しい技術を始めた人々の数は増え、発明が自分たちより少なく、人口も少ない近隣の人々に対し、競争や権力のうえで優位に立った。かれらは、温暖なユーラシアが東西に長く伸びていることを環境上の利点とし、これによって生物学的に似通った穀物の変異体について実験することができたと、強調されている。Diamond, *Guns, Germs, and Steel: The Fate of Human Societies* (New York, 1997).

11　Paul Johnstone, *The Sea-Craft of Prehistory* (Cambridge, MA, 1980); Richard W. Bulliet, *The Camel and the Wheel* (Cambridge, MA, 1975); Carl Sauer, *Seeds, Spades, Hearths, and Herds: The Domesti-*

cation of Animals and Foodstuffs (Cambridge, MA, 1972).

12 Tertius Chandler, *Four Thousand Years of Urban Growth: An Historical Census* (Lewiston, NY, 1987).

13 Martin Bernal, *Black Athena: The Afroasiatic Roots of Classical Civilization* (New Brunswick, NJ, 1987).

14 ムスリム支配下のイベリア半島に、のちにサハラ砂漠以南のアフリカからやってきた兵士たちは、アラビア語を話さなかったがために、「愚かな奴ら」と呼ばれた。また、のちに外国人全般を意味するようになるロシア語の言葉、とくにドイツから来た移住者を指す言葉であるnemetskiiは、ロシア語をかれらが話さなかったため、黙ったままの人間、という意味である。

15 Emil W. Haury, "Thoughts after Sixty Years as a Southwestern Archaeologist," in J. Jefferson Reid and David E. Doyel, eds, *Emil W. Haury's Prehistory of the American Southwest* (Tucson, AZ, 1986), 435–63; Carlos G. Vélez-Ibáñez, *Border Visions: Mexican Cultures of the Southwest United States* (Tucson, AZ, 1996).

16 Fernand Braudel, *La Méditerranée et le monde méditerranéen à l'époque de Philippe II* (1949; 2nd rev. edn, Paris 1966), trans. Siân Reynolds as *The Mediterranean and the Mediterranean World in the Age of Philip II*, 2 vols. (New York, 1972).

17 Kenneth R. Andrews, *Trade, Plunder and Settlement: Maritime Enterprise and the Genesis of the British Empire, 1480–1630* (Cambridge, 1984).

18 Immanuel M. Wallerstein, *The Modern World-System*, 3 vols. (New York, 1974–88); Janet L. Abu-Lughod, *Before European Hegemony: The World System A.D. 1250–1350* (New York, 1989).

19 第5の地域であるシベリアは、中国と地続きではあるが、ロシアとの繋がりのなかでのほうが、よく分析できる。

20 Akira Hayami, "Rural Migration and Fertility in Tokugawa Japan," in Susan B. Hanley and Arthur P. Wolf, eds, *Family and Population in East Asian History* (Stanford, CA, 1985), 110–32; Wilhelm Abel, *Agricultural Fluctuations in Europe: From the Thirteenth to the Twentieth Centuries*, trans. Olive Ordish (London, 1980; trans. of German 3rd rev. edn, 1978).

21 José C. Curto and Renée Soulodre-La France, eds, *Africa and the Americas: Interconnections during the Slave Trade* (Trenton, NJ, 2005), 13–14.

22 一九世紀半ばから二〇世紀半ばにかけてのグローバルな移動に関する最良の比較研究は、次の文献を参照していただきたい。Adam McKeown, "Global Migration, 1846–1940," *Journal of World History* 15.2 (2004), 155–89.

23 Walter Nugent, *Crossings: The Great Transatlantic Migrations, 1870–1914* (Bloomington, IN, 1992).

24 フランスの革命議会は一七九四年に奴隷制を廃止したが、帝国主義志向のナポレオンは、クレオールの大農場主層との関係もあり、一八〇二年に奴隷制を再び制度化した。

25 Hugh Tinker, *A New System of Slavery: The Export of Indian Labour Overseas 1830–1920* (London, 1974); David Northrup, *Indentured Labor in the Age of Imperialism, 1834–1922* (Cambridge, 1995); Piet C. Emmer, ed., *Colonialism and Migration: Indentured Labour before and after Slavery* (Dordrecht, 1986).

26 一九世紀のヨーロッパ側のロシアには、ポーランド・バルト海諸国・ウクライナの人々だけでなく、領土をもたない、いわゆるユダヤ教徒居住区に縛り付けられていたユダヤ人も含まれていた。

27　このシステムの第一段階は、先に言及した、一五六〇年代から続いていたスペイン人と中国人によるアカプルコ－マニラの関係である。

28　この頃、白人が支配していた南アフリカでは、強制労働のための移動が始まり、厳格なアパルトヘイトが黒人のアフリカ人に対して始まった。かれらがこの制度を打ち破ったのは、ようやく一九八〇年代になってからだった。

29　Anthony H. Richmond, *Global Apartheid: Refugees, Racism, and the New World Order*（Toronto, 1994）.

30　Benedict Anderson, *Imagined Communities: Reflections on the Origin and Spread of Nationalism*（1983; 3rd rev. edn, London, 1986）; Eric J. Hobsbawm and Terence Ranger, eds, *The Invention of Tradition*（Cambridge, 1983）; Dirk Hoerder, with Christiane Harzig and Adrian Shubert, eds, *The Historical Practice of Diversity: Transcultural Interactions from the Early Modern Mediterranean to the Postcolonial World*（New York, 2003）; Christiane Harzig and Danielle Juteau, with Irina Schmitt, eds, *The Social Construction of Diversity: Recasting the Master Narrative of Industrial Nations*（New York, 2003）.

第3章

1　Sylvia Hahn, Migration, Arbeit und Geschlecht: Mitteleuropa in vergleichender Perspektive, 17.-19. Jahrhundert（Göttingen, 2007）, chap. 1; Leopold Caro, Auswanderung und Auswanderungspolitik in Österreich（Berlin, 1909）.

2　Ernest G. Ravenstein, "The Laws of Migration," Journal of the Statistical Society of London 48.2

(1885), 167-235, and addendum, 52.2 (1889), 241-305. 国内移動に関する国勢調査は、多くの国では実施されていない。そのため研究者たちは、国家間の越境移動に分析を焦点化するに至っている。

3 [Jane Addams et al.], *Hull-House Maps and Papers* [*"Chicago Survey"*]*: A Presentation of Nationalities and Wages in a Congested District of Chicago, together with Comments and Essays on Problems Growing out of the Social Conditions* (New York, 1895; repr. Urbana, IL, 2007); Mary Jo Deegan, *Jane Addams and the Men of the Chicago School, 1892-1918* (New Brunswick, NJ, 1988).

4 Robert E. Park, Herbert A. Miller, and Kenneth Thompson, *Old World Traits Transplanted: The Early Sociology of Culture* (New York, 1921); Park, "Human Migration and the Marginal Man," *American Journal of Sociology* 33 (1928), 881-93. 同化という概念を再び導入すべきだと論じている研究者もいる。Ewa Morawska, "In Defense of the Assimilation Model," *Journal of American Ethnic History* 13 (1994), 76-87; Russell A. Kazal, "Revisiting Assimilation: The Rise, Fall, and Reappraisal of a Concept in American Ethnic History," *American Historical Review* 100 (1995), 437-71.

5 Georg Simmel, "Exkurs über den Fremden," in Simmel, *Soziologie: Untersuchungen über die Formen der Vergesellschaftung* (Berlin, 1908), 509-12, trans. Kurt Wolff as "The Stranger" in *The Sociology of Georg Simmel* (New York, 1950), 402-8.

6 奴隷の越境移動と根強く残る人種主義の問題に取り組むうえで、グンナー・ミュルダール（Gunnar Myrdal）は（リチャード・スターナー［Richard Sterner］とアーノルド・ローズ［Arnold Rose］とともに）、*An American Dilemma: The Negro Problem and Modern Democracy* (New York, 1944) を著した。社会科学者のアルバ・ミュルダール（Alva Myrdal）は、難民特集を組んだ雑誌の編集を一九四五-七年に担当した。

7　Dirk Hoerder, "Ethnic Studies in Canada from the 1880s to 1962: A Historiographical Perspective and Critique," *Canadian Ethnic Studies* 26.1（1994）, 1–18; J. S. Woodsworth, *Strangers Within our Gates, or Coming Canadians*（1909; repr.Toronto, 1972）.

8　Ingo Haar and Michael Fahlbusch, eds, *German Scholars and Ethnic Cleansing, 1920–1945*（New York, 2004）.

9　特に次の文献が挙げられる。Krystyna Duda-Dziewierz, *Wieś małopolska a Emigracja amerykan'ska: Studium wsi Babica powiatu Rzeszowskiego*（The villages of Little Poland and the emigration to America: A study of Babica）（Warsaw and Poznań', 1930）.

10　Imre Ferenczi, "Historical Study of Migration Statistics," *International Labour Review* 2（1929）, 356–84. 二〇世紀後半の越境移動の統計について、次の文献が参考になる。Hania Zlotnik, "The Concept of International Migration as Reflected in Data Collection Systems," *International Migration Review* 21.4（1987）, 925–46 – special issue "Measuring International Migration: Theory and Practice."

11　ラテンアメリカでは、イエズス会の司祭フェルナンド・バストス・デ・アヴィラ（Fernando Bastos de Ávila）が *L'Immigration au Brésil: Contribution à une théorie générale de l'immigration*（Rio de Janeiro, 1956）を著したが、題名が約束することを達成できなかった。かれは、米州経済社会理事会の支援のもと編集した *La Immigración en America Latina*（Washington, DC, 1964）において、ヨーロッパ出身の白人移住者を優先するよう主張した。メキシコでは一九世紀以降、「外国人」や移民に関して、数えきれない文献が刊行されたものの、理論的貢献はなかった。Dolores Pla, Guadelupe Zárate, Mónica Palma, Jorge Gómez, Rosario Cardiel, and Delia Salazar, *Extranjeros en México（1821–1990）: Bibliografía*（Mexico City, 1994）.

12 Franklin L. Ho, *Population Movement to the North Eastern Frontier in China* (Shanghai, 1931); Joshua A. Fogel, "Introduction: Itō Takeo and the Research Work of the South Manchurian Railway Company," in *Life along the South Manchurian Railway: The Memoirs of Itō Takeo*, trans. Fogel (Armonk, NY, 1988), vii–xxxi. 一九三〇年代、北米やヨーロッパの研究では、農業集落の移動に関心がもたれたが（W. L. Joerg et al.）、時代に合っていなかった。オーウェン・ラティモア（Owen Lattimore）やC・ウォルター・ヤング（C. Walter Young）といったアメリカの研究者は、共通して、中国の発展に関心をもっていた。

13 Oscar Handlin, *The Uprooted: The Epic Story of the Great Migrations that Made the American People* (Boston, 1951); Rudolph J. Vecoli, "The *Contadini* in Chicago: A Critique of *The Uprooted*," *Journal of American History* 51 (1964), 404–17.

14 Caroline F. Ware, *Greenwich Village, 1920–1930: A Comment on American Civilization in the Post-War Years* (1935; Berkeley, CA, 1994), quote p. 427; Ware, *The Cultural Approach to History* (New York, 1940).

15 このアプローチの要約として、次の文献が役に立つ。George J. Borjas, "Economic Theory and International Migration," *International Migration Review* 23 (1989), 457–85.

16 W・アーサー・ルイス（W. Arthur Lewis）、グスタフ・ラニス（Gustav Ranis）、J・C・H・フェイ（J. C. H. Fei）、そして、ラリー・A・スジャスタッド（Larry A. Sjaastad）などの研究者による一九五〇・六〇年代の初期の研究は、次の文献によって洗練された。Michael P. Todaro in "A Model of Labor Migration and Urban Unemployment in Less Developed Countries," *American Economic Review* 59 (1969), 138–48; *Internal Migration in Developing Countries* (Geneva, 1976) 及び "Internal Mi-

gration in Developing Countries: A Survey," in Richard A. Easterlin, ed., *Population and Economic Change in Developing Countries* (Chicago, 1980), 361–401.

17 経済学者側の功績を最もよく表している例は、次の文献である。Timothy J. Hatton and Jeffrey G. Williamson, *Migration and the International Labor Market 1850–1939* (London, 1994), *The Age of Mass Migration: Causes and Economic Impact* (New York, 1998)、及び同じ著者による *Global Migration and the World Economy: Two Centuries of Policy and Performance* (Cambridge, MA, 2005).

18 イズレイル・ザングウィル（Israel Zangwill, 一八六四–一九二六年）は、ロシアからイングランドへ移住した移住者の子どもであり、イギリスのシオニストの知識人である。代表作は *The Melting Pot: Drama in Four Acts* (New York, 1909).

19 Randolph S. Bourne, "Trans-National America," *Atlantic Monthly* 118 (1916), 86–97; Horace Kallen, "Democracy versus the Melting Pot: A Study of American Nationality," *The Nation* (February 1915).

20 Gilberto Freyre, *Casa-Grande e senzala* (1933), trans. Samuel Putnam as *The Masters and the Slaves: A Study in the Development of Brazilian Civilization* (1946; rev. edn, Berkeley, CA, 1986); Thomas E. Skidmore, *Black into White: Race and Nationality in Brazilian Thought* (1974; rev. edn, Durham, NC, 1993), 206–18, 272–5.

21 Fernando Ortiz, "Del fenómeno de la transculturación y su importancia en Cuba," *Revista Bimestre Cubana* 27 (1940), 273–8, trans. Harriet de Onís as *Cuban Counterpoint: Tobacco and Sugar* (1947; repr. Durham, NC, 1995).

22 マリノフスキ自身が移住者であった。ポーランドがハプスブルク帝国の一部だった時代に生まれ、ライプツィヒ大学とロンドン・スクール・オブ・エコノミクス（ＬＳＥ）で教育を受けたのち、ＬＳＥとイェール大学で教鞭をとった。コロンビア大学のフランツ・ボアズ（Franz Boas）は、ドイツ生まれのユダヤ人で、アメリカへ移住した。

23 Sylvia Van Kirk, *"Many Tender Ties": Women in Fur-Trade Society in Western Canada, 1670–1870* (Winnipeg, 1980); Allen F. Isaacman, *Mozambique: The Africanization of a European Institution: The Zambezi Prazos, 1750–1902* (Madison, 1972).

24 Everett C. Hughes, "The Study of Ethnic Relations," *Dalhousie Review* 27 (1948), 477–82 及び Hughes and Helen MacGill Hughes, *Where Peoples Meet: Racial and Ethnic Frontiers* (Glencoe, IL, 1952).

25 レオポール・サンゴール（Léopold Senghor, 一九〇六―二〇〇一年）はセネガル（当時フランス領赤道アフリカ）で生まれ、フランスの大学で学び、教壇に立ち、やがてセネガル独立後初の大統領となった。エメ・セゼール（Aimé Césaire, 一九一三―二〇〇八年）はマルティニークに生まれ、学生時代に自分の雑誌『黒人学生（*L'Étudiant Noir*）』において、この用語を造った。のちに政治活動を始めた。ポーレット・ナルダル（Paulette Nardal, 一八九六―一九八五年）もまた、パリで学び、自宅を黒人作家や政治的急進派の拠点とし、政治に参加した。

26 Jules-Rosette Bennetta, *Black Paris: The African Writers' Landscape* (Urbana, IL, 1998); Pascal Blanchard, Eric Deroo, and Gilles Manceron, *Le Paris noir* (Paris, 2001); Bernd-Peter Lange and Mala Pandurang, "Dialectics of Empire and Complexities of Culture: British Men in India, Indian Experiences of Britain," in Dirk Hoerder, with Christiane Harzig and Adrian Shubert, eds, *The Historical Practice of Diversity: Transcultural Interactions from the Early Modern Mediterranean to the Postcolonial World* (New York, 2003), 177–200.

27　「第4章　移住者が辿る道への体系的なアプローチ」も参照されたい。

28　オランダの学者ウィレミーナ・クロースターボーア（Willemina Kloosterboer）による統合的なアプローチの著作 *Involuntary Labour since the Abolition of Slavery: A Survey of Compulsory Labour throughout the World*（Leiden, 1960）及び David W. Galenson, *White Servitude in Colonial America: An Economic Analysis*（Cambridge, 1981）.

29　フィリップ・D・カーティン（Philip D. Curtin）の古典的著作 *The Atlantic Slave Trade: A Census*（Madison, 1969）で言及された数は、上方修正されてきている。例えば Herbert S. Klein, *The Middle Passage: Comparative Studies in the Atlantic Slave Trade*（Princeton, NJ, 1978）が挙げられる。

30　David B. Davis, *The Problem of Slavery in Western Culture*（Ithaca, NY, 1966）; Unesco, ed., *The African Slave Trade from the Fifteenth to the Nineteenth Century*（Paris, 1979）; David Eltis and James Walvin, eds, *The Abolition of the Atlantic Slave Trade*（Madison, 1981）; Nathan I. Huggins, *Black Odyssey: The Ordeal of Slavery in America*（1977; London, 1979）; Kátia M. de Queiros Mattoso, *To Be a Slave in Brazil, 1550–1880*（1986; 4th edn, New Brunswick, NJ, 1994）. 近年の研究をまとめたものとしては、次の文献を参照されたい。José C. Curto and Renée Soulodre-La France, "Introduction: Interconnections between Africa and the Americas during the Era of the Slave Trade," in Curto and Soulodre-La France, eds, *Africa and the Americas:Interconnections during the Slave Trade*（Trenton, NJ, 2005）,1–11; Laird W. Bergad, *The Comparative Histories of Slavery in Brazil, Cuba, and the United States*（Cambridge, 2007）.

31　Patrick Manning, *Slavery and African Life: Occidental, Oriental and African Slave Trades*（Cambridge, 1990）; W. Gervase Clarence-Smith, ed., *The Economics of the Indian Ocean Slave Trade in the*

Nineteenth Century (London, 1989); Suzanne Miers and Igor Kopytoff, eds, *Slavery in Africa: Historical and Anthropological Perspectives* (Madison, 1977).

32 Joseph E. Harris, *Global Dimensions of the African Diaspora* (Washington, DC, 1982); Vincent Bakpetu Thompson, *The Making of the African Diaspora in the Americas 1441–1900* (Harlow, Essex, 1987); John Thornton, *Africa and Africans in the Making of the Atlantic World, 1400–1800* (2nd edn, Cambridge, 1998); Paul Gilroy, *The Black Atlantic: Modernity and Double Consciousness* (Cambridge, MA, 1993). より最近の研究としてはコリン・A・パルマー (Colin A. Palmer) のものがある。

33 Persia C. Campbell, *Chinese Coolie Emigration to Countries within the British Empire* (1923; repr. London, 1971); Ta Chen, *Chinese Migrations with Special Reference to Labor Conditions* (Washington, DC, 1923) 及び *Emigrant Communities in South China: A Study of Overseas Migration and its Influence on Standards of Living and Social Change* (Shanghai, 1939, and New York, 1940).

34 K. A. Nilakanta Sastri, *South Indian Influences in the Far East* (Bombay, 1949); Bruno Lasker, *Human Bondage in Southeast Asia* (Chapel Hill, NC, 1950); C. Kondapi, *Indians Overseas 1838–1949* (New Delhi, 1951); Victor Purcell, *The Chinese in Southeast Asia* (Oxford, 1951); I. M. Cumpston, *Indians Overseas in British Territories, 1834–1854* (London, 1953). 中国に関しては、何炳棣の重要な著作 (*Studies on the Population of China, 1368–1953*, Cambridge, 1959) が挙げられる。

35 R. N. Jackson, *Immigrant Labour and the Development of Malaya, 1786–1920* ([Kuala Lumpur], 1961); K. L. Gillion, *Fiji's Indian Migrants: A History to the End of Indenture in 1920* (Melbourne, 1962); Edgar Wickberg, *The Chinese in Philippine Life: 1850–1898* (New Haven, CT, 1965); Alfonso Felix, Jr., ed., *The Chinese in the Philippines*, 2 vols. (Manila, 1966–9).

36 Hugh Tinker, *A New System of Slavery: The Export of Indian Labour Overseas 1830–1920* (London, 1974).

37 Jan C. Breman and E. Valentine Daniel, "The Making of a Coolie," *Journal of Peasant Studies* 19.3/4 (1992), 268–95 及び Breman, *Taming the Coolie Beast: Plantation Society and the Colonial Order in Southeast Asia* (Delhi, 1989). David Northrup, *Indentured Labor in the Age of Imperialism, 1834–1922* (Cambridge, 1995). See also Kay Saunders, ed., *Indentured Labour in the British Empire 1834–1920* (London, 1984); Piet C. Emmer, ed., *Colonialism and Migration: Indentured Labour before and after Slavery* (Dordrecht, 1986), 237–59, and Colin Clarke, Ceri Peach, and Steven Vertovec, eds, *South Asians Overseas: Migration and Ethnicity* (Cambridge, 1990).

38 Vidiadhar S. Naipaul, *The Loss of El Dorado: A Colonial History* (London, 1969), received acclaim after its publication.

39 Walton L. Lai, *Indentured Labor, Caribbean Sugar: Chinese and Indian Migrants to the British West Indies* (Baltimore, 1993); Ronald Takaki, *Pau Hana: Plantation Life and Labor in Hawaii, 1835–1920* (Honolulu, 1983).

40 将来性のある研究として、次の文献が挙げられる。Eric R. Wolf, *Europe and the People without History* (Berkeley, CA, 1982).

41 ヨセフ・シェヒトマン（Josef Schechtman, 一九四六年）やユージーン・クリッシャー（Eugene Kulischer, 一九四八年）、ルイーズ・ホルボーン（Louise Holborn, 一九七五年）による最初の頃のヨーロッパ中心主義的な研究は、国連が定めた国際難民年の影響もあって拡散された。シェヒトマンはオデッサ出身の移住者で、アジアの人口移動やユダヤ・パレスチナ難民などについて、*The Refugee in the*

World: Displacement and Integration (New York, 1964) で取り組んだ。前進する日本軍を前にした中国人の集団移動に対し、研究者は関心を払わなかった。理論化を試みるアプローチとしては、Aristide Zolberg, "The Formation of New States as a Refugee-Generating Process," *Annals of the American Academy of Political and Social Science* 467 (1983), 24–38 がある。最良の調査としては Michael R. Marrus, *The Unwanted:European Refugees in the Twentieth Century* (Oxford, 1985) が挙げられる。

42　Frederick A. Norwood, *Strangers and Exiles: A History of Religious Refugees*, 2 vols. (Nashville, 1965–9); Susanne Lachenicht, ed., *Religious Refugees in Europe, Asia and North America* (*6th–21st century*) (Münster, 2007).

43　最初の頃の研究としては André Wurfbain, *L'Échange grécobulgare des minorités ethniques* (Lausanne, 1930) と Stephen P. Ladas, *The Exchange of Minorities: Bulgaria, Greece and Turkey* (New York, 1932) が挙げられる。 Paul Dumont, "L'Émigration des Musulmans de Russie vers l'Empire Ottoman," in Georges Dupeux, ed., *Les Migrations internationales de la fi n du XVIIIe siècle à nos jours* (Paris, 1980), 212–18; Andrew Bell-Fialkoff, *Ethnic Cleansing* (New York, 1996); Gérard Chaliand and Yves Ternon, *Le Génocide des Arméniens* (Brussels, 1980).

44　先ごろ出版されたものとして、次の文献がある。Stephen R. MacKinnon, *Wuhan, 1938: War, Refugees, and the Making of Modern China* (Berkeley, CA, 2008).

45　Ludger Kühnhardt, *Die Flüchtlingsfrage als Weltordnungsproblem: Massenzwangswanderungen in Geschichte und Politik* (Vienna, 1984); Peter J. Opitz, *Das Weltflüchtlingsproblem: Ursachen und Folgen* (Munich, 1988); Aristide Zolberg, Astrid Suhrke, and Sergio Aguayo, *Escape from Violence: Conflict and the Refugee Crisis in the Developing World* (Oxford, 1989); and Zolberg and Peter Benda, eds,

Global Migrants, Global Refugees: Problems and Solutions (Oxford,2000). UNHCR, *The State of the World's Refugees, 1995: In Search of Solutions* (Oxford, 1995) 及びこれ以外の年度の白書。

46 Julius Isaac, *Economics of Migration* (New York, 1947); Everett S. Lee, "A Theory of Migration," *Demography* 3 (1966), 47–57; J. A. Jackson, ed., *Migration* (Cambridge, 1969); Brinley Thomas, *Migration and Economic Growth: A Study of Great Britain and the Atlantic Economy* (Cambridge, 1973); Paul R. Shaw, *Migration Theory and Fact: A Review and Bibliography of Current Literature* (Philadelphia, 1975).

47 とりわけ以下の文献が挙げられる。William H. McNeill and Ruth S. Adams, eds, *Human Migration: Patterns and Politics* (Bloomington, IN, 1978); Alan A. Brown and Egon Neuberger, *Internal Migration: A Comparative Perspective* (New York, 1977); Martin L. Kilson and Robert I. Rotberg, eds, *The African Diaspora: Interpretive Essays* (Cambridge, MA, 1976).

48 Jan Lucassen and Leo Lucassen, eds, *Migration, Migration History, History: Old Paradigms and New Perspectives* (Bern,1997; rev. edn, 2007); Dirk Hoerder, "Changing Paradigms in Migration History: From 'To America' to World-Wide Systems," *Canadian Review of American Studies* 24.2 (1994), 105–26. 社会学の観点からは、以下の文献がある。Douglas S. Massey, Joaquin Arango, Graeme Hugo, Ali Kouaouci, Adela Pellegrino, and J. Edward Taylor, "Theories of International Migration: Review and Appraisal," *Population and Development Review* 19 (1993), 431–66, and "An Evaluation of International Migration Theory: The North American Case," ibid. 20 (1994), 699–752. 他の理論化の試みとしては、次の研究が挙げられる。J. J. Mangolam and H. K. Schwarzweller, "General Theory in the Study of Migration: Current Needs and Diffi culties," *International Migration Re*view 3 (1968), 3–18; A. L.

Mabogunje, "A Systems Approach to a Theory of Rural-Urban Migration," *Geographical Analysis* 2.1 (1970), 1–18; John Goldlust and Anthony H. Richmond, "A Multivariate Model of Immigrant Adaptation," *International Migration Rev*iew 8 (1974), 193–225; Robert J. Kleiner et al., "International Migration and Internal Migration: A Comprehensive Theoretical Approach," in Ira A. Glazier and Luigi de Rosa, eds, *Migration across Time and Nations: Population Mobility in Historical Contexts* (New York, 1986), 305–17.

49 Immanuel M. Wallerstein, *The Modern World-System*, 3 vols. (New York, 1974–88); André Gunder Frank, *Capitalism and Underdevelopment in Latin America* (New York, 1969); Ian Roxborough, *Theories of Underdevelopment* (London, 1979); Ronald H. Chilcote, ed., *Dependency and Marxism: Toward a Resolution of the Debate* (Boulder, CO, 1981); Fernand Braudel, *La Méditerranée et le monde méditerranéen à l'époque de Philippe II* (1949; 2nd rev. edn, Paris 1966), trans. Siân Reynolds as *The Mediterranean and the Mediterranean World in the Age of Philip II*, 2 vols. (New York, 1972); Janet L. Abu-Lughod, *Before European Hegemony: The World System A.D. 1250–1350* (New York, 1989); Saskia Sassen, *The Global City: New York, London, Tokyo* (Princeton, NJ, 1991).

50 古典的な定式化に関しては、次の文献が挙げられる。Louise A. Tilly and Joan W. Scott, *Women, Work and Family* (New York, 1978); Patricia R. Pessar, "The Role of Gender, Households, and Social Networks in the Migration Process: A Review and Appraisal," in Charles Hirschman, Philip Kasinitz, and Josh DeWind, eds, *The Handbook of International Migration: The American Experience* (New York, 1999), 53–70. 以下の文献も参照されたい。Tamara K. Hareven, *Family Time and Industrial Time: The Relationship between Family and Work in a New England Industrial Community* (Cam-

bridge, 1982).

51 あらゆる経済的要因を、社会的・政治的問題と合わせて総合的にとらえている例として、Jorge Durand and Douglas S. Massey, eds, *Crossing the Border: Research from the Mexican Migration Project* (New York, 2004) が挙げられる。

52 Oded Stark and David E. Bloom, "The New Economics of Labor Migration," *American Economic Review* 75 (1985), 173–8; Stark, *The Migration of Labor* (Oxford, 1991); Stark, "Relative Deprivation and Migration: Theory, Evidence, and Policy Implications," in Sergio Díaz-Briquets and Sidney Weintraub, eds, *Determinants of Emigration from Mexico, Central America, and the Caribbean* (Boulder, CO, 1991), 121–44; Stark, J. Edward Taylor, and Shlomo Yitzhaki, "Remittances and Inequality," *Economic Journal* 101 (1986), 1163–78.

53 Michael J. Piore, *Birds of Passage: Migrant Labor in Industrial Societies* (New York, 1979); Walter Licht, "Labor Economics and the Labor Historian," *International Labor and Working Class History* 21 (1982): 52–62; Edna Bonacich, "A Theory of Ethnic Antagonism: The Split Labor Market," *American Sociological Review* 37 (1972), 547–59; John B. Christiansen, "The Split Labor Market Theory and Filipino Exclusion: 1927–1934," *Phylon* 40 (1979), 66–74. 次も参照いただきたい。 Toni Pierenkemper and Richard Tilly, *Historische Arbeitsmarktforschung: Entstehung und Probleme der Vermarktung von Arbeitskraft* (Göttingen, 1982).

54 Richard C. Edwards, Michael Reich, and David M. Gordon, eds, *Labor Market Segmentation* (Lexington, MA, 1975).

55 Herbert G. Gutman, *Work, Culture, and Society in Industrializing America* (New York, 1976); June

Nash and María P. Fernández-Kelly, eds, *Women, Men and the International Division of Labor*（Albany, NY, 1983）; Sun-Hee Lee, *Why People Intend to Move: Individual and Community-level Factors of Out-Migration in the Philippines*（Boulder, CO, 1985）; Nigel Harris, *New Untouchables: Immigration and the New World Worker*（New York, 1995）; Alan B. Simmons, ed., *International Migration, Refugee Flows and Human Rights in North America: The Impact of Free Trade and Restructuring*（New York, 1996）.

56 人種と人種化、ホワイトネス研究、サバルタン研究については5－1を参照。

57 新規性に富む研究者が描く個人的な移住の歴史については、ここまでのところで繰り返し言及してきた。かれらが残したのは、出身の国の単一文化という枠組みだった。ブルデューは、「ディスコース理論」やポストコロニアルな分析をする他のほとんどの理論家（Jacques Derrida, Roland Barthes, Frantz Fanon,Stuart Hall）と同様、二つ以上の社会に住み、フランス社会をはじめとする植民者側の社会と、植民地化された側の社会の間を、たびたび移動した。アントニオ・グラムシ（Antonio Gramsci）やミハイル・バフチン（Mikhail Bakhtin）のような他の学者たちは、生まれた社会において様々な体制を経験した。ミッシェル・フーコー（Michael Foucault）やキャサリン・ホール（Catherine Hall）は、複数の現実や二元論的なディスコースを経験している。

58 Anthony Giddens, *Central Problems in Social Theory: Action, Structure, and Contradiction in Social Analysis*（Berkeley, CA, 1979）及び *The Constitution of Society: Outline of the Theory of Structuration*（Berkeley, CA, 1984）; Pierre Bourdieu and Loïc Wacquant, *An Invitation to Refl exive Sociology*（Chicago, 1992）; Bourdieu, *Practical Reason: On the Theory of Action*（Stanford, CA, 1998）.

59 経済学者のグレン・ラウリー（Glenn Loury）は、社会関係資本の概念を"A Dynamic Theory of Ra-

cial Income Differences," in Phyllis A. Wallace and Anette M. LaMond, eds, *Women, Minorities, and Employment Discrimination*（Lexington, MA, 1977）で紹介した。最良の理論化は次の文献である。Pierre Bourdieu, "The Forms of Capital," in John G. Richardson, ed., *Handbook of Theory and Research for the Sociology of Education*（Westport, CT, 1986）, 241–58; James S. Coleman, "Social Capital in the Creation of Human Capital," *American Journal of Sociology* 94（1988）, suppl., 95–120; Alejandro Portes, "Social Capital: Its Origins and Applications in Modern Sociology," *Annual Review of Sociology* 24（1998）, 1–14; Robert D. Putnam, "Social Capital: Measurement and Consequences," *Isuma* 2.1（2001）, 41–51.

60 移住の連鎖という概念のもと、またディリンガム委員会報告（the Dillingham Commission Report 1911–12）にすでに量的データが含まれていたこともあり、ネットワークという概念は長く使われてきた。明確な定式化については次を参照。Douglass S. Massey and Felipe García España, "The Social Process of International Migration," *Science* 237（1987）, 733–8, and Pierre Bourdieu and Loic Wacquant, *An Invitation to Refl exive Sociology*（Chicago, 1992）.

61 Henri Lefèbvre, *The Production of Space*, trans. Donald Nicolson-Smith（Oxford, 1991）.

62 Robin Cohen, *Global Diasporas: An Introduction*（London, 1997）; Khachig Tölölyan, "Rethinking *Diaspora*（*s*）: Stateless Power in the Transnational Moment," *Diaspora* 5.1（1996）, 9–36.

63 *The Location of Culture*（New York, 1994）の著者ホミ・K・バーバ（Homi K. Bhabha）は、ムンバイ（インド）出身のゾロアスター教徒で、ムンバイとオクスフォードで学び、アメリカで教鞭をとった。アパデュライ（Appadurai）の歩みもインドからアメリカへと移った。次の文献を参照されたい。"Global Ethnoscapes: Notes and Queries for a Transnational Anthropology," in Richard Fox, ed., *Re-*

capturing Anthropology: Working in the Present (Santa Fe, NM, 1991), 191–210; *Modernity at Large: Cultural Dimensions of Globalization* (Minneapolis, 1996); and "Grassroots Globalization and the Research Imagination," *Public Culture* 12.1 (2000), 1–19, quote p. 7.

64 Allen F. Roberts, "La 'Géographie processuelle': Un nouveau paradigme pour les aires culturelles," *Lendemains* 31.122/123 (2006), 41–61.

65 Nina Glick Schiller, Linda Basch, and Cristina Blanc-Szanton, eds, *Towards a Transnational Perspective on Migration: Race, Class, Ethnicity and Nationalism Reconsidered* (New York, 1992), esp. 1–24; Alejandro Portes, Luis E. Guarnizo, and Patricia Landolt, "The Study of Transnationalism: Pitfalls and Promise of an Emergent Research Field," *Ethnic and Racial Studies* 22 (1999), 217–37; Nancy Foner, "What's So New about Transnationalism? New York Immigrants Today and at the End of the Century," *Diaspora* 6.3 (1997), 354–75, quote p. 371; Kiran K. Patel, *Nach der Nationalfi xiertheit: Perspektiven einer transnationalen Geschichte* (Berlin, 2004), esp. 5–7; Steven Vertovec, "Conceiving and Researching Transnationalism," *Ethnic and Racial Studies* 22.2 (1999), 447–62; Peter Kivisto, "Theorizing Transnational Immigration: A Critical Review of Current Efforts," *Ethnic and Racial Studies* 24.4 (2001), 549–77 及び "Social Spaces, Transnational Immigrant Communities, and the Politics of Incorporation," *Ethnicities* [Bristol] 3.1 (2003), 5–28. もっとも的確なまとめとしては、Thomas Faist, *The Volume and Dynamics of International Migration and Transnational Social Spaces* (Oxford, 2000) がある。

66 David Thelen, "Of Audiences, Borderlands, and Comparisons: Toward the Internationalization of American History," *Journal of American History* 79 (1992), 432–62, quote p. 436.

67 Benedict Anderson, *Imagined Communities: Reflections on the Origin and Spread of Nationalism* (1983; 3rd edn, London, 1986).

68 Dirk Hoerder, "From Interest-Driven National Discourse to Transcultural Societal Studies," in Hoerder, *From the Study of Canada to Canadian Studies: To Know our Many Selves Changing across Time and Space* (Augsburg, 2005), 316–26.

第4章

1 James H. Jackson, Jr., and Leslie Page Moch, "Migration and the Social History of Modern Europe," *Historical Methods* 22 (1989), 27–36, repr. in Dirk Hoerder and Moch, eds, *European Migrants: Global and Local Perspectives* (Boston, 1996), 52–69.

2 Jan Lucassen, *Migrant Labour in Europe, 1600–1900: The Drift to the North Sea*, trans. Donald A. Bloch (London, 1987); Leslie Page Moch, *Moving Europeans: Migration in Western Europe since 1650* (1992; 2nd edn, Bloomington, IN, 2003); Dirk Hoerder, *Cultures in Contact: World Migrations in the Second Millennium* (Durham, NC, 2002).

3 Pierre Bourdieu, *The Fields of Cultural Production* (New York, 1993); Raymond Williams, *Culture and Society, 1780–1950* (New York, 1958); Arjun Appadurai, *Modernity at Large: Cultural Dimension of Globalization* (Minneapolis, 1996).

4 移住者の個性への心理学的なアプローチでは、遠方にある「友達の輪」に入るうえで、「愛着行為」や「スリル」などの傾向が強調されている。こうした常識でもわかる考え方は、経験的事実に基づいて分析されたことはない。また、「合理的選択理論」が合理性を強調するのと同様に、心理的なものを過度に強調している。

5　Wilbur Zelinsky, "The Hypothesis of the Mobility Transition," *Geographical Review* 61 (1971), 219–49. 次も参照されたい。Ronald Skeldon, *Population Mobility in Developing Countries: A Reinterpretation* (New York, 1990), 109–12. 農村部の家族で失業中の者や農業から追い出された人々であっても、社会や時代によっては、しばらくの間、都市部で賃金労働者として働いたのちに、農業での生活へ戻ろうとしてきた。

6　John Torpey, *The Invention of the Passport: Surveillance, Citizenship and the State* (Cambridge, 2000); Jane Caplan and Torpey, eds, *Documenting Individual Identity: The Development of State Practices in the Modern World* (Princeton, NJ,2001).

7　出身社会の研究について、少し例を挙げておく。June Mei, "Socioeconomic Origins of Emigration: Guangdong to California, 1850–1882," in Lucie Cheng and Edna Bonacich, eds, *Labor Migration under Capitalism: Asian Workers in the United States before World War II* (Berkeley, CA, 1984), 219–47; Robert C. Ostergren, *A Community Transplanted: The Trans-Atlantic Experience of a Swedish Immigrant Settlement in the Upper Midwest, 1835–1915* (Madison, 1988); Dirk Hoerder et al., eds, *Roots of the Transplanted*, 2 vols. (New York, 1994).

8　Victor W. Turner, "[Christian] Pilgrimages as Social Processes," in Turner, ed., *Dramas, Fields, and Metaphors* (Ithaca, NY, 1974), 166–230. Dale F. Eickelman and James Piscatori, eds, *Muslim Travellers: Pilgrimage, Migration, and the Religious Imagination* (Berkeley, CA, 1990); Susan Naquin and Chün-fang Yü, eds, *Pilgrims and Sacred Sites in China* (Berkeley, CA, 1992); E. Alan Morinis, *Pilgrimage in Hindu Tradition* (Delhi, 1984).

9 Michael R. Marrus, *The Unwanted: European Refugees in the Twentieth Century* (Oxford, 1985); Mary Jo Leddy, *At the Border Called Hope: Where Refugees are Neighbours* (Toronto,1998).

10 教科書として最適なのは、Wsevolod W. Isajiw, *Understanding Diversity: Ethnicity and Race in the Canadian Context* (Toronto, 1999) である。多くの点で、イサジウ (Isajiw) の分析は他の社会にも該当する。

11 ただし、幼児は異なる。幼児は親に連れてこられたり、異なる文化間の養子縁組によって連れてこられる。

12 かなり進んだカナダの研究を概観するには、次の文献がいいだろう。Yvonne Hébert, "Identity, Diversity, and Education: A Critical Review of the Literature," *Canadian Ethnic Studies* 33.2 (2001), 155-85. アメリカの研究の場合は、Alejandro Portes, Patricia Fernández-Kelly, and William Haller, "Segmented Assimilation on the Ground: The New Second Generation in Early Adulthood," *Ethnic and Racial Studies* 28.6 (2005), 1000-40 を参照していただきたい。

13 Milton M. Gordon, *Assimilation in American Life: The Role of Race, Religion, and National Origins* (New York,1964). ほとんどのアメリカの研究者同様、ゴードンも、移住者がいずれ同化するような単一の白人の核、あるいはマジョリティの文化が存在することを、まだ前提としていた。これは次の文献によって批判されている。Richard Alba and Victor Nee, *Remaking the American Mainstream: Assimilation and Contemporary Immigration* (Cambridge, MA, 2003). こうした研究者たちは、今度は逆に、アメリカ中心主義になっており、アメリカ国外で出版された研究をまったく引用せず、幅広い比較の視座を提供するわけでもない。次の文献が参考になる。Elliott R. Barkan's thoughtful "Race, Religion, and Nationality in American Society: A Model of Ethnicity from Contact to Assimilation," *Journal of*

American Ethnic History 14 (Winter 1995), 38–76.

14 Thomas F. Gossett, *Race: The History of an Idea in America* (New York, 1963); John Goldlust and Anthony H. Richmond, "A Multivariate Model of Immigrant Adaptation," *International Migration Review* 8 (1974), 193–225; Fredrik (Frederick) Barth, ed., *Ethnic Groups and Boundaries: The Social Organization of Culture Difference* (Oslo and Boston, 1969), 9–38.

15 一般的なことに関しては David Held, *Democracy and the Global Order: From the Modern State to Cosmopolitan Governance* (Stanford, CA, 1995)、よく研究されている特定の社会に関しては、Yvonne M. Hébert, ed., *Citizenship in Transformation in Canada* (Toronto, 2003); Vic Satzewich and Lloyd L. Wong, eds, *Transnational Communities in Canada: Emergent Identities, Practices, and Issues* (Vancouver, 2006).

16 Veit Bader, "Democratic Institutional Pluralism and Cultural Diversity," pp. 131–67 (quotes pp. 131–2, 156), 及び Tariq Modood, "Multiculturalism, Secularism, and the State," pp. 168–85 (quote p. 170), in Christiane Harzig and Danielle Juteau, with Irina Schmitt, eds, *The Social Construction of Diversity: Recasting the Master Narrative of Industrial Nations* (New York, 2003). Modood, *Multiculturalism* (Cambridge, 2007) は、イギリスのケースに基づいている。

17 Walter D. Kamphoefner, Wolfgang Helbich, and Ulrike Sommer, eds, *News from the Land of Freedom: German Immigrants Write Home*, trans. Susan Carter Vogel (Ithaca, NY, 1991), "Introduction."

18 Victor Roudometof and Paul Kennedy, eds, *Communities across Borders: New Immigrants and Transnational Cultures* (London, 2002), 1–26, quote pp. 2–3.

第5章

1 Rick Halpern and M. J. Daunton, eds, *Empire and Others: British Encounters with Indigenous Peoples, 1600–1850* (Philadelphia, 1999).

2 Ivan Hannaford, *Race: The History of an Idea in the West* (Baltimore, 1996).

3 Leo Shin, *The Making of the Chinese State: Ethnicity and Expansion on the Ming Borderlands* (New York, 2006).

4 George Frederickson, *White Supremacy: A Comparative Study in American and South African History* (New York, 1981).

5 Erika Lee, *At America's Gates: Chinese Immigration during the Exclusion Era, 1882–1943* (Chapel Hill, NC, 2004).

6 Ruth Benedict, *Race: Science and Politics* (New York, 1959); Gunnar Myrdal, *An American Dilemma* (New York, 1944).

7 上記で参照したフレデリクソンの著作以外では、次の文献が挙げられる。David Roediger, *The Wages of Whiteness: Race and the Making of the American Working Class* (rev. edn, New York, 1999); Ranajit Guha, ed., *Subaltern Studies I: Writings on South Asian History and Society* (New Delhi, 1982).

8 Frank Dikotter, ed., *The Construction of Racial Identity in China and Japan: Historical and Contemporary Perspectives* (London, 1997); France W. Twine, *Racism in a Racial Democracy: The Maintenance of White Supremacy in Brazil* (New Brunswick, NJ, 1998).

9 UN Fund for Population Activities, *State of the World Population 2006: A Passage to Hope – Wom-*

en and International Migration (New York, 2006).

10 Barbara Ehrenreich and Arlie Hochschild, eds, *Global Woman : Nannies, Maids, and Sex Workers in the New Economy* (New York, 2003).

11 Nana Oishi, *Women in Motion: Globalization, State Policies, and Labor Migration in Asia* (Stanford, CA, 2005).

12 スーダンの「ロストボーイズ」は、一九九〇年代後半から二〇〇〇年代初頭にかけての例である。次の文献は、若い女性の視点を提供してくれる。*Aman: The Story of a Somali Girl*, as told to Virginia Lee Barnes and Janice Boddy (New York, 1994).

13 Sarah Mahler and Patricia Pessar, "Gendered Geographies of Power: Analyzing Gender across Transnational Spaces," *Identities* 7 (2001), 441–59.

14 Katharine M. Donato, "Understanding U.S. Immigration: Why Some Countries Send Women and Others Send Men," in Donna Gabaccia, ed., *Seeking Common Ground: Female Immigration to the United States* (Westport, CT, 1992),159–84; Gabaccia, "Women of the Mass Migrations: From Minority to Majority, 1820–1930," in Dirk Hoerder and Leslie Page Moch, eds, *European Migrants: Global and Local Perspectives* (Boston, 1996), 90–111.

15 Martin F. Manalansan, "Queer Intersections: Sexuality and Gender in Migration Studies," *International Migration Review* 40 (2006), 11, 224–49; Eithne Luibheid, *Entry Denied: Controlling Sexuality at the Border* (Minneapolis, 2002).

16 Pierrette Hondagneu-Sotelo and Ernestine Avila, "I'm Here but I'm There: The Meanings of Latina Transnational Motherhood," *Gender & Society* 11.5 (1997), 548–71; Rhacel Salazar Parreñas, *Children*

of Global Migration: Transnational Families and Gendered Woes (Stanford, CA, 2005).

17 M. Houston et al., "Female Predominance of Immigration to the U.S.," *International Migration Review* 18.4 (1984),908–63.

18 Linda Reeder, *Widows in White: Migration and the Transformation of Rural Italian Women* (Toronto, 2003).

19 Madeline Hsu, *Dreaming of Gold, Dreaming of Home: Transnationalism and Migration between the United States and China, 1882–1943* (Stanford, CA, 2002); J. E. Taylor, "The New Economics of Labour Migration and the Role of Remittances in the Migration Process," *International Migration* 37 (1999), 63–87.

20 Nicole Constable, *Romance on a Global Stage: Pen Pals, Virtual Ethnography, and "Mail Order" Marriages* (Berkeley, CA, 2003).

21 Loretta Baldassar and Donna R. Gabaccia, eds, *Intimacy across Borders: Making Italians in a Mobile World* (New York, 2009).

22 Andreas Fahrmeir, Olivier Faron, and Patrick Weil, *Migration Control in the North Atlantic World: The Evolution of State Practices in Europe and the United States from the French Revolution to the Inter-War P*, 2003).

23 David Cook-Martin, "Soldiers and Wayward Women: Gendered Citizenship, and Migration Policy in Argentina, Italy,and Spain since 1850," *Citizenship Studies* 10.5 (2006), 571–90.

24 Mark Choate, "Sending States' Transnational Interventions in Politics, Culture, and Economics: The Historical Example of Italy," *International Migration Review* 41.3 (2007), 728–68.

25 Mae M. Ngai, "The Strange Career of the Illegal Alien: Immigration Restriction and Deportation Policy in the United States, 1921–1965," *Law and History Review* 21.1 (2003), 69–107.

26 Caroline B. Brettell and James F. Hollifield, *Migration Theory: Talking across Disciplines* (New York, 2000).

第6章

1 難民研究の拠点としてもっとも知られているのは、トロントにあるヨーク大学（York University）とオックスフォードにあるオックスフォード大学（Oxford University）だ。

2 United Nations Development Program, *Human Development Report* [annual] (New York and Oxford, 1990–); Dieter Nohlen and Franz Nuscheler, *Handbuch der Dritten Welt*, 8 vols. (2nd rev. edn, Hamburg, 1983); Michael P. Todaro (for the International Labour Office), *Internal Migration in Developing Countries: A Review of Theory, Evidence, Methodology and Research Priorities* (Geneva, 1976); UN Economic and Social Commission for Asia and the Pacific, *Migration and Urbanization in Asia and the Pacific: Interrelationships with Socio-Economic Development and Evolving Policy Issues* (New York, 1992); World Bank, *World Development Report 1995: Workers in an Integrating World* (Oxford, 1995).

3 目に見える形での不平等については、次の文献を参照されたい。Michael Kidron and Ronald Segal, *The State of the World Atlas* (New York, 1981), and Dan Smith, *Penguin State of the World Atlas* (1986; 7th edn, London, 2003).

4 Robin Cohen, *The New Helots: Migrants in the International Division of Labour* (Aldershot, 1987);

Nigel Harris, *New Untouchables: Immigration and the New World Worker* (New York, 1995); B. Singh Bolaria and Rosemary von Elling Bolaria, eds, *International Labour Migrations* (New York,1997); Donna Gabaccia, "Women of the Mass Migrations: From Minority to Majority, 1820–1930," in Dirk Hoerder and Leslie Page Moch, eds, *European Migrants: Global and LocalPerspectives* (Boston, 1996), 90–111.

5　サービス部門で働くための越境移動は、他にもある。低所得国の女性が、高所得国や「第三世界」にある旅行者向けの隔離された地区で、性的労働をするために移動するケースだ。この移動は強制的であることが多く、高確率で人身売買や性的労働の強要が絡んでいる。

6　Pierrette Hondagneu-Sotelo, "Affluent Players in the Informal Economy: Employers of Paid Domestic Workers," *International Journal of Sociology and Social Policy* 17.3–4 (1997), 130–58; Sedef Arat-Koc, "From 'Mothers of the Nation' to Migrant Workers," in Abigail B. Bakan and Daiva Stasiulis,eds, *Not One of the Family: Foreign Domestic Workers in Canada* (Toronto, 1997), 53–80; Annie Phizacklea, "Migration and Globalization: A Feminist Perspective," in Khalid Koser and Helma Lutz, eds, *The New Migration in Europe: Social Constructions and Social Realities* (London, 1998); Bridget Anderson, *Doing the Dirty Work? The Global Politics of Domestic Labour* (London, 2000); Grace Chang, *Disposable Domestics: Immigrant Women Workers in the Global Economy* (Cambridge, MA, 2000); Rhacel Salazar Parreñas, *Servants of Globalization: Women, Migration, and Domestic Work* (Stanford, CA, 2001).

7　Norman Myers and Jennifer Kent, *Environmental Exodus: An Emerging Crisis in the Global Arena* (Washington, DC, 1995); Arthur H. Westing, "Population, Desertification, and Migration," *Environmen-*

tal Conservation 21 (1994), 110–14; Gerald O'Barney et al., *The Global 2000 Report to the President: Entering the 21st Century*, 2 vols. (Washington, DC, 1980).

8 萌芽的な初期の研究には、次のものがある。Lucy Bonnerjea, *Shaming the World: The Needs of Women Refugees* (London, 1985) 及び Anders B. Johnsson, "The International Protection of Women Refugees: A Summary of Principal Problems and Issues," *International Journal of Refugee Law* 1.2 (1989), 221–31.

9 Thomas A. Aleinikoff and Douglass B. Klusmeyer, eds, *Citizenship Today: Global Perspectives and Practices* (Washington,DC, 2001), quote p. 3; Ruth Lister, *Citizenship: Feminist Perspectives* (London, 1997); John Torpey, *The Invention of the Passport: Surveillance, Citizenship and the State* (Cambridge,2000).

10 Benedict Anderson, *Imagined Communities: Reflections on the Origin and Spread of Nationalism* (1983; 3rd edn, London,1986); Eric J. Hobsbawm and Terence Ranger, eds, *The Invention of Tradition* (Cambridge, 1983); Anthony D. Smith, *Myths and Memories of the Nation* (Oxford, 1999); Gérard Noiriel, *Le Creuset français: Histoire de'immigration XIXe– XXe siècles* (Paris, 1988), trans. Geoffroy de Laforcade as *The French Melting Pot: Immigration, Citizenship, and National Identity* (Minneapolis, 1996). ヨーロッパ横断的な視点については、次の文献を参照していただきたい。irk Hoerder and Inge Blank, "Ethnic and National Consciousness from the Enlightenment to the 1880s," in Hoerder et al., eds, *Roots of the Transplanted*, 2 vols. (Boulder,CO, 1994), 1.37–110.

11 T. H. Marshall, *Class, Citizenship, and Social Development* (1949; Westport, CT, 1976); Tomas Hammar, *Democracy and the Nation-State: Aliens, Denizens, and Citizens in a World of International Mi-*

gration (Aldershot, 1990).

12　以下の文献に基づく。Yvonne M. Hébert, ed., *Citizenship in Transformation in Canada* (Toronto, 2003) 及び Thomas A. Aleinikoff and Douglass B. Klusmeyer, eds, *Citizenship Today: Global Perspectives and Practices* (Washington, DC, 2001). ロジャース・ブルーベイカー（Rogers Brubaker）が独仏を事例として論じたような、市民権付与の体制には国の特徴が反映されているという主張から、制度的な慣習や法的枠組の一致がより強調されるようになり、議論が変わってきている。

13　一九七三年九月一一日、アメリカ政府機関が支援するピノチェト陸軍大将の勢力が、チリの大統領官邸を爆破した。しかし、このもう一つの9・11については、ほとんど公に記憶されていない。

14　Iain Chambers, *Migrancy, Culture, Identity* (London, 1994); James Clifford, "Travelling Cultures," in Lawrence Grossberg, Cary Nelson, and Paula Treichler, eds, *Cultural Studies* (London, 1992); Stuart Hall, "Minimal Selves," in L. Appignanesi, ed., *Identity: The Real Me: Post-Modernism and the Question of Identity* (London, 1987), 44.

15　M. Lee Manning and Leroy G. Baruth, *Multicultural Education of Children and Adolescents* (1991; 3rd edn, Boston, 2000); Yvonne Hébert, "Identity, Diversity, and Education: A Critical Review of the Literature," *Canadian Ethnic Studies* 33.3 (2001), 155–85.

16　Lloyd L. Wong, "Home away from Home: Deterritorialized Identity and State Citizenship Policy," unpublished paper presented at the fifteenth biennial conference of the Canadian Studies Association, Toronto, March 2000; Aihwa Ong, "On the Edge of Empires: Flexible Citizenship among Chinese in the Diaspora," *Positions* 1.3 (1993), 745–78; Robin Cohen, *Global Diasporas* (Seattle, 1997), quote p. 175. Saskia Sassen, *Cities in a World Economy* (Thousand Oaks, CA, 2006), and Sassen, ed., *Global

Networks, Linked Cities (New York, 2002).

17 Wsevolod W. Isajiw, "Definitions and Dimensions of Ethnicity: A Theoretical Framework," in *Challenges of Measuring an Ethnic World: Science, Politics and Reality* (Ottawa, 1992), 407–27; Danielle Juteau,"The Production of Ethnicity: Material and Ideal Dimensions," unpublished paper presented at the American Sociological Association annual meeting, Cincinnati, August 1991; Dirk Hoerder, "Ethnic Cultures under Multiculturalism: Retention or Change," in Hans Braun and Wolfgang Klooss, eds, *Multiculturalism in North America and Europe: Social Practices, Literary Visions* (Trier, 1994), 82–102.

18 Verena Stolcke, "Talking Culture: New Boundaries, New Rhetorics of Exclusion in Europe," *Current Anthropology* 36 (1995), 1–24, quote p. 13.

19 次の文献の 211 頁からの引用。Donald M. Nonini, "Shifting Identities, Positioned Imaginaries: Transnational Traversals and Reversals by Malaysian Chinese," in Aihwa Ong and Nonini, eds, *Ungrounded Empires: The Cultural Politics of Modern Chinese Transnationalism* (London, 1997), 203–27.

目次詳細

2-9　一九五〇年代以降の脱植民地化と越境移動の新しいグローバルなパタン

植民地化されていた人々による解放闘争とそれがもたらした越境移動／南北の分断と不平等な貿易条件のもとでの再植民地化／還流移民／住む場所を失った人々の越境移動／労働者の新たな越境移動／グローバルな不平等／ヨーロッパにおける新たな越境移動／北米とラテンアメリカにおける新たな越境移動／アジア・太平洋移動システムにおける新しい越境移動／産油国であるペルシア湾岸諸国への新たな越境移動／サハラ砂漠以南のアフリカにおける新しい越境移動／東ヨーロッパにおける越境移動

第3章　越境移動と文化的相互作用の理論

はじめに

3-1　一八八〇年代〜一九五〇年代の理論と実践

ラヴェンシュタインの移動の「法則」／移民が住む地区と流入に関するソーシャルワーカーの経験的データ／「社会問題」、人口計画立案者たち、人種を反映するアプローチ／社会学におけるシカゴ学派（一九一〇年代〜一九二〇年代）、とくにパーク・トーマス・ズナニエツキ／ヨーロッパでの展開、人種を反映させた人口統計学／ポーランドのなかで出移民が生じた地域のエスノグラフィー／世界的な越境移動に関する統計（およそ一九三〇年）（ウィルコックスとフェレンツィによる）／一九四〇年代・一九五〇年代のO・ハンドリンによる「根無し草」というパラダイム（民族からエスニック・エンクレイブへ）／キャロライン・ウェアによるニューヨークの居住地に関する研究

構造化、ハビトゥス／人的資本、戦略的能力／社会関係資本／ネットワーク理論／精神上の地図、ディアスポラ、越境移動の「スケイプ」

3-8　トランスナショナルな分析とトランスカルチュラルな社会研究

国境を越える／地域を越える／文化を越える

第4章　移住者が辿る道への体系的なアプローチ

はじめに

「越境移動システム」と対照的な「体系的なアプローチ」の定義／特殊な事例――強制的な越境移動

4-1　構造と主体――移動の決断を文脈から考える

移民の社会化と地域特有の帰属／出発地と到着地のミクロな地域の間の繋がりと、それがもたらす「精神上の地図」／意思決定の枠組み

4-2　送出社会

越境移動を惹起する要因／人口の推移／階層化と階級構造／移動を促進する要因としての越境移動の伝統／国家による出移民規制／一九世紀後半以降の移民制限-アジア系排斥／越境移動を惹起する要因としての、マイノリティの居住者に対する国家的な差別／国家の植民地的膨張と越境移動／越境移動と子育て・高齢者介護にかかる社会的費用／望ましくない人々の国家による退去処分と越境移動を惹起する不平等

地図一覧

地図 2.1　「ディープタイム」の越境移動、ランドブリッジ（20,000年前）、農業発展の中核地域（15,000–5,000年前）、いくつかの主要都市（紀元1000年以前）
出典：Jeremy Black, *World History Atlas* (2nd ed., London: Dorling Kindersley, 2005), pp. 14–15, 18–19 及び Rainer F. Buschmann, *Oceans in World History* (New York: McGraw-Hill, 2007), p. 72 をもとに Dirk Hoerder が作成
地図 2.2　都市が発展した地域（紀元前13世紀）とその拡大（西暦への転換期まで）
出典：Jeremy Black, *World History Atlas* (2nd ed. London: Dorling Kindersley, 2005), pp. 28–29.
地図 2.3　19世紀　ユーラシア－アフリカ大陸における世界システムの回路：接触・貿易・越境移動があった地域
出典：Dirk Hoerder, *Cultures in Contact: World Migrations in the Second Millennium* (Durham, NC: Duke University Press, 2002), p. 29 に掲載の地図 2.2
地図 2.4　1600年頃のアフリカにおける貿易と越境移動。
出典：Dirk Hoerder, *Cultures in Contact: World Migrations in the Second Millennium* (Durham, NC: Duke University Press, 2002), p. 147 に掲載の地図 6.3.
地図 2.5　1830年代－1920年代の主要な越境移動は奴隷・年季奉公人・アジアからの自由移民によって作られていた
出典：Dirk Hoerder, *Cultures in Contact: World Migrations in the Second Millennium* (Durham, NC: Duke University Press, 2002), p. 368 に掲載の地図 15.1

訳者解題

「二つの道のどちらも歩める人間に、どちらかを手放す理由など、あるだろうか？」

　本書を締めくくるこのことばは、自身も越境と定住を繰り返し経験した著者・ハルツィヒとヘルダーの体験を反映しているように思われる。原著の表紙には、三名の移民研究者が執筆者として記されている（Christiane Harzig and Dirk Hoerder with Donna Gabaccia）。ただし、本書を「ハルツィヒに捧ぐ」という献辞に続き、筆頭著者であるかのじょ自身は、本書の完成をみることなく病で逝去したことが記されている（一九五二－二〇〇七年）。そのため、共著者であり配偶者でもあったディルク・ヘルダー（一九四三年－、アリゾナ州立大学名誉教授）が、ハルツィヒの長年の友人であり、ジェンダーと移民という研究関心を共有し、共同研究も行っていたダナ・ガバッチア（一九四九年－、トロント大学名誉教授）の協力を得て、本書を完成させた。

　筆頭著者であるハルツィヒは、一九五二年にベルリンで生まれ、一九九〇年にベルリン工科大学で博士号を取得した。その後、ヨーク大学（カナダ）やニューヨーク州立大学で客員教授を務め、二〇〇一年にブレーメン大学（ドイツ）で大学教授資格を取得した。その後はブリティッシュコロンビア大学（カナダ）で客員研究員、ブレーメン大学とエアフルト大学（ドイツ）で北米史の教授、ウィニペグ大学（カナダ）で客員教授を務め、本書執筆時には、アリゾナ州立大学で移民史の准教授となっていた。キャリアを通し、英独両言語を活かして、移民研究を軸としながら、アメリカ・ドイツ・カナダ研究といった地域研究にも貢献した。

なかでも高く評価されているのは、編著 *Peasant Maids-City Women: From the European Countryside to Urban America*（1997）[1]である。そこで着目されたのは、一八五〇—一九二〇年代にヨーロッパ農村部から、工業都市として急成長を遂げていたメトロポリス・シカゴへ移り住み、家庭内家事労働を担ったアイルランド・ドイツ・スウェーデン・ポーランド出身の女性労働者である。そして、越境移動を余儀なくされる構造（貧困や社会規範など）のなかにあっても、越境移動を通し、自らが進む道を切り拓いていく自由と選択を女性労働者がどのように生み出していったのか、つまり、主体としての女性を、受入社会だけでなく出身地における家族・個人のダイナミクスや共同体形成という点から描いた。移民研究でジェンダーに着目することが現在ほど当然とされていなかった当時[2]、女性の主体に着目した著作は、従来の女性移民のイメージ——主婦／娘として夫／父に依存しており立場が脆弱、強制的に移住させられた搾取と不平等の犠牲者など——を転換させたとして、高く評価された。

ハルツィヒの問題意識は、従来の移民研究で前提とされてきたことの相対化にある。それらに関しては、本書第1章にまとめられており（一一－一二頁）、分析する時代・対象・視角における限定性が指摘されている。具体的には、（1）越境移動の近代性、（2）入国／出国による越境移動の区別、（3）越境移動＝ヨーロッパからアメリカへの自由な移動という等置、（4）人種・ジェンダーの視点に立った分析が不十分、（5）社会は定住によって成立してきたという理解であり、これらの問題点も述べられている。さらに、別の著作では次の前提も批判されている。すなわち、アメリカ人による移民研究では、白人の越境移動が中心的位置を常に占めており、その結果、（1）アメリカへの移動の物語は、「よりよい生活を求めて」という点に集約・矮小化され、（2）多文化・多人種的環境はアメリカの専売特許、逆に出身地の文化や人種は単一と想定されてきたため、多文化・多人種的環境への移民の適応は、アメリカの特殊性ゆえ可能になったと考察されてきた（アメリカ例外主義）。こうした問題点は、ゲスト編集者として参加したアメリカ歴史家協会（Organization of American Historians）学会誌の「越境移動」特集の巻頭論文（一九九九年）[3]や、本書より少し前に刊行された論文（二〇〇六年）[4]でも明示されている。

このような従来の移民研究に対する問題意識の形成には、ハルツィヒ自身のジェンダーや越境移動経験が影響しているのではないだろうか。また、共著者であるヘルダーもハルツィヒのように、出身国のドイツをはじめ、フランス・カナダ・アメリカとさまざまな国で学究生活を送ってきた。ハルツィヒのようにジェンダーを研究の中心に据えているわけではないが、ヨーロッパ・アメリカ間の越境移動についてグローバルな視座で体系的に分析し、社会変容における人々の主体に着目することで、従来の移民研究を刷新しようとする点は共通している。

移民の歴史とはなにか? 原著のタイトルでもあるこの問い（*What is Migration History?*）に対し、本書は端的な回答を用意しているわけではない。こたえを教えてくれる代わりに、越境移動の種類や時代を体系的に分類するなど理論的にアプローチするだけでなく、個々人による移動体験の意味・位置付けも重視することで、次の示唆を与えてくれる。これまでの諸前提における分析する時代・対象・視角の限定性を克服し、受入社会到着後だけでなく出身地域の共同体・規範・社会情勢などまで包括するトランスナショナルな視座から、個人が越境移動をどのように経験し、意味を与えているのか明らかにすることで、「移民とはなにか」、そしてその歴史を考える出発点に立てる、と。このように、マクロとミクロ、理論がもつ一般性と個人の固有性の双方を追求しながら、その成果として、ハルツィヒとヘルダーは、本書だけでなく各々の研究において、不可視にされてきた移民の主体を見出してきた。

こうした点で、大学生向けの入門書として執筆された本書ではあるが、学生だけでなく研究者、そして読む人すべてへの問題提起になっている。本書では、従来の移民研究における限定性を克服すべく包括的な視座から越境移動がアプローチされ、そのため、研究対象は地球全域に及び、時代も紀元前から始まり現代に至っている。また、移動の意志決定・出身社会・実際の移動過程・受入社会での定住・文化変容に至るまでの個人的でミクロな体験が、移動を惹起するグローバルな構造に位置付けられている。このように、対象としている時代・地域・集団が、二〇〇頁に満たない（原著）学部生向けの書籍としては、非常に広範囲である。他方、他の移民研究の入門書では、研究領域（社会学、政治学…など）ごとの越境移動へのアプローチの紹介や特徴が紹介されていたり、[5]対象地域やイシューごとに章立てされ、移動にまつわるさまざまなトピックが網羅されている。[6]しかし本書ほど、グローバルかつ包括的な視点・ミクロな視点の双方から、コンパクトにまとめられてはいない。言い換えると、本書は、越境移動の視点から書き直した歴史を凝縮して描いたともいえる。これを読めば、定住が当たり前で人の移動がイレギュラーなのではなく、むしろ人間の営みのなかで移動は常に起きており、それを通して社会や国家が形成され、変化してきたことがわかる。そして、越境移動は決して特殊な現象ではないという事実は、現代社会の多くが定住を前提として成立するとされ、そのなかで移民の「他者」化と社会的・政治的排除が起きていることに対する問題提起になるのではないだろうか。

以上のように、本書やハルツィヒの著作に通底しているのは、移民、とくに女性移民の苦闘・健闘に着目することで、構造に位置づけられながらも個人が創造しうる自由と主体、そして、それが構造を変容させる契機となる過程を明らかにしようとする姿勢だ。これらを読むたびに、越境と定住を繰り返し経験するなかで、「二つの道」のどちらも諦めることなく、いくつもの道を歩いたハルツィヒ自身の姿が浮かび上がってくる。こうしたかのじょの研究姿勢や問題意識は、研究上の貢献となっているだけはない。「あなた自身はどうなのか?」という読み手への問いかけのようでもあり、読み手の主体を喚起するエールにもなっているのではないだろうか。[7]

最後に、これまでの翻訳に引き続き、編集者として伴走してくださった天野裕子氏に、心より御礼申し上げます。

注

1 Harzig, Christiane (Ed.). (1997). *Peasant Maids-City Women: From the European Countryside to Urban America.* Ithaca: Cornell University Press.

2 越境移動の経験はジェンダーによって異なり、またジェンダーによって構築されてもいる。この点を認識した移民研究がどのように始まっていったかについては、Mirjana Morokvasic (1984). "Birds of Passage are also Women..." In *International Migration Review 18* (4). Winter, pp. 886–907 を参照されたい。

3　Harzig, Christiane（1999）. "On the Trail of Migrants: A Global Approach to Migration History." In *OAH Magazine of History 14*（1）Fall, pp. 3-4. この特集号には、ヘルダーとガバッチアも寄稿している。

4　Harzig, Christiane（2006）. "Domestics of the World（Unite?）: Labor Migration Systems and Personal Trajectories of Household Workers in Historical and Global Perspective." In *Journal of American Ethnic History 25*（2/3）Winter-Spring, pp. 48-73.

5　たとえばCaroline B. Brettell & James F. Hollifield（Eds.）.（2022）. *Migration Theory: Talking across Disciplines.* Fourth Edition. New York: Routledge. が挙げられる。

6　たとえばStephen Castles, Hein de Haas & Mark J. Miller（2019）. *The Age of Migration: International Population Movements in the Modern World, 6th Edition*, London: Bloomsbury AcademicやKhalid Koser（2016）. *International Migration: A Very Short Introduction, 2nd Edition*, Oxford: Oxford University Pressなどが挙げられる。

7　そのエールは具体的な形にもなっている。アリゾナ州立大学では、ハルツィヒの功績を記念して、エマ・ゴールドマン（Emma Goldman、一八六九―一九四〇年）――リトアニアからアメリカへ渡ってきた移民で、無政府主義者・フェミニストとして知られており、ハルツィヒが尊敬し、研究でも影響を受けていた―の名を冠した研究旅費支援制度が創設され、女性史や移民研究を専攻する大学院生に授与されている（Emma Goldman History Travel Grants in memory of Dr. Christiane Harzig）。

ラ行

マ行

ヤ行

ナ行

ハ行

タ行

サ行

カ行

索引

ア行

本書は、ちくま学芸文庫のために訳し下ろしたものである。

ちくま学芸文庫

移民《いみん》の歴史《れきし》

二〇二三年十二月十日　第一刷発行

著者　クリスティアーネ・ハルツィヒ
ディルク・ヘルダー
ダナ・ガバッチア
訳者　大井由紀（おおい・ゆき）

発行者　喜入冬子
発行所　株式会社　筑摩書房
東京都台東区蔵前二―五―三　〒一一一―八七五五
電話番号　〇三―五六八七―二六〇一（代表）
装幀者　安野光雅
印刷所　株式会社精興社
製本所　加藤製本株式会社

ISBN978-4-480-51219-2 C0122